現代教職論

土屋基規　編著

学文社

まえがき

　日本の教師たちは、いま、大きな岐路に立っている。少子・高齢化、国際化、情報化など社会の急速な変化にともない、子どもの発達と教育の環境に大きな変化が見られ、学校におけるいじめや不登校、学級崩壊などの困難な教育課題の克服が求められているだけでなく、新自由主義の改革原理を軸とする教育の民営化、規制緩和、競争原理と管理主義を強める「教育改革」の推進によって、憲法・教育基本法制の理念と原則が危機的な状況にあるからである。
　21世紀はじめの日本の社会と教育における、子どもの発達の危機と憲法・教育基本法制の危機に直面し、困難な教育課題の現実的な克服の途を探り、日本教育の民主的発展を展望するには、どのような力が必要なのだろうか。現実の困難な教育問題の山積につれて、世論調査などにおいて、父母・国民の教師への信頼と尊敬が低下し、教師不信が高まっているという結果が報道されることが少なくない。
　古くから、「教育は人なり」といわれてきたが、父母・国民の教師不信の根底には、教師たちの専門的、実践的な力量と豊かな人間性を有する人間教師への願いが横たわっている。現実のネガティヴな状況をどう克服し、これからの展望を切り開く教育主体をどう形成するかという課題は、教師教育の関係者にとっても切実である。
　教師・教職は、近代的な学校制度が歴史的に整備されるのにともなって、一つの社会階層として成立するとともに、教師の養成・免許、採用、研修制度、人事と身分、給与などの教職員法制も成立した。この教職員法制は戦前と戦後とでは法制原理が根本的に変化している。戦後の憲法・教育基本法制のもとで、国民の教育を受ける権利の保障に向けて、教師たちは「教育の国民全体に対する直接責任性」の法理に基づいて、子どもの発達と教育に直接的な責務を負っている。それは、法制上の課題としてだけではなく、困難な教育課題の現実的

な克服に実践的な力量を発揮すべきことが期待されている，教育実践上の課題でもある。

現実の困難な教育問題の克服には，問題の性質に対応する総合的な施策を推進する教育政策・教育行政の機能が変化することが大きな意義を有するが，それとともに他面で，子どもの発達と教育に責務を負う教師たちの総体としての力量の向上も重要な課題である。「大学における教員養成」の充実と採用後の職域における自由で創造的な教育実践の追求を可能とし，教師たちがそのライフ・ステージにおいて専門的，実践的な力量を向上させるしくみをどう構築するか，を追求することは重要な意義を有する。

本書はこのような問題意識に立脚し，第1部では教職の意義と教師教育の基本について，教師の養成・採用・研修のしくみを考察した。第2部では教職の現代的課題を学校と，学級・地域との関係において検討し，授業実践と保護者との関係，教職員集団における同僚との関係，地域における教育行政と学校運営のしくみを具体的に考察し，第3部で教職をめぐる諸問題に関し，憲法・教育基本法の理念と大学における教師教育の実践，学校現場の不登校や非行問題と教育実践・教師教育の課題，教育課程の編成と地域に開かれた学校づくり，教師の教育の自由の論理などについて追究を試みた。そして，第4部で教職の国際的な動向を，欧米諸国と中国の教師教育のしくみと改革動向について考察し，日本の教師教育を国際的な視野において比較検討することができるようにした。

本書の企画・編集の実務は，すべて船寄俊雄・神戸大学教授を中心とする編集委員会の力に負っており，また，本書の出版にあたっては，学文社編集部の三原多津夫氏のご厚意によっていることを明記して，改めて深甚なる謝意を表明する。

2006年3月

編者 土屋 基規

目　　次

まえがき

序　章　21世紀の教師像と教師教育の探求──────────7
　第1節　21世紀の学校と教師　8
　第2節　人間教師の資質と教育的力量の向上　9
　第3節　教師教育の現代的課題　12

第1部　教職の意義と教師教育

第1章　歴史のなかの教師──────────────────18
　第1節　学校教育教師の誕生──近世から敗戦まで　18
　第2節　戦後教育と教師像──戦後から現代まで　24

第2章　採用試験──────────────────────32
　第1節　教員採用の仕組み　33
　第2節　教員採用試験の実態と改革動向　34
　第3節　教員採用をめぐる新たな動き　39
　第4節　教員採用試験の問題点　41

第3章　教師教育の仕組み─────────────────45
　第1節　戦前の教員養成　45
　第2節　戦後教員養成改革　48
　第3節　教員免許　49
　第4節　今後の改革のゆくえ　54

第4章　教育実習 ──────────────────── 59

第1節　教育実習の意義・目的　60
第2節　教育実習（障害児臨床実習）の実際　64
第3節　具体的な実習の進め方と課題　68

第5章　研修と教師の成長 ──────────────── 71

第1節　研修とは何か　71
第2節　教員研修制度の歴史と法制　74
第3節　研修制度改革の課題と展望　80

第2部　教職の現代的課題

第1章　教師と学級づくり ──────────────── 84

第1節　授　業　84
第2節　学級づくり　96
第3節　保護者との関係　109

第2章　学校づくりと地域社会 ────────────── 117

第1節　校務分掌　117
第2節　教員評価　122
第3節　地域の教育要求と学校　128
第4節　学校評議員制度・学校運営協議会制度　134
第5節　教育委員会　139

第3部　教職をめぐる諸問題

第1章　憲法・教育基本法に基づく教職課程の学び
　　　　──私立大学における教職教育の実践から ───── 148

第1節　ヘリ墜落事件が投げかけた波紋　148
第2節　さらなる発見へ　149
第3節　憲法・教育基本法の重要性を再発見する　153

第2章　現代学生の学びと教職 ────160

第1節　学業の位置づけ　160
第2節　学欲低下　161
第3節　実利的な教育内容　162
第4節　「学び」としての教職　163
第5節　「学び」への支援──大学側の取組み　165

第3章　教師の悩みと生きがい
──不登校問題に見る苦悩の落差とその意味── ────168

第1節　教師のストレスと管理主義的学校経営の実態　168
第2節　不登校政策の転換──心から進路へ　172
第3節　不登校への管理主義的対応とその帰結　174

第4章　地域社会と教師 ────179

第1節　教師・学校と地域社会のかかわり　179
第2節　学校を地域社会に開く多様な試み　180
第3節　地域社会に伝わる伝統芸能と結ぶ　182
第4節　地場産給食で地域に開く　185
第5節　地域につながることでみえること　187

第5章　教育課程づくり・学校づくり ────189

第1節　学校づくりとは何か　189
第2節　学校づくりと教育課程　191
第3節　学校づくり・教育課程づくりの課題　193

第6章　教育の公共性と教師の自由の論理の再構成 ────198

第1節　課題設定　198
第2節　公共性の構図の変化と教育の自由　200
第3節　公共性の再構築と教育の自由の再構成　205

第7章　非行問題と学校・教師 ────210

第1節　非行問題とは何か　210
第2節　非行をめぐる定義　211

第3節　「厳罰化」と少年法制の保護原理　214
　第4節　少年非行と学校教育　218
　第5節　少年法制と教師　219
　第6節　非行克服の支援　220

第4部　教職の国際動向

第1章　アメリカ──────────226

　第1節　教育制度と免許状制度の概要　226
　第2節　教師の資格についての現実　228
　第3節　教育改革と教師の資質向上　229
　第4節　さまざまな取組みとその現状　232
　第5節　改善状況　237

第2章　ドイツ──────────240

　第1節　学校制度の特徴と教師教育　240
　第2節　今日の教師教育制度改革の動向　246

第3章　イギリス──────────253

　第1節　教員養成の概要　253
　第2節　教師の専門性についての品質管理
　　　　──養成課程の内容と教師の職能の管理を通して　256
　第3節　教師の職場としての学校　263

第4章　中　国──────────265

　第1節　従来の教員養成制度　265
　第2節　高等教育段階における教員養成　268
　第3節　教員養成への開放制の導入　269
　第4節　大学による教員研修の導入　272
　第5節　今後の展開　272

あとがき　275
索　引　277

序　章　21世紀の教師像と教師教育の探求

土屋　基規

　教師このよきもの―学生時代からのこの思いは，もう時代遅れの過去の教師への郷愁にすぎないのだろうか。日本の教育の現状を考えると，このことがふと頭をよぎる。

　子どもの発達の危機が叫ばれてから久しく，日本の教育には学校におけるいじめや不登校，学級崩壊，少年事件の続発，児童虐待等，困難な問題が山積しており，教師たちはこれらの問題の克服に専門的力量を発揮することが求められている。しかし，問題解決の展望を見いだすことは容易ではない。

　教師たちは，21世紀の現代社会の急激な変化のなかで，子どもの発達と教育の問題をリアルに認識し，その克服をめざす教育実践の主体として熟練を重ねることが求められている。しかし，競争と管理を強める「教師の資質向上」の諸施策によって，教育活動の適切さや人間性を含む教員評価システムが導入され，職場での協力・共同の人間関係を築くことが困難になっている。

　教師たちの困難な問題を克服して，自由で創造的な教育実践を進めるには，何を改革することが必要なのだろうか。教師としての成長は，「大学における教員養成」を基礎にして，これに続く職域における教育実践の蓄積と自主研修によって，教師のライフ・ステージ全体を通じて熟練を重ね，専門的力量が向上することは，これまでの教師教育の研究によって共通理解が深まっている。しかし，教師の準備教育の段階から，教師の採用，研修の過程において，現実的に解決を必要とするさまざまな課題がある。

　こうした問題意識に立脚して，21世紀を迎えた現代の教育課題と求められる教師像，教師たちへの期待について，基本的なことを考えてみようと思う。

第1節　21世紀の学校と教師

1　21世紀の社会と教育の展望

　21世紀の教育は，これからの社会と教育の展望に深くかかわっている。グローバル化の急速な進展のもとで，国際的な大競争時代に対応する競争的な教育システムの確立とこれを推進する教師像を構想するのか，それとも，地球規模で解決を必要とする人類的課題の解決を展望し，人類の福祉に貢献する教育を担う教師像を構想するのか，その方向と内容が問われている。

　21世紀の人類社会は，核兵器の廃絶と平和的な国際秩序の確立，持続可能な開発と環境の保全，人権と民主主義の一層の発展など，地球規模での人類的課題の解決に直面している。人権に関しては，20世紀後半の四半世紀に，人権思想史の観点からみて重要な前進があり，世界人権宣言から国際人権規約への発展に続いて，女性，障害者，子どもの分野での権利について国際的な基準が確立された。国連の「子どもの権利条約」の採択と各国による批准，国際法としての成立は，子どもの人間としての尊厳を尊重し，権利主体としての子ども観の転換を促し，21世紀を輝かしい「子どもの世紀」にするうえで画期的なことである。子どもの権利条約を社会に生かし，子どもを中心にすえた学校改革を推進することは，憲法・教育基本法に示された人間の尊厳，個人の価値の尊重と平和的な社会における国民の形成など，戦後教育の理念と原則を創造的に発展させる課題の具体的な実践でもある。21世紀の学校と教師は，こうした人類的な課題についての科学的な認識を深め，問題解決へ向けて社会的実践力を発揮することが期待されている。

2　学校改革の課題

　学校は，子どもの学習により発達する権利を保障し，子どもの自立を促し，将来の主権者として社会で人間的に生きる力を育てるのに，固有な役割を果た

さなければならない。しかし，現実の日本の学校は，過度の受験競争が低学年まで浸透し，知識を詰め込む画一的な教育が依然として横行している。教育改革はこうした学校の体質を変え，現実的な矛盾に苦しむ子どもたちの願いに根ざし，彼らの夢と希望をふくらませるものでなくてはならない。学校で子どもたちの願いが実現され，一人ひとりの子どもが個性豊かな発達をとげ，人間的な生き方が追求できる学校改革が求められる。

　また，これからの学校は，子どもの意見を尊重し，子どもの学校参加をさまざまなレベルで実現することが必要である。憲法・教育基本法の理念を学校運営に生かすとともに，学級でも子どもの権利条約に示された意見表明権を十分に尊重する実践が，さらに進められることが子どもの学校への願いを実現するうえで大切である。

　さらに，現在の子どもの困難の克服と父母・国民の願いを実現するには，地域に開かれた学校，「地域に根ざす学校」への取組みが重要である。そのためには，学校教育情報を公開し，父母・国民の教育参加を実現することが必要である。子どもの発達に否定的な社会の影響を変えるには，学校と家庭・地域の連携が必要である。子どもの教育は，教師だけの専決事項ではなく，父母・国民とともに進める社会共同の事業である。そのために，父母・国民の教育要求が反映されるシステムを確立することが必要であり，各地での「地域に根ざす学校」づくりや三者協議会などの取組みは，その水路を開く実践だといえる。

第2節　人間教師の資質と教育的力量の向上

1　人間教師への期待

　父母・国民は，教師に対する強い不信を世論調査などで表明することがある。それは，否定的な表現による教師への期待の表明とも見ることができ，その根底には，子どものことを優先的に考え，子どもの個性と人権を尊重して，現実的な問題の解決に力をつくす人間的な教師像がすえられている。父母・国民が

教師に人間的資質を求めているのは、子どもが直面する困難な問題の解決に向けて、教師たちが教育の専門家として、現実の子どもの発達に関する実践的な課題を見据えて、専門的な力量を発揮することを期待しているからである。教師たちは、子どもの発達と教育についての科学的な知見を深め、発達の否定的な事態に媒介されながら、人間の発達をポジティブにとらえる知見が要求される。子どもの発達についてのリアルな認識に立脚し、科学的な理論に裏づけられた実践的指導力の向上が課題になっている。

子どもの発達の危機の克服をめざすこれまでの教育実践から、どんなに問題行動にはしった子どもでも、その心の奥底には「自分をわかってほしい」「自分を認めてほしい」という願いをもっている。だから、その人間的な願いを大切にし、それを実現するよう励まし、その点できびしく要求を提示することが重要だ、ということが指摘されてきた。物質的な豊かさのなかで、人間的に不自由で自立が困難になっている今の子どもは、とてもつらいせつない思いをもちながら、自分の心のうちを教師や父母にわかってほしいと願っている。これに応えて、子どもの心の奥底にある願いをわかるよう対話を重ね、子どもの内面の真実をつかみ、そこにある人間的な願いにふれ、それを伸ばすことができるなら、子どもとともに自立の道を探るうえで確信を深めることができる。教師たちが、子どもの発達を日々、細かく見つめながら、子どもの生活のなかの真実を大切にし、子どもの内面に人間的な願いを育てるめあてをしっかりもつことによって、子ども自身がいまの自分をのりこえて人間的に成長するよう導く、専門的、実践的な力量を向上させることが求められている。

2　子どもの人権尊重の社会的実践力

競争原理と管理主義の強い現在の学校で、教師が子どもと人間的にかかわり、子どもの願いがわかり、子どもの内面に人間的な価値を根づかせるには、教師自身が豊かな人権感覚をもち、子どもの人権を尊重する教育実践を進めることが必要である。体罰やいじめの問題を通して、また、子どもの権利条約の批准にともない、これを学校と社会に生かす課題の追求によって、子どもの人権へ

の関心が高まってきた。

　こうした動きのなかから，子どもの人権を尊重し，その実現を図るために，教師が人権についての深い知識と社会的な実践力をつけることが求められる。子どもの人権尊重の社会的実践力ということは，そう難しいことではない。国民の基本的人権と子どもの権利についての知識を基礎にして，教室，学校，地域で子どもを人間的に扱うとはどういうことか，について理解と合意を形成していくことが基本になる。「教室の憲法」とか「学校のめあて」などということの内容を，子どもの人権尊重の観点で見直してみることから始める，日常的で実践的な取組みが可能である。学校で，教師が子どもたちと協議して，学級や，学校単位で独自の「学級・学校憲法」をつくり，それを日常的に生かす実践などはその一つの事例だといえる。

　たとえば，埼玉県のある高等学校では，生徒会による「生徒会権利憲章」(1990年)をつくり，「人間は，人間らしく自由に生きる権利を生まれながらに持っている」「学校は生徒と教職員によって構成されており，その構成員一人一人の個性は認められ一人一人の主張は尊重される」と宣言して，生徒と教師および父母たちPTAとの協議と合意による学校行事への運営参加を実現させ，生徒の意見を尊重する学校づくりに努めている。

3　父母・住民の参加と共同による学校づくり

　子どもの発達の歪みと教育荒廃の克服をめざす教育実践の展開から，学校・家庭・地域の密接な連携，「開かれた学校」づくりが重要であることは広く指摘されてきた。

　子どもの成長・発達については，父母として，大人として，住民として，主権者国民として，それぞれの立場から願いをもち，教育要求をもっている。子どもの発達と教育は，子ども自身にとって人間的な価値を高める営みであるとともに，社会共同の利益を実現する営みでもあるから，父母・住民の教育への願いと要求を結びあわせ，その実現に向けて父母・住民の参加と共同の学校づくりを進めることは重要な課題である。教師たちは，教育の専門家集団として，

父母・住民とともに共同で教育を進める力量を高めることが，現在の教育矛盾の克服をめざすうえでも，新しい教育のあり方を探求していくうえでも，期待されている。

学校を父母や地域に開く実践は，日常的な創意工夫によって，誰にもできる。日本には，「学級通信」，「学年だより」や「保健室だより」などを毎日・毎週，自主的に発行し，日常的に父母との結びつきを強めている熱心な教師が多く存在する。こうした営みを学校全体の教育体制として確立することはそう簡単ではなく，お互いの取組みを交流しながら，誰もが無理なくできる多様な方法を追求することが必要だが，学級の子どもの発達と教育についての日々の情報を教師と父母が共有し，相互理解を深めることは，教育の進め方について合意を形成する基礎となる。

父母・住民の参加による「開かれた学校」づくりは，さまざまな問題を共同で解決するのに有効である。その実践は地域の条件によって多様だろうが，父母・住民の教育への願いがわかり，教育要求をくみとりながら，学校教育をともに進める教育実践に大きな水路を開く。父母・住民の参加と共同の学校づくりは，「教育はみんなのもの」，「みんなの手ですすめるもの」という意識を高め，教育が国民全体に直接的に責任を負ってすすめられなくてはならない，ということの具体的な実践形態の一つだといえる。

第3節　教師教育の現代的課題

1　「大学における教員養成」の充実

このような教師の人間的資質と専門的力量の形成は，容易には実現しない課題である。1980年代以降，教師教育の研究は，教師の力量形成の過程に着目し，「大学における教員養成」に続く，職域における日常的な教育実践の蓄積と自主研修による熟練を重ねて，教師生活の全体にわたるライフ・ステージにおいて形成されるということを，重視してきた。本節でもこの観点に立って，

教師の養成，採用，研修の仕組みについて，それぞれの段階での課題について，基本的なことがらを考えてみたい。

教師の準備教育としての「大学における教員養成」の現状と課題を考えると，教師に必要な知識や技術・技能を学び，「実践的指導力の基礎」を育成するとともに，大学教育に固有な人間形成機能を発揮した，各大学の個性的な教員養成の内実を形成することが課題になっている，と思う。戦後初期の教育改革によって確認された「大学における教員養成」の原則は，「免許状授与の開放制」の原則とともに，戦後教員養成の二大原則をなし，大学での高等教育によって，幅広い教養と専門的な学芸を修得した青年のなかから，教職を志望する者を教師として選ぶという制度原則であり，これによって国民の教育水準を高めることを期待したものである。

しかし，戦後60年にわたる「大学における教員養成」の現状には，免許状授与に必要な最低単位の取得が形式的な履修になっている，短い教育実習期間では十分な教育技術・技能が習得できない，子どもの発達と教育に関する臨床的な知識と実践的指導について不十分さがある，等々の理念と現実には落差があることが指摘されてきた。そのため，これらの問題を克服する大学教育の総体をかけた主体的な養成教育の充実を図ることが，課題であり続けている。

2　公正で開かれた教員採用制度の確立

教師になるには，教員資格を公証する免許状の所有（取得見込みを含む）を前提として，多くの有資格者のなかからより適切な者を選ぶ教員採用候補者選考試験（教員採用試験）に合格し，任命権者によって採用されるという手続きを経る。この教員採用試験は，都道府県・指定都市の教育委員会によって実施されているが，1980年代半ば以降，急速な少子化の進行と教育条件整備の遅れにより，新規に採用される教員数が減少し，教職志望者には長い「冬の時代」が続いた。

この間にも，どのような試験問題で教師としての資質・能力をはかり，専門的力量を判断するのか，教員採用試験の実施後の公開と「選考」基準の公開を

求める声が各地で高まり，試験問題の公開を判示した教育判例や1999年教育職員養成審議会（教養審）答申の提言もあって，現在ではかなりの都道府県で試験問題の公開が進んでいるが，「選考」基準の公開に踏み切るところはほとんどない。教員採用試験の実施にあたり，多くの都道府県で求める教師像を示すことが増えてきたが，そこにはある意味で抽象的な理念の提示か，あるいは新任教師に高い理想の教師像を求める傾向があり，新任教師を育てるという観点が希薄である。はじめから熟練度の高い資質・能力をもつ新任教師を見いだすことは至難の業だろう。

教員採用制度は，「教師選び」の仕組みであり，新任教師の実践的指導力の基礎と豊かな人間性を見極めることは容易な事業ではない。教員採用は，教育行政の専属的な権限ではなく，より適切な教師を選ぶための選考基準を確立し，父母・国民の教育権に基づく公開と参加の原理による，開かれた「教師選び」の仕組みを確立することが，課題であり続けている。

3　自主性，創造性を尊重する研修機会の保障

教師の職務の本質は，学習による子どもの発達を促すことにあるから，教師は教える教科の基礎をなす専門的な知識や幅広い教養を身につけ，教える技術・技能の創意工夫を探求する日常不断の自主研修が必要であることは，言うまでもない。

この職務の特性に着目して，「教育公務員特例法」は，教育公務員である教員の研修に一般公務員に対する特例を設け，職務そのものとしての研修を行うことを定め，教育行政にその条件整備を行うことを義務づけている。また，所属長によって，授業に支障がないことが確認されれば，勤務場所を離れて研修に従事することを認め，さらに，長期にわたる研修を行うことができることも規定している。最近は，教員養成系大学の大学院での任命権者の派遣による長期研修の外にも，大学院修学休業制度も創設され，制度的に拡充されている。

しかし，教員研修については，その職務性，権利性，自主性が教育法学説と行政解釈との間で争点を形成し，研修法制の解釈と運用に大きな問題が生じて

いる。行政解釈は，1964年の通達で当初の研修法制についての解釈を転換し，現職研修を，①職務としての研修は職務命令による研修，②職務専念義務を免除して行う義務免研修，③勤務時間外の自主研修，の三つに分類し，自主研修を勤務時間外だけに限定し，これを正当化する運用を行ってきた。また，初任者研修制度の創設や教職10年経験者研修など，「現職研修の体系化」を図ってきた。最近では，職務専念義務免除による研修まで困難な状況も生じている。教師たちの自由で創造的な教育実践を促すには，自主研修の機会を拡大し，相互の実践を検討しあいながら，専門的力量の向上をめざすことが必要である。

4 教員評価制度の効果の検証

これからの教師教育の研究には，最近の「教師の資質向上策」の展開により，「教員養成，採用，研修」の諸問題に加えて，「教員評価」をも視野に入れる必要が生じている。この教員評価は，1998年中央教育審議会（中教審）答申および教育改革国民会議の最終答申（2000年）に基づいて，2001年の「地方教育行政の組織及び運営に関する法律」の改正によって，現在，「指導力不足教員」の認定制度と「新しい教員評価制度」の導入が図られている。「指導力不足教員」の認定制度は，教師の教育活動が不適切な場合，所属長である校長の意見具申により，任命権者の諮問機関である適格性判定（審査）委員会によって，「指導力不足教員」と認定されると，校内外での短期・長期の特別研修を受け，その研修結果の評価によってこれまでの処遇とは異なる人事上の措置が可能になる仕組みであり，現在，全国的に実施されており，認定される教師が増加する傾向にある。

「新しい教員評価制度」は，これまでの勤務評定の効果がないと認めながら，公務員制度改革と連動させ，①目標管理と自己評価方式の導入，②複数評価者の設定，③絶対評価と相対評価の採用，④評定結果の給与や人事上の措置への活用，という「新しい」要素を共通の制度原理としながら，東京都，香川県，大阪府，神奈川県，広島県などですでに実施に移され，やがてすべての都道府県で本格的に実施される。学校の教育目標が校長のリーダーシップの名のもと

に，トップダウン方式で決められる恐れや，成果主義の評価への疑問，評価基準の公平性，客観性，透明性の確保の心配，管理職による評価に対する異議申し立て手続きの欠落，評定結果の給与，人事上の措置への活用への批判など，多くの問題が指摘されている。こうした「教師の資質向上策」の展開は，教職への意欲を高め，教師全体の専門的力量の向上に寄与するかどうか，その効果の検証が必要になっている。

第1部　教職の意義と教師教育

第1章　歴史のなかの教師

小田　義隆

　現在，日本の公教育制度のなかで，さまざまな校種の教師が児童生徒の教育活動に携わっている。そのなかでも代表的なものは，初等教育を担当する小学校教師，中等教育を担当する中学校・高等学校教師である。これら各学校段階における教師の社会的地位は，戦後教育改革により，ほぼ同等となったが，戦前においては小学校教師と中等学校教師の社会的地位，および養成方法には大きな差異・格差が存在した。本章では，小学校および中等学校の教師像の歴史に焦点をあてて考えてみたい。

第1節　学校教育教師の誕生——近世から敗戦まで

1　近世の教師像

　日本の教師の歴史を考察するにあたり，明治維新以前と以後とでは教師が行う教育活動の性質に大きな違いがあったことに注目しなければならない。それは，個人的な教育と国家事業としての教育，あるいは制度化されていない教育と制度としての教育の違いである。
　それでは，維新以前の教育はどうであったのか，やや立ち入って述べておこう。それは，子どもが学ぶカリキュラムも，学びに行く時間もすべて個人的に決定できるというものであった。その代表的なものが寺子屋[1]である。
　寺子屋は，庶民に読み・書き・算盤を教える初等教育機関[2]であった。手紙の作法，道徳的教訓，日常生活に必要な人名・地名・事項などの地域的・産業的知識を「往来物」とよばれる初歩教科書や師匠の手書き手本などで教え，女

子には礼儀作法や裁縫なども教えた。寺子屋の規模は，大都市では90人以上の規模のところも存在したが，多くは10人以上40人未満であった。そこでの教授形式は，一斉授業ではなく，それぞれの子どもの習熟度や，親の商売や，親の都合などを考えての手習い的な個別教授であった。また，教育を開始する時期も個人の都合に任されていた。

　寺子屋の教師は，師匠と呼ばれたが，師匠になる資格・条件はとくになく，武士・僧侶・神官・名主・庄屋など，さまざまな当時の知識人が師匠として教育に携わっていた。寺子屋の師匠は，他に稼業をもつ人が副業としてやっていることが多く，入塾金や月謝を決まって徴収することはなく，無償，あるいはわずかな謝礼で教えていた。現金収入の少ない農家などでは，現金の代わりに農作物で謝礼をすることもあり，それらの師匠は人格者として子どもたちや親に慕われていた。

2　小学校教師の誕生

　明治維新以後，欧米諸国の教育制度を参照して，富国強兵政策のひとつとして1872年に「学制」が頒布された。これにより国民の子弟は国の事業の一環として教育を受ける機会を得るとともに，他面で，それまでの封建的身分制度から脱却し，学力による立身出世の手段として学校を利用するようになった。国が決めたカリキュラムをすべての国民が学ぶ，「国民皆学」を目標とした近代教育制度が始められたのである。学制では，全国を5万3760の小学区にわけ，各小学区に小学校1校を設置する方針であった。なお，210小学区をもって中学区として1中学校を置き，32中学区をもって大学区として大学1校を置く計画であった。1874年には2万17校の小学校が誕生し，そこで教育を担当する教師が大量に必要となった。学問を修得した師匠が個人的に教室を開き教育にあたっていたこれまでのシステムから，国家が計画的に全国に学校を設置し，教師を養成・配置するというシステムへの大転換であった。

　小学校教師の養成は，1872年，東京に官立師範学校を設置することによりはじまった。ここでは，諸葛信澄師範学校校長やお雇い外国人のマリオン.M.ス

コットのもと，アメリカ合衆国の教育方法・内容，および初等教科の近代的内容の伝習を行うとともに，新しい小学教則の編成や，小学校用の教科書の編纂がなされた。官立師範学校は，1873〜1874年にかけて東京以外にも，大阪・宮城・愛知・広島・長崎・新潟に設置された。

また，1873年に文部省によって小学校教師のあり方がはじめて明示された。それが，師範学校によって編纂された「小学教師心得」である。小学教師心得は，教師の人間性や教職の倫理的側面などの品行資質と，アメリカ流の専門職主義の理念に立つ教授法・学校管理法などの職能的な方法資質を重視していた。そこで求められた教師像は，近代的な教育学による人民の啓蒙に力点がおかれたものであり，方法資質が品行資質より優位に立つ欧米型のそれであった[3]。その教師像は，後述する明治中期の教師像のように国家に規定された一定の型にはめられたものではなかった。

官立師範学校で学んだ卒業生は，地方に設置された師範学校，教員伝習所，師範伝習所で教授し，地方の基幹となる教師を教育した。それらの多くは，明治維新以前の知識人であった士族であった。「四民平等」の世の中になり，俸禄を失った士族たちは，まず，官員になることをめざしたが，それに就けなかった士族の多くが教員など公的な職業に就くことが一般的であった。経済的には恵まれていない貧乏士族が多かったが，武士気質を持ち，政治的な演説会にも積極的に参加するなど意気盛んであった。彼らは一般に金銭のことを卑しみ，清貧に甘んずる武士の気質を継承しており，そのような教師像[4]を，生徒の親たちは尊敬していた。

明治初期は，近代国家形成の発展途上であったため，政府の進める政策に対して異論を持つ者も多く存在した。その代表的な者が，自由民権論者たちであり，人民の自由と権利の実現に基づく教育自治を要求する運動を展開していた。その演説会では，多くの小学校教師や，ときには児童までもが演壇に立って自らの考えを主張することがあった。

明治政府は，薩長藩閥政治を厳しく批判する自由民権運動全体はもとより，自由な思想をもった小学校教師により国民の根っこのところから，天皇を中心

とした国家体制を脅かされることに危機感を感じていた。そこで，1880年には「集会条例」，1881年には「学校教員品行検定規則」，「小学校教員心得」をたて続けに制定し，教師の自由主義的思想を抑圧する施策を展開した。

まず，集会条例では，教師は「政治に関する事項を講談論議する集会」に参加すること，および政治団体に加わることを禁じた。そして，教師の思想・言論・集会の自由を制限し，小学校教師は政論を耳に聞くことすらできなくなった。次に，「学校教員品行検定規則」は，教師の「品行方正」の基準を明示し，これに反する者は，教員に採用せず，採用後もその職を免職することが規定された。また，師範学校卒業者に関してはその卒業証書・教員免許状を没収するというものであった。

さらに，小学校教員心得の制定は，先述した1873年制定の小学教師心得が規定した教師像を大きく転換するものであった。すなわち，学制公布以来の，欧米からの教育輸入に起因する知育偏重の教育を批判し，小学校教師像を，以下のように規定した[5]。

(1) 皇室への忠，愛国，人倫の大道の体現者
(2) 一定の職分内での態度
(3) 政治的中立性

本来，教師の品行資質は，教育を崇高な営みと考えその使命を教師が自ら自覚するという性質のものであるが，小学校教員心得の制定は，国家が品行資質を規定するという意味で，戦前の小学校教師像に国家主義的方向性をもたせた重大な変容であった。それは，忠君愛国の道徳を中心として，教職を天職として国家意思に忠実な教師像を求めるべく制定したものであったといえる。この小学校教員心得制定による教師像の大転換により，戦前の教師は自由な思想を持つことが許されなくなっていったのである。

3 師範型教師の登場

1886年に初代文部大臣である森有礼が制定した「師範学校令」は，さらに戦前の教師像を規定した。それは「順良・信愛・威重」の三気質の鍛錬を強く

求めるものであった。師範学校令第1条に規定された三つの気質は、埼玉師範学校での森の演説にその原意(6)が現れている。

(1) 従順ナル気質ヲ開発スヘキ教育ヲナスコトナリ唯命是レ従フト云フ義ニシテ此従順ノ教育ヲ施シテ之ヲ習慣トナササルヘカラス

(2) 相助クルノ情ヲ其ノ心意ニ涵養セサルヘカラス之ヲ簡単ニ云ヘハ友情即チ友誼ノ情ヲ養成スルコトナリ

(3) 威儀ノアル様ニ養成セラルヘカラス

すなわち、森の考える教師像は、教師を「生命ヲ抛ツテ教育ノ為メニ尽力」し「一心不乱ニ教育ヲ本尊トシテ従事」する一種の聖職者とみたてたものであった。教師は教育という崇高なる使命を全うし、献身的に職務を遂行することを要求され、清廉潔白で清貧な生活を強要された。したがって労働条件や給与に関心を持つことなど許されなかった(7)。そして、これらの気質は、法令によって一方的・権力的に強制され、自由な思想をもった教師が、画一的・形式主義的に職務を遂行する教師へと変貌していった。

さらに、「教育勅語」が1890年に制定されることにより、いわゆる教育勅語体制が構築され、いよいよ教師は国策遂行のための教育行政の末端に位置づいていった。

戦前の教師の待遇は、「官吏に準ずる身分」(8)として位置づけられていた。しかし、市町村立小学校の教員の給与は、設置者たる市町村が負担する原則が貫かれていた。教師は「国家の教育事務」に携わるものとして府県知事の管理下におかれながらも、市町村から給与を支払われる市町村の雇い人のような扱いを受けた。それゆえに、市町村長や要職者たちには頭が上がらず、彼らの顔色をうかがう者も多かった。その背景には、教員の出身階層の変化もあった。明治中期以降、自由な思想を持った士族的教師たちが、中学校、高等学校、帝国大学へと続く普通教育の学校体系に流れ、それにかわって、師範学校をはじめとする師範教育の学校体系には、農民出身者が主流となっていったのである。この時期の教師は、「師範型」教師とも呼ばれ、「着実性、真面目、親切などがその長所として評価される反面、内向性、裏表のあること、すなわち偽善的で

あり，仮面をかぶつた聖人的な性格をもつていること，またそれと関連して卑屈であり，融通性のきかぬという」[9]性質を有していた。

これは，小学校教師の世界での基幹である師範学校卒業者であっても，給与が低く，卒業後の服務義務に縛られており，他の職業に就くことができないという状況から，画一的・形式的に職務を全うする教員固有の社会を形成していったことも，その背景にある。

大正期にはいると，それまでの教育勅語体制下の教育の特徴といえる教化主義・画一性を批判する新しい教育実践が現れ，全国的に広まっていった。これらの動きは大正自由教育とも呼ばれる教育実践であり，その代表的なものに，沢柳政太郎の成城小学校での実践，及川平治（明石女子師範学校附属小学校），木下竹次（奈良女子高等師範学校附属小学校），手塚岸衛（千葉師範学校附属小学校など）らの実践，さらには，野村芳兵衛に代表される池袋児童の村小学校の実践などがあげられるが，それらは，「管理主義的な訓育指導を批判した自治の提起，天皇制イデオロギーに彩られた教育内容の注入に格好な教授方法の定型・画一を批判した，子どもの生活から題材をとる方法の採用」[10]という共通する性質をもっていた。

しかし，大正自由教育は，教育勅語に象徴される国家的統制の一環としての臣民教育に抵触するとして，弾圧されることとなる。1924年には岡田良平文部大臣が，地方長官会議の席上で大正自由教育の教師を厳重に取り締まるよう訓示を行い，1930年以降には，拠点的実践校のみを残して姿を消していった。

昭和期にはいると，軍国主義体制が一層進行し，学校教育の軍事的な再編と国民思想の統制が強化される。この時期に，教育における自由と民主主義を求めた教師たちの実践的な運動が展開された。そのひとつに，小砂丘忠義らの「生活綴り方教育の運動」[11]がある。それは，子どもの生活現実に根ざしながら，生きる意欲と力をつけることによって，生活をきりひらかせようとしたものであった[12]。

この運動に参加した多くの教師・運動家は，1940年頃には，「治安維持法」により検挙・投獄されるなど全国的に弾圧を受けることとなる。彼らの教育実

践は，子どもたちに農村における貧困に起因する苦しさをありのまま綴らせることにより，その根源が天皇制軍国主義であることに気づかせることにつながった。つまり，現実を直視し認識する能力を育成され，反政府的な思想が醸成されることを恐れたため，徹底して弾圧を加えたのであった。

このような経緯を経て，教師は自主的に，あるいは強制的に国策に迎合していくこととなり，天皇制軍国主義体制を教育によって維持，強化する役割を果たしていった。そして，教師たちは自らの戦争責任という重い課題を背負って，戦後，新たな出発をすることになるのである。

第2節　戦後教育と教師像——戦後から現代まで

1　戦後教育改革期の教師の混乱と労働者論

第2次世界大戦後，日本はアメリカを中心とする連合国の占領統治下におかれ，連合国軍総司令部（GHQ）の指導のもとで，民主化政策が進められた。そして，教育政策はその重要な位置を占めることとなった。

その最初の指令として「日本教育制度ニ対スル管理政策」が出された。その第1項に教職追放の条項が含まれており，「軍国主義，極端ナル国家主義ノ積極的ナ鼓吹者」を教職から追放することが指示された。それを徹底すべく第2の指令「教員及教育関係者ノ調査，除外，認可ニ関スル件」が出され，「教職員の適格審査をする委員会に関する規程」に基づき，軍国主義に協力した教師を追放する機関が設置され，該当した教師たちは，教職から追放されていった。しかし，教職追放の実施のために規定された「教職員の除去就職禁止及復職の件等の施行に関する件」（1946年5月）を制定したのは，教員を軍国主義に導いた文部官僚であり，教職員の適格審査を担当した委員は，皇国民錬成を積極的に行っていた国民学校・青年学校の校長などであった。そのため，「人の傷をあばくことは自分の傷をあばく」ことにつながり，「かばい合いの雰囲気」を醸しだし，不適格とされた者は全国平均で0.4％程度にとどまるという実態が

あり，その妥当性には疑問が残る(13)。

　このような占領政策のなか，教師たちは混乱を来たした。戦前に状況埋没主義に支えられ，積極的に軍国主義に荷担した教師たちも，戦時下権力への屈服に対しての十分な反省と自己批判をする暇もなく，民主教育を邁進することになった。その戸惑いは，当時の教師の回想にもよく表れている。

　「教科書の一部に墨を黒々と生徒に塗らせて抹殺させたときは，ドーデの『月曜物語』の中にある"最後の授業"……を思い出しながら，敗戦のきびしさを教えなければならなかった。子どもから戦犯と言われても仕方のない私が，その口をぬぐって子どもたちの前に立ち，日本再建の話をするなどと言うことは……と心がひけた。(14)」

　しかし，民主化政策のもとでの労働運動の高揚にも励まされて，戦前，無権利状態におかれてきた教師たちの間から，戦前の教育労働運動の遺産(15)を継承・発展させる動きが出てくる。それは，教師たちが自らの要求実現の組織を結成して，その経済的・社会的地位の向上を求めるものであり，あわせて，教育民主化の活動をも展開した。そして1945年12月には全日本教員組合，日本教育者組合が結成され，この流れは翌1946年には全日本教員組合協議会と教員組合全国連盟の2つの全国組織による運動に発展し，1947年6月8日には，全国大学高専教職員組合協議会を加えた3つの組織統一により日本教職員組合（日教組）が結成された。これら，教師たちの教育労働運動・民主化運動の高揚は，日本の教師の歴史において画期的な出来事であった。

　1950年，朝鮮戦争が勃発して，憲法・教育基本法の現実的な危機が深まると，日教組は平和と全面講和の方針を掲げ，1951年には「教え子を再び戦場におくるな」を戦後教師のスローガンとして決定した。そして，翌年，平和と民主主義教育の担い手としての教師像を明示した「教師の倫理綱領」を採択した(16)。これは，「教師は日本社会の課題にこたえて青少年とともに生きる」，「教師は科学的真理に立って行動する」，「教師は労働者である」，「教師は団結する」など10項目からなる。そのなかで教師像に注目すると，教師は労働者であり，その家計を維持するのに十分な社会的保障がなされて当然であると，

生活権を守ることを謳い，その実現のためには団結することが書かれている。それは，教師を「清貧な聖職者」として，低賃金での生活に甘んじ，国家権力に屈服し，国策に迎合した戦前の教師のあり方についての根本的反省に基づくものであり，教師労働者論に立つ教師像への転換であった。また，教育を科学から分離し，国民教化の手段としての戦前の教育を否定し，科学的真理に基づく教育を進めることを宣言したものであった。

2　専門職としての教師

教職の専門性を認めるか否かの論は，戦前から論争が繰り返されていた。中等学校教師における教職の専門性は高等師範学校存廃論争[17]で，小学校教師における教職の専門性に関して[18]は師範学校一部二部本体論争で議論されていた。これらは，教師のあり方を議論したものであり，教える内容である教科の学識専門性を重視する考え方と，教職的教養を重視する考え方との論争であり，それは，教えることに特化した学問である「教育学」の存在意義を問う論争であった。しかし，戦前における多くの論争は，教える内容である教科の学識専門性を重視する考え方が優勢を占め，教職的教養に専門性を求める潮流は低迷した。

1946年に来日したアメリカ教育使節団は，その報告書のなかで，教育技術の重要性や教育の科学化など教職の専門性の必要性を説き，次のことを強調した。

「教師は自分の仕事の専門職的側面について特別の知識を持つべきである。比較教育史やその社会学的裏付けについて，また，現在自分がそこにいる教育制度の組織の成り立ちについて，また，子供たちとの実験や経験を通じてもっとも効果的とされるに至った教授法について，ある程度の知識を持っていなければならない。……専門職的養成教育は，完全な形で，すくなくとも初等ならびに中等学校の教師全員が受けられるようにすべきである。[19]」

学識専門性を重視する教師のあり方が日本側の認識として大勢を占めていたが，GHQ内に設置された民間情報教育局（CIE）の内面指導により，教えることに特化した教育が重要であるという考え方が一般的となっていき，新制大学

の発足にともない，全国に教育系大学・学部が創設された。それとともに，教職の専門性を重視した教員免許状制度が創設されることにより，教職の専門性を重視する考え方が制度化されていった。

1950年代以降は，教育と政治をめぐる対立や緊張，そして1960年代以降は，教育と経済の関係から新たな諸問題が浮上した。「地方教育行政の組織及び運営に関する法律」(1956年公布・施行)のもとで発足した任命制教育委員会のなかで，まず，愛媛県教育委員会が1957年に全国に先駆けて勤務評定実施を決定したことを契機として，政府与党・教育委員会とそれに抵抗する教職員組合との対立が，父母・地域住民を巻き込んで全国的に展開された。さらに，特設「道徳」問題，学習指導要領の法的拘束性強化，全国一斉学力テスト問題，教科書検定訴訟等を通して，文部省と日教組を主軸とする対立が激化した。文部省は，教育公務員としての観点から教師の服務の厳正化を求め，一方，日教組は，教師の労働者性を強調した。そのような背景のもとで，1966年，ILO・ユネスコ共同勧告として「教師の地位に関する勧告」が出され，そこで明示された「専門職としての教師」論が日教組の教師論に影響を及ぼすこととなる。そして，その後，教職の専門職性と労働者性の統一が追求されていくこととなった[20]。

3 教師の専門性に対する国際的な動向

前述の，「教師の地位に関する勧告」は，「教育の仕事は専門職と見なされるべきである。」と提示し，国際的に教師の専門職化を強調した。教師の専門職性を「生徒に最も適した教材および方法を判断するための格別の資格を認められたものであ」り，「教材の選択と採用，教科書の選択，教育方法の採用などについて不可欠な役割を与えられるべき」ものである，と述べた。

「教師の地位に関する勧告」が採択されて30年が経過した1990年代には，教師の役割・機能，さらに学校および社会における教師の地位を再検討することが求められた。そして1996年，ユネスコ第45回国際教育会議において，「教師の役割と地位に関する勧告」が採択された。この勧告は，1966年の「教師の地位に関する勧告」が部分的な実施にとどまったことを反省し，1996年

勧告を強力に実現するためには，教師の「政治的関与と専門的能力」が不可欠であると指摘した[21]。さらに，同勧告の序文において，教師の専門職性を発展させて次のように提示した。

「教師は学習を援助するだけでなく，市民性の育成と社会への積極的な統合を促進し，好奇心，批判的思考と創造性，自発性と自己決定能力とを発達させなければならない。教師の役割はますます，集団における学習の援助者（ファシリテーター）という役割となるだろう。さらに，他の情報を提供する機関や社会化機関が果たす役割が増大するなかで，教師は，道徳的，教育的指導の役割を果たし，学習者がこの大量の情報と様々な価値観のなかで自分の位置を確かめられるようにすることが期待される。共通の教育目標に向かって，様々なパートナーによって供せられる教育活動のまとめ役として機能することを通して，現代の教師は，コミュニティにおける変革の効果的な担い手となるだろう。」[22]

子安潤は，前記引用部を同勧告の全体から考察することにより，教師の役割を次の3点に集約した。第1に，学習の援助者（ファシリテーター）としての役割，第2に，子ども自身がどこにいるのか「確かめられるようにする」ガイドとしての役割，そして第3に，教育政策の下請け的な遂行者ではなく政治的決定の一員に参加する役割をあげ，これらを新たな教師の専門性としてとらえている[23]。

4 教師の専門性に関する政策動向

以上のように，教師を専門職と位置づけていこうとする国際的動向のなかで，日本政府は，教師の専門性をどのように考えているのかみておこう。1995年4月に発足した第15期中央教育審議会は，「21世紀を展望した日本の教育の在り方について」諮問を受け，1996年7月の第1次答申で，「ゆとり」のなかで「生きる力」を育成することを基本目標とした教育の推進を提言した。これをうけ，1997年7月に教育職員養成審議会は「新たな時代に向けた教員養成の改善方策について」（第1次答申）を提出した。ここでは，「教職」を「専門的職

業」とはしているが，正確にいうと「専門性」ではなく「教員に求められる資質能力」についての検討が行われている。後者を，「教員に求められる専門性」と読み替えることができるのか否かについては，疑問が残る。ともあれ，答申が述べている「教員に求められる資質能力」についてみておこう。

同答申は，1987年12月の教育職員養成審議会答申「教員の資質能力の向上方策について」で示した6つの「いつの時代も教員に求められる資質能力」（教育者としての使命感，人間の成長・発達についての深い理解，幼児・児童・生徒に対する教育的愛情，教科等に関する専門的知識，広く豊かな教養，そしてこれらを基盤とした実践的指導力）に加えて，「今後特に教員に求められる具体的資質能力」として，以下の3点を提示した。

(1) 地球的視野に立って行動するための資質能力
(2) 変化の時代を生きる社会人に求められる資質能力
(3) 教員の職務から必然的に求められる資質能力

また，1999年12月の教育職員養成審議会第3次答申「養成と採用・研修との連携の円滑化について」では，教師の採用・選考の弾力的な運用と社会体験研修をはじめとした研修制度の改善策を提示した。これは，各種のメディアでも話題を呼んだ提言であったが，教師に社会性を付与するという目的で，各都道府県下の民間企業に派遣研修するシステムであり，教師の一般社会人化をはかるとともに，開かれた学校を地域社会との連携によって作っていこうという施策であった。この施策は教職の「資質能力」に対する解釈を拡大する方向といってよい。しかし，社会体験研修が教師の専門性といかにかかわるのかについて，十分な検討がなされ，解明されたうえでの提言であるとは考えにくい。

また，教師の採用・選考の弾力的な運用に関しては，教員免許状を持たないが，民間企業等で優れた業績を収めた社会人を教職に誘致するというものである。この施策は，教育職員免許法に基づく科目履修・修得や教員資格検定試験合格による教員免許状取得を教師の専門性を担保する要件としながら，一方では教員免許状をもたない教師を採用するという例外措置の拡大によって，教員の専門職性を一層不安定なものにおとしめる事態を生み出している。

教師にとって今日ほど，解決の困難な教育課題がのしかかる時代はなかったのではないだろうか。それは，1960年代以降顕著になった競争的な教育に端を発して発生した，「落ちこぼれ」，校内暴力，いじめ，不登校，学級崩壊などという，いわゆる学校病理現象や教育荒廃を克服する課題である。しかし，それは社会全体の変革や教育条件整備による解決ではなく，学校教育を中心とした教師の教育活動のみにその克服を求めるものであった。それゆえに，教師に過剰な負担がかかり，1990年代以降，教師のバーンアウトが深刻な問題となり，2003年には，教員休職者約6千人中，半数の約3千人が精神疾患によるという事態に陥っている。

　現在，「教員の資質向上」がクローズアップされ，教育荒廃を克服できる力量を持った教師の育成が模索されている。しかし，一方では，教育予算の削減が画策され，また，教員評価制度や不適格教員認定制度の導入，「国歌」斉唱の強制やそれにともなう処分など，教師が生きいきと教育活動に従事することをさらに抑圧するような政策が進められている。

　また，憲法・教育基本法改正の動きが加速化し，「戦争ができる国」への整備が進んでいる。それに連動して教科書採択が政治的問題となり，教師たちが「教職の専門性」に基づいて教科書を選ぶことが一層困難になりつつある。これは，教師の専門職としての知見が教育活動から排除されることであり，戦後，国民が築いてきた「平和的な国家及び社会の形成者として，真理と正義を愛」する人間の育成を目的とした教育の後退を意味する，ともいえる。

　これまで考察してきたように，日本の教師像は，公教育制度の展開とともに変化してきたといえる。すなわち，戦前日本の教師は，「聖職者」として，国策遂行のために国民教化の役割を担わされてきた。しかし，子どもの成長発達のために理想の教育を求めて教育活動を営んだ教師たちも一部では存在した。その思想は，戦後教育改革期に戦後教師に受け入れられ，継承され，憲法・教育基本法の理念を体現する教師像を追求してきた。

　しかし，前述のような近年の状況は，戦前日本の教師の痛恨の歴史を繰り返すことにつながるのではないかと危惧される。

注
(1) その他，近世の学校として，昌平黌，藩校，郷校，私塾などがある。
(2) 佐藤健一編『江戸の寺子屋入門』研成社，1996年，12頁。
(3) 船寄俊雄「明治初期府県制定小学校教師心得にみる教師像の性格」『教育学研究』第51巻第4号，1984年12月，32頁。
(4) 唐澤富太郎『教師の歴史』創文社，1955年，25頁。
(5) 稲垣忠彦『明治教授理論史研究』評論社，1977年，44～47頁。
(6) 森の提起した「従順，友情，威儀」の三気質は，元田永孚の修正意見により「順良，信愛，威重」と表現された。
(7) 昭和戦前期には，こうした教師像のために，小学校教師の給料未払い，給料削減，給料の一部市町村への強制寄付が横行し，社会問題へと発展した。
(8) 1881年の「府県立町村立等学校職員名称並ニ準官等」によって規定。
(9) 唐澤富太郎，前掲書，55頁。
(10) 花井信・千葉昌弘・石島庸男・福沢行雄・森川輝紀・梅村佳代『学校と教師の歴史』川島書店，1979年，108頁。
(11) 生活綴り方教育の機関誌として『綴方生活』(1935年)，『北方教育』(1930年)，『教育・国語教育』(1931年)，『実践国語教育』(1934年)，『生活学校』(1935年)がある。この運動は組織による運動ではなく，機関誌の読者が交流し，文集を交換するなどにより進められた。
(12) 小島弘道編『現代の若い教師の教育実践』エイデル研究所，1987年，44～45頁。
(13) 長浜功『教育の戦争責任』大原新生社，1979年，303～305頁。
(14) 金沢嘉市『ある小学校長の回想』岩波書店，1967年，46頁。
(15) 1910年代末以降，教員の地位と生活の擁護運動が高まった。1919年に下中弥三郎によって組織された「啓明会」は，「教育改造の四綱領」と題する教育改革構想を発表し，教育を受けることは国家による義務ではなく，万人の権利であることを強調した。
(16) 土屋基規「教師の権利と責務に関する国内・国際的基準」障害者問題研究編集委員会編『障害者問題研究』第22巻第4号，全国障害者問題研究会，1995年，389頁。
(17) 船寄俊雄『近代日本中等教員養成論争史論』学文社，1998年に詳しい。
(18) 中内敏夫・川合章編『日本の教師像6 教員養成の歴史と構造』明治図書出版，1974年に詳しい。
(19) 村井実『アメリカ教育使節団報告書』講談社，1979年，93～94頁。
(20) 久保義三他編『現代教育史事典』東京書籍，2001年，171頁。
(21) 河内徳子「教師の役割と地位に関するユネスコ勧告—教師の専門的自律性と責任の強化を—」教育科学研究会編『教育』1997年4月号，国土社，103～104頁。
(22) 同前論文，106～107頁。
(23) 子安潤「教師の教養」『愛知教育大学共通科目研究交流誌 教育と教養』第2号，2002年。

第2章　採用試験

藤本　典裕

　近年，中央教育審議会などから矢継ぎ早に出される答申を受けて学校教育の根幹にかかわる改革が行われ，さらには教育基本法の改正が行われようとしている。こうした政策の背景には，これまでの学校教育に対する根強い不信感と教員の質の低下を懸念する国民の批判があると思われる。一方，学校教育の混乱と質の低下，とくに児童・生徒の学力低下への危惧が高まり，国民的関心事となっている。こうした傾向に拍車をかけるようにマスコミは明確な根拠を示すことなく教員の質の低下を取り上げ，いたずらに危機感を煽っている。

　もちろん教員の資質・能力について政府・文部省（文部科学省），教育委員会は無関心であったわけではなく，むしろこの問題に積極的にかかわってきた。とくに1980年代半ばの臨時教育審議会の一連の答申以降，多様な教員の確保を目的として教員の採用選考方法の多様化が進められる一方，特別免許状制度や特別非常勤講師制度が積極的に活用されてきた。このうち後者は教員免許状を取得した正規教員とは別に免許状をもたない者を学校教育の現場に迎え入れようとするものであり，教員集団全体の質を考える際に看過しえない問題を含むものといえよう。

　本章では，以上のような状況を念頭におきながら，公立学校教員を中心に採用の仕組みや現状，問題点などについて述べることとする[1]。

第1節　教員採用の仕組み

1　教師の選考

　地方公務員である公立学校教員は，公立学校教員採用選考試験（一般に教員採用試験と呼ばれる）に合格することによって採用の資格を得る。教員採用試験は専門職としての教員を選び教職に就かせるために行われるもので，教育の現場に立つ教師を選び，学校現場で行われる教育の質を直接的に左右する重要な試験である。そのため教員採用試験では一般公務員の採用試験とは異なる合格者決定手続きがとられている。もう少し詳しく述べると，一般公務員は「国家公務員法」第36条，「地方公務員法」第17条3項の規定に従って，競争試験を原則として採用され，「選考」という手法は例外的に用いられるにとどまっている。これに対して教員の採用は，「教育公務員特例法」第11条の規定に従って，競争試験を排除して，「選考」という方法によって行われることとされている。

　「選考」は，個々人の学力，経験，人物，慣行，身体等を一定の基準と手続きによって総合的に審査し，その職務を遂行する能力を有するかどうかを審査する方法である（人事院規則8-12）。教師について，競争試験ではなく「選考」によって採用を行うのは，まず，教育という仕事が他の行政事務とは異なり，教師一人ひとりの専門的資格と人格的要素が強く求められるからである。二つめには，教師になるためには教員免許状を取得していることが前提条件とされており，免許状を取得しているという事実によって教師になろうとする者が必要とされる専門的資格と人格的要素を，少なくとも教師として採用され教壇に立つために必要とされる程度に有していることが証明されていると判断されるからである。

2　選考権者と任命権者

　次に教師を選考し任命する権限をもつのは誰なのかを整理しておこう。

教育公務員特例法第11条によると，大学以外の国公立学校の校長および教員を選考する権限を有する者（選考権者）は，①大学附置の学校についてはその大学の学長，②大学附置の学校以外の公立学校については，その校長および教員の任命権者である教育委員会の教育長とされている。つまり，一般的に公立学校の教師については教育委員会の教育長に選考権があるということになる。一般公務員の選考権者は人事委員会（人事院）であるから，ここでも教師については例外的な取り扱いがなされていることがわかる。

　公立学校の教師を任命する権限を有する者（任命権者）は都道府県教育委員会である（地方教育行政の組織及び運営に関する法律第37条1項）。しかしこの任命権は，選考権者である教育長の推薦（第34条）を受け，市町村教育委員会の内申（第38条1項）をまって行使することとされている。また市町村教育委員会がこの内申を行う場合には教育長の助言が必要とされ，校長から意見の申出があった場合には，内申の際にこの意見を付することとされている（同条第2項，3項）。

　ここで注意しなければならないのは，選考権者（教育長）と任命権者（教育委員会）が明確に区別されているということである。公立学校の教員は，教育長による選考を経て，教育委員会によって任命される。このような区別は，「選考」と「任命」という異なる行為（行政作用）の意味を明確にし，それぞれの手続きを厳密にして，公正な任用を図ることを目的とする。しかし実際には，教員の採用が教育長の専決事項であるかのように行われるなど，法規定の趣旨が十分に生かされているかどうか疑問視する声も多い。

第2節　教員採用試験の実態と改革動向

　教員採用制度とその改革動向については，いくつかの調査研究が行われ，報告書や論文が発表されている。ここでは2004年に発表された調査結果を取り上げ，都道府県・指定都市の教育委員会が教員採用選考をどのように改革してきたのか，また新たに教員になろうとする者にどのような資質と能力を求めているのかを整理してみよう[2]。

1　採用選考方法の変化

　教員採用は，1980年代を経てその量的確保は一段落を迎え，90年代には選考方法の「多様化」，多様で個性豊かな教員の確保が各教育委員会の新たな課題とされるようになった。したがって各教育委員会では新たな選考方法を取り入れるとともに，多くの選考方法を併用するという方向性を打ち出した。具体的には，二段階選抜方式の採用，一次・二次試験の両方での面接（個人，集団）の実施，模擬授業の実施，学習指導案の提出，適性検査や性格検査の実施，教育実習成績の考慮などが特徴的であった。しかし，多数の選考方法が採用されたものの，結果的に各教育委員会が採用した選考方法はほぼ同様のものとなり，教員採用選考はかえって画一化された。

　2004年の調査結果からは，選考方法の多様化が一段落したことがうかがえる。しかしこの10年間には，初任者研修制度の定着，「教育職員免許法」の改正や「大学設置基準」の大綱化による教員養成カリキュラムの手直し，学校教育に対する期待の変化にともなう社会的経験を積んだ人材の登用など，学校と教師をめぐる環境は大きく変化してきた。そこで，各教育委員会はこうした変化に対応するかたちで教員の選考方法，内容，時期などに変更を加えたかどうかを調査した。

　まず初任者研修との関連では，「変更した」と回答した委員会は1委員会のみであり，35委員会は「変更はない」と回答した。具体的な変更点を問うたが，回答は「第二次選考面接試験の一部を変更した」「集団討論から集団活動に変更した」というもので変更の実態はつかめなかった。

　次にカリキュラム改革との関連では，「変更した」委員会は1委員会，「変更はない」とした委員会は35委員会であった。具体的には，志願時の提出書類に「クラブ，部活動，ボランティア活動等の記録」を記載させて選考資料とするというものが目新しい変更であった。

　社会人登用については，「社会人の採用に当たって特別な配慮を行っていますか」との設問を設けた。これに対し，「行っている」とした委員会は13委員

会,「行っていない」としたものは22委員会であった。具体的には,社会人特別選考枠を設ける(6委員会),社会人経験を選考資料とする(3委員会),選考試験の一部を免除する(2委員会)などの方法がとられ,社会人採用に積極的な姿勢がうかがわれる。ここからは採用数が限定されるなかで「即戦力」となる教員の確保に力を入れている教育委員会の姿を見てとることができる。

以上をみるかぎり,全般的な傾向としては選考方法に大きな変更はないが,学校段階や担当する教科に応じた選考方法が採用されている。以下にいくつかの例を紹介しておこう。

まず選考の方法および内容については,英会話面接,情報活用力検査(コンピュータの基本操作),小学校国語実技に「絵本の読み聞かせ」を導入,一芸・一能選考を受験者の特性・意欲を生かした選考に拡大,一次試験にスピーチを導入などである。

次に選考体制についてみると,面接官に民間人や校長を入れた,個人面接に民間企業人事担当者を面接官として依頼,民間人および女性面接官の活用,面接委員にスクールカウンセラーを起用,面接委員に市町村教育委員会の教育長を採用,PTA代表者等の面接官への登用などである。

次に取りやめた選考方法についてもみておこう。調査では11委員会が「取りやめた選考方法がある」と回答した(「ない」は24委員会)。具体的な方法は,個人面接の冒頭で行っていた3分間の自己PR,一次試験の専門教科試験,中学校教員・養護教員に対する水泳実技検査,中学校教員の運動技能検査,パソコン実技試験,論述式テスト,小論文,グループワーク,ロールプレイング,クレペリン検査と多岐にわたる。

以上のことから,「模擬授業の導入」に代表されるように全体として「実践力」を問う選考方法(英会話・水泳・パソコン等の実技)が新たに取り入れられる傾向が顕著にみられる。また,選考委員に民間人を採用する自治体が増加しつつあることも確認された。

調査では,選考方法の変更がもつ効果についても質問したが,導入後間もないこともあっておおむね「どちらとも言えない」との回答が多くみられた。し

かし，教科指導・教科外活動の指導とも，「実践的指導力のある人が得られるようになった」という項目については「大いにそう思う」「少しそう思う」と回答する委員会が若干ながら上回り，選考方法改善の意図が「実践力」重視の傾向にあること，教育委員会の評価はおおむね良好であることがうかがえる。

2　求められる能力

教員に求められる能力について，調査の設問に対する回答結果をみてみよう。表1.2.1～3をみてほしい。数字は回答を寄せた37教育委員会のうち当該項目を選択した教育委員会数である（回答は3つを選ぶ複数回答方式）。

表1.2.1　大学における教職課程教育の段階

教科の専門的知識・技術	21
社会的・日常的な常識	18
基礎的教養	17
教育に関する体系的知識	6
子ども理解	5

表1.2.2　教員採用選考試験の段階

教科の専門的知識・技術	20
子ども理解	14
基礎的教養	9
教育に関する体系的知識	8
社会的・日常的な常識	8

表1.2.3　初任者研修段階

教科の実践的指導力	18
子ども理解	16
教科外活動の実践的指導力	12
教育に関する体系的知識・理解	9
教科の専門的知識・技術	7

まず「大学時代に身につけるべき能力」についての回答をみると，「教科の専門的知識・技術」をあげたのは21委員会で全体の28％を占めている。しかし興味深いのは，回答した教育委員会の半数近く（44％）が「社会的・日常的な常識」をあげていることである。1994年調査では選択肢の第3位であった「社会的・日常的な常識」がこの10年の間により重視すべき能力として意識されはじめていることがわかる。そのほかにも「基礎的教養」（23％）が重視されており，受験者の大学生活に対する教育委員会側の要望として，教師である前に一人の社会人としての常識を身につけたうえで，教師に求められる基礎的な教養を養ってほしいという期待があることがうかがえる。

次に「採用試験において重視する能力」についてみてみると、「教科の専門的知識・技術」が全体の45％の委員会によって選択されもっとも優先すべき事項とされている。また「子ども理解」が新たに重要項目とされていることにも注意が必要であろう。児童・生徒による犯罪および児童・生徒が被害者となる事件が頻発するなど、学校の指導力が社会的な問題とされていることなどが、採用される教員の能力モデルに影響を与えているとみることができる。

最後に「初任者研修での習得を目指す能力」についての回答をみると、「教科の実践的指導力」がもっとも重視する項目とされている。さらに「教科外活動の実践的指導力」も重視され、現職教員に対してはとくに実践的な指導力が求められていることが再確認できる。

以上のことから、大学時代には社会人としての常識や基礎的教養を、採用試験受験時にはこれに加えて教科の専門的知識を、初任者研修から体系的に整備される一連の研修において実践的指導力の獲得をという教員の能力養成プロセスに関する一般的な考え方をみてとることができる。なお、「実務的な能力」については、いずれの項目についても回答数0であったことは特記しておきたい。

3　求められる資質

次に教員に求められる資質について整理した表1.2.4～6を見よう。

まず「大学時代に形成すべき資質」については、「主体性」(36％)がもっとも多く選択され、ついで「個性」(32％)、「教師としての自覚」(16％)となっている。全体的にみると「人権感覚」が40％を占めて2番目に重要な資質とされていることが目をひく。

次に「採用試験において重視する資質」では、第一優先事項の最多回答が「教師としての自覚」(29％)、ついで「子どもから好かれること」(18％)、「個性」(18％)と続く。

最後に「初任者研修での形成を目指す資質」であるが、ここで重視される資質はやはり「教師としての自覚」、「学校の一員としての自覚」であり、10年

前の調査時点と変化はなかった。

表1.2.4　大学における教職課程教育の段階

主体性	19
人権感覚	16
個性	11
教師としての自覚	11

表1.2.5　教員採用選考試験の段階

教師としての自覚	19
主体性	12
子どもに好かれること	12

表1.2.6　初任者研修段階

教師としての自覚	24
学校の一員としての自覚	21
人権感覚	10

第3節　教員採用をめぐる新たな動き

1999年12月10日，教育職員養成審議会は「養成と採用・研修との連携の円滑化について」と題する第3次答申を発表し，採用のみならず養成・採用・研修の全過程を通じた改善方策を示した。このうち採用については，①実技試験を実施する教育委員会が増加していること，②民間人など多様な面接担当者を起用するなど，面接試験が充実されつつあること，③社会人の登用が進められていること，④心理検査などを活用することで教員適格性の確保方策が進展していることをあげて，改善が進んでいることを指摘している。そしてさらなる改善を図るために，①多面的な人物評価を行う方向への一層の移行，②採用選考において重視する視点の公表による，求められる教員像の明確化，③条件付き採用の一層の運用の改善の3点が提言されている。

中央教育審議会は2002年2月21日に「今後の教員免許制度の在り方について」答申を行い，①教員免許状の総合化・弾力化，②教員免許更新制，③特別免許状の活用促進を提言した。これらの提言のうち③以外はいまだ具体化されていないが，2004年10月20日には中央教育審議会に対して「今後の教員養成・免許制度の在り方について」諮問がなされ，①教員養成における専門職大

学院のあり方について，②教員免許制度の改革，とりわけ教員免許更新制の導入についての2点が重点課題とされ，改革の方向性は変化していない。

　以上のような政策サイドの動きとは別に，新たな教員への道を生み出す可能性を秘めた取組みも行われている。そのいくつかについてごく簡単にみておこう。

　第1は，いわゆる「教育特区」を中心に実施されている自治体独自の教員採用（少人数学級の実現，ティーム・ティーチングの実施などを目的とする）である。児童・生徒数，学級数を基準として決定される教員定数とは別に，自治体が独自に教員を採用しようというこの制度は，地域の特性を活かした学校教育を実現する可能性を有する反面，教育条件や教育の質に地域間格差を生むという危惧もある。また地方財源の安定性が確保されなければ教員の地位も安定性を欠き，結果的に教員集団全体の質の低下を招く危険性も指摘できよう。

　第2に，東京都教育委員会が開設した「東京教師養成塾」をあげておこう。この塾は，高い志をもった教員を学生の段階から養成するため，教員を養成している大学と連携して実施するものとされている。この塾を卒業した者は都内の小学校の教員採用選考試験を特別枠で受けることができる。こうした制度は教員養成・採用の地方自治の実現に一歩を進めるものとみることもできるが，他方，これは教員の「青田買い」であり，教員採用選考の公正性を脅かすとする批判もある。また連携する大学が限定されるため，運用方法によっては教員免許状の開放制原則を脅かす危険性をもつ。さらに自治体が教員養成から採用までを一貫して行うこの制度は「大学における教員養成」という戦後教員養成制度の原則を逸脱する恐れもあり，慎重な検討を要する。

　第3に，教育委員会や学校と大学との間で学生のインターン制度とも呼べる取組みがある。これは学生がボランティアという資格で学校教育の一部に参加するという試みであるが，その実態はさまざまである。上記の調査ではこの点についても設問を準備したので，その結果を簡単に紹介しておく。

　まず，大学と正式に提携を結んで実施しているのは14教育委員会であった。このうち「放課後学習チューター」や文部科学省の委嘱による「放課後学習チ

ューター派遣事業に関わる調査研究」として実施している例が8委員会，大学との協定を取り交わして実施している例が2委員会であった。なかには20もの大学と協定をかわして大規模な学習支援活動を行っている例もあった。学生ボランティアについては大学との協力関係によるものも多数あり，文部科学省が推進する制度として積極的に導入されている。

　それではこうした活動を通じて学生が在学中に学校体験をすることへの評価はどうであろうか。この設問に対する回答は「望ましい」が33委員会，「望ましくない」との回答はなかった。「望ましい」とした理由は，教員志望者の資質向上，現場教員としての即戦力の育成に関する回答が多数を占めた。

　なお，こうした経験の有無を教員採用にあたって考慮しているかとの設問に対する回答は，「している」9委員会，「していない」22委員会であった。考慮している理由としては，意欲・適性等を判断する資料の1つと考えられる，教育実習以外に可能な範囲で学校体験することで教員像を実体験でき即戦力として貢献できる，教員としての資質を高め教師としての適性を自分で知ることができるなどであった。逆に考慮しない理由としては，公平性確保のため，体験内容に差があるので平等な評価ができない，評価する方法などが制度化されていないなどであった。

　大学生が在学中に学校現場を経験することの有効性は一般的に認められているものの，これを制度として活用し，採用選考の資料とするには至っていないのが現状であろう。しかしこうした試みが普及・定着しつつあることも事実であり，今後の検討がまたれる。

第4節　教員採用試験の問題点

　教員採用選考についてはつとに多くの問題点が指摘されてきたが，もっとも重要な問題はその閉鎖性・密室性であろう[3]。そこで採用選考の閉鎖性（公開性）についても調査結果を簡単にみておこう。

　まず採用試験問題を「すでに公開している」としたのは30委員会で，「検討

中である」が6委員会,「公開の予定はない」とした委員会はなかった。公開の理由については,採用選考の透明性や公平性を高める,公教育への信頼性を高める,採用したい教師像を周知するなどがあげられている。しかし,公開する内容については,一般教養,教職教養,論文題とするものがもっとも多く,専門科目の公開は2例と少ない。その他,技能実技試験問題および集団面接(討論)課題が1例あった。ただし,解答または解答例も公開しているものは3例と少ない。また試験問題の公開が必ずしもその検討と改善につながっていないことも問題として指摘できよう。問題作成や選考の過程に教育学研究者や現場の教員,保護者などが有意に参加できていないことはその一つのあらわれである。

次に選考基準については,「すでに公開している」(1委員会),「検討中である」(2委員会),「公開の予定はない」(33委員会)といまだにほとんど公開されていない。唯一公開していると回答した例も,「県民の要求に応えるため,公開請求があれば応じている」というもので一般公開には至っていない。

非公開の理由は,試験の適正な遂行に支障を来すとするものが11例ともっとも多かった。より具体的に,受験者が選考基準を意識することにより,偏った受験対策をとったり,受験技術が先行するなど受験者本来の姿(資質・能力)を多面的に評価することが困難になるとするものが3例あった。その他,公平・公正の観点から問題がある,採用選考の本質にかかわるため公開できないなどとするものも5例あった。

合格者の公表については,「すでに公表している」(21委員会),「検討中である」(3委員会),「公表の予定はない」(12委員会)であったが,「すでに公表している」とした21例のすべてが個人情報保護のため受験番号のみの公表であった。逆に「公表の予定はない」とする理由として個人情報の保護をあげる例がもっとも多く,他には公正かつ円滑な人事の確保に支障を及ぼすおそれがあるためなどがあげられている。

試験成績の受験者への通知については,「すでに通知している」(28委員会),「検討中である」(1委員会),「通知の予定はない」(6委員会)であった。公表方

法は，不合格者に対して総合評価（3段階が12例，4段階，5段階が各1例）を通知するというものが20例ともっとも多かった。通知の対象者については，希望者のみとするものが19例ともっとも多く，出願時に通知希望の有無を確認するとするものが3例，結果通知書に記載するとするものが3例あった。通知しない理由としては，本人からの直接開示請求に対して，その場で口頭または文書による開示を行っているとするものが3例あった。また，成績通知は，公正かつ円滑な人事の確保に支障を及ぼす恐れがあるとするものもあった。

　採用試験に関する諸情報の公開は，情報公開制度の定着にともなって今後さらに進んでいくものと思われる。しかし，試験問題については，面接を含む2次試験に関する内容や解答が十分に公開されていない，選考基準の公開がほとんどなされていないなど，不十分な点が多い。採用選考における人物重視の傾向が強まり，客観的な評価がさらに困難になると思われる現状のなかで，個人情報を保護しつつ，選考の公平性・透明性を確保する手段を早急に検討する必要があろう。

　教員の採用についてさまざまなことを述べてきたが，画一的で硬直した教員採用選考が改善されるべきことには異論はないであろう。しかしその具体策は必ずしも明確にされてはいない。教育行政においても（その実態に対する批判と検討は必要だが）地方の自立性・独自性が強調され，具体的な取組みが進められようとしているいま，教員選考方法をいかに改善し，どのような教員を採用するのかが，教育の質を大きく左右する要件の1つであり，きびしく吟味されるべき課題である。

注

(1) 教員採用を主たるテーマとする著書・論文は必ずしも多くないが，たとえば以下のものを参照。神田修・土屋基規『教師の採用』有斐閣，1984年。山崎博敏『教員採用の過去と未来』玉川大学出版部，1998年。日本教師教育学会編『教師をめざす』（講座教師教育学第2巻）学文社，2002年。

(2) ここで取り上げた調査研究は，松原正道・安井一郎・吉村順子・池内耕作・岩田一

正・藤本典裕「教員の採用に関するアンケート調査結果(中間まとめ)」『会報』第57号(関東地区私立大学教職課程研究連絡協議会,2004年)である。教員採用に関する調査研究としては,ほかに「大学設置基準の大綱化の下における教育者養成教育に関する総合的調査研究」(研究代表:長尾一三二,科研費研究:課題番号04301031,1994年)などがある。

(3) 注(1)に紹介した神田・土屋『教師の採用』は教員採用選考の問題性を「密室のなかの教師採用」と指摘し,「公開と参加」を基礎とした「開かれた教師採用」を提唱していた。

第3章　教員養成の仕組み

小田　義隆

第1節　戦前の教員養成

1　教員養成制度のはじまり

　教員養成という言葉は，一般に考えられるほど古い言葉ではない。その登場は，明治維新後のことであった。それ以前の教育は，藩校・私塾・寺子屋等で行われていた。そこで教える教師は，教えるために知識を学んできたのではなく，自分が学んだ学問を偶然，需要のあった場所で教授することになったということに過ぎなかった。

　しかし，明治維新後，欧米の近代学校制度を輸入し根付かせることにより日本の近代化をはかろうとした明治政府は，近代学校制度を担う教師を大量に必要とすることとなり，教師を「養成する」という考えが導入された。ここに初めて教員養成というタームが誕生したのであった。

　戦前の教員養成は，学校制度が複線型になっていたため，多種多様な教員を多種多様なルートによって養成していた。教師を養成することが初めて規定されたのは1872年の学制によってであったが，制度として確立されたのは，初代文部大臣森有礼のもとで1886年に制定された師範学校令によってであった。戦前の教員養成は，教員養成を目的とする学校による直接養成と，文部省および道府県が実施した検定制度による間接養成によって行われていた。

2 小学校教員養成

　小学校教員は，おもに師範学校で養成され，師範学校卒業の教師は基幹的な教師として，最大時で小学校教師の60％程度を占めていた。残りの教師は小学校教員検定によって資格が認定されたものであった。師範学校は，寄宿舎制を採っており，舎監を中心とした軍隊の兵営を模倣した厳粛な生活が強いられ，新聞や雑誌などの図書の閲覧にも厳しい規制が設けられていた。また，給費制を採っており，授業料は全額免除され，生活費の一部も官費でまかなわれていた。それとともに，「尋常師範学校卒業生服務規則」によって，師範学校卒業後，一定期間指定された小学校に勤務することを義務づけられ，違反者には給費された額の全額を弁済することが規定された。教育課程については「師範学校規程」および「師範学校教授要目」によって規定され，それに基づいて教授された。師範学校規程および教授要目は，情勢の変化とともにしばしば改訂されたが，基本的には実用主義と「教育者精神」の錬磨を強調する画一的基準によって教育が行われた。

　師範学校は，学校体系上，中等教育に位置づけられ，中学校から大学へと続く，普通教育の系統とは異なる系統に位置づき，袋小路の学校体系であった。1907年の「師範学校規程」によって，師範学校本科第二部（第二部）が設置され，中学校卒業者を修業年限2年（文政審議会の答申により1年から2年に延長された）で，小学校教員に養成するルートが確立された。通常，中学校卒業後の進学先は，高等学校をはじめ，官公私立の専門学校など高等教育の範疇に含まれるが，第二部の卒業生は，中等学校卒業という扱いとなり，同じ職業専門教育であっても，小学校教員は戦後教育改革まで一段低い位置に甘んじることとなった。

　しかしながら小学校教育界では，師範学校卒業者を重んじ，師範学校卒業生でなければ，小学校の校長や，首席訓導になることが出来ない等といったことが慣行化していた。同じ小学校教師の身分であっても師範学校出身をエリートとし，それ以外の教師と差別的に扱うことによって，より閉鎖的な教員社会を

つくり出すこととなった。

3 中等教員養成

中等教育の教師は，3つのルートによって養成された。第1のルートは，高等師範学校等による直接養成，第2のルートは，無試験検定制度[1]による養成，第3のルートは，試験検定（文検）制度[2]による養成である。

第1のルートである中等教員の直接養成として，東京と広島に男子高等師範学校，東京と奈良に女子高等師範学校が設置され，敗戦時には，金沢高等師範学校，岡崎高等師範学校，広島女子高等師範学校を加えた7校が設置されていた。また，16の臨時教員養成所が，文部大臣の指定する帝国大学および直轄諸学校に設置された。

高等師範学校は，師範教育の総本山として位置づけられ，寄宿舎を中心とした，教場内外で訓育がなされた。教育課程は「高等師範学校規程」に則り，学科を文科，理科に大別することによって，複数の教科を担当できる中等学校の教師を養成した。国は，小学校教師において師範学校卒業者を中心においたように，中等学校教師においても師範教育を受けた高等師範学校卒業者を中核とすることを意図していた。

また臨時教員養成所は，修業年限2～3年であり，1～5科目の教員免許科目が開講され，卒業生には当該学科の免許状が授与された。

第2のルートである無試験検定制度は，大きく指定学校と許可学校に分類され，随時行われていた。指定学校は，文部大臣が指定した官立学校の卒業生および選科修了生に対して，無試験で個々に検定され，免許状が授与された。許可学校は，師範学校，中学校，高等女学校の卒業証書を有したものが，卒業生の教員資格に関して文部大臣の許可を受けた公立，私立学校に入学し，3年以上在学して特定の学科目を履修することで，無試験で中等教員の検定を受けることができた。

第3のルートの試験検定（文検）制度による養成は，中等学校以上の学校の卒業証書を取得せずとも，文検を受験して，合格すれば，合格した学科目の免

許状を取得することができるというものであった。文検は，およそ40科目以上の試験が実施されており，実施方法は地方庁で行われる予備試験と，東京で行われる本試験の2段階の試験が行われた。

第2節　戦後教員養成改革

　第2次世界大戦後の教育改革において，戦前の師範教育を中心とした教員養成のあり方に対して，閉鎖的で国家主義的な教育によって，画一的な教師が養成されたとする批判がなされた。高等師範学校・師範学校が廃止されることによって戦前の教員養成のあり方は否定され，憲法・教育基本法の掲げる教育理念の実現，新しい国民形成の主体を担う教師の養成をめざし，教育刷新委員会は，戦後教員養成制度における二大原則「大学における教員養成」と「免許状授与の開放制」を打ち出したのである。

　「大学における教員養成」は，戦前の師範学校を中心とした小学校教員養成と，多種多様なルートにより養成されていた中等教員養成を一元化し，新制大学における研究と教育を通じての人間形成を基盤とした教師養成を謳ったものであった。新制大学での教員養成では①教科に関する専門的な知見，②子どもの発達の法則や教科の論理など教職に関する専門的・科学的な知見，③一般教育も含めた幅広い教養，を身につけた自律性・主体性のある教師の養成が期待された。

　「免許状授与の開放制」は，戦前の閉鎖的な教員養成システムによる弊害として，固定的・画一的な教師を生み出したことに対する批判をうけ，国公私立すべての大学のさまざまな学問領域に学び，教職課程の必要単位を修得したものに広く免許状を授与して，教職への参入を促す理念である。これにより，どこの大学の卒業者であっても，必要な所定の単位を修得すれば免許状が授与されることとなり，幅広い分野から教員を教育界に誘致することが可能となった。

　これらの理念のもとで1949年から翌年にかけて，新制の国立大学（学芸大学7，教育学部26，学芸学部19）および一般大学における教員養成が出発した。し

かし，その後の文教政策の転換，とくに大学教育の再編との関係のなかで，これらの理念は絶えず形骸化される危機にさらされてきた。

開放制を制限するもっとも早い施策は課程認定制導入（1953年）であった。これによって教員養成を行う大学・学部は，教職科目のみならず，教科に関する科目，履修方法，教員組織，図書館など施設・設備についても審査が行われるこことなった。

また，教員需要の減少に対応して設置された「国立の教員養成系大学，学部の整備に関する調査研究会議」(1986年) では，教員養成系学部の新設・定員増を認めない方針が打ち出され，開放制が実質的に制限を受けることとなった。これによって，教育学部の定員は，ゼロ免などの新課程への定員振り替えや，他の学部・学科へ振り替えられる施策が実施され，教員養成系大学・学部は縮小された。さらに1997年には，「教員養成課程学生5000人程度」の削減計画が表明され，教員養成系大学・学部の改組がいっそう進められた。こうした国による施策は「大学における教員養成」のもとでの開放制を制限することにつながるが，教員養成は社会的要請としての教員需要と深くかかわらざるを得ない面をもつことも現実である。現在では，「団塊の世代」教員の大量退職による深刻な教員不足が見込まれており，これに対して文部科学省（文科省）は2005年3月「教員分野に係る大学等の設置又は収容定員増に関する抑制方針の取扱いについて」を出し，方針転換をはかっている。

第3節　教員免許

1　教員免許制度

戦後改革において，戦前の「教員免許令」(1900年) を中心とした命令主義の教員免許制度から，法令主義の免許制度に変革され，1949年「教育職員免許法」（以下，免許法）が施行された。免許法は，以下の5点[3]が基本理念とされており，戦後教育改革の理念の具体化という性格をもっていた。①教職の専門

性の確立，②免許状主義，③大学における教員養成，④免許状の開放制と合理性，⑤現職教育の尊重。以上の理念を基本として，戦前，不整備であった盲・聾・養護学校を含む，就学前教育，初等教育，中等教育のすべての学校の教師に免許状主義が徹底されることとなった。新制度発足の当初には，学校が行う業務（校務または園務）を掌り，教員，事務職員，技術職員などの所属職員の監督にあたる校長には校長免許状，また，戦後はじめて教育委員会を設けるに際して，それを担う専門的教育職員を確保するために，教育長，指導主事に対しての免許状も定めていた（1954年廃止）。また，欠格条項と資格要件を定めたほか，免許状授与における不正行為や免許状を有しない者の任用行為に対して，罰則をもって臨むなど免許状主義が徹底された。

2 免許状の種類

現行の教員免許状は，学校の種類ごとに①普通免許状，②特別免許状，③臨時免許状が都道府県教育委員会から授与されている（免許法4条1項）。

①普通免許状──学校（中等教育学校を除く）の種類ごとの教諭・養護教諭および栄養教諭の免許状である。当初は一級免許状と二級免許状に区分されていたが，1988年の免許法改正により，「専修免許状」（修士の学位を有すること），「一種免許状」（学士の学位を有すること），「二種免許状」（短期大学士の学位を有すること）の3種に改められた。普通免許状は，「一種免許状」が標準的な免許状であり，「専修免許状」は「特定分野の高度の専門性」を示す免許状であり，「二種免許状」は「なお一層の資質能力の向上が必要」で，15年以内に「一種免許状」取得の努力義務が課されている。また，高等学校教諭の「二種免許状」は存在しない。

盲・聾・養護学校の普通免許状に関しては「小学校，中学校，高等学校又は幼稚園の教諭の普通免許状を有すること」が基礎資格である。2004年には栄養教諭免許状が追加された。普通免許状は現行制度では，免許に期限はなく，すべての都道府県で終身有効であるが，現在，後述する教員免許状の更新制が検討されている。

②特別免許状——学校(幼稚園と中等教育学校を除く)の種類ごとの教諭の免許状であり，1988年の免許法の改正で創設された。これは，「学校教育の多様化により幅広い人材を教育界に誘致するため」，とくに優れた知識・技術をもつ社会人を学校教育に誘致するために導入されたものであり，授与された都道府県内のみで効力を有する。その効力の有効期限は，導入当初3年以上10年以内に限定されていたが，1998年の免許法改正により，小学校の全教科に拡大され，有効期限が5年以上10年以内に改められた。さらに，2000年の免許法改正によって，特別免許状を有する者が所定の単位を修得することにより普通免許状を授与される仕組みが設けられ，特例措置としての限定がなくなった。2002年には，特別免許状の授与条件が緩和され，有効期限も撤廃される免許法改正がなされている。

③臨時免許状——学校(中等教育学校を除く)の種類ごとの助教諭および養護助教諭の免許状である。普通免許状を有する者を採用することができない場合にかぎり授与され，授与権者の属する都道府県内で効力を有し，原則として3年間の有効期間が設けられている。ただし暫定処置として，その有効期間が6年間とされることもある。

中学校，高等学校の宗教に関する免許状は，私立学校のみで効力を有する。また2000年の免許法改正により，高等学校教員の免許教科として，情報および福祉が新設された。さらに，2002年の免許法改正により，中・高校の教諭が小・中学校の相当教科と「総合的な学習の時間」を担当できるようになっている。

3 免許基準と課程認定

教員免許状は，文科省より課程認定を受けた大学・短期大学・大学院で所定の単位を修得した者に対し，各都道府県の教育委員会が授与するものである。そのため，教員免許状を取得するためには，学位の基礎資格を満たすとともに，免許法と同法施行規則に定める科目・単位に基づいて，大学・短期大学・大学院の指定する科目を履修する必要がある。

大学・短期大学・大学院における教職課程は，文部科学大臣から「免許状授与の所要資格を得させるための課程として適当である」という認定を受けることによって組織することができる。

大学における教員養成のカリキュラムは，免許法の定めに従い，「教職に関する科目」，「教科に関する科目」，「教科又は教職に関する科目」について必要単位数を修得することを基本としている。教育実習は，教職を希望する学生が学校教育の場において修得した知識を活用し，実践的な知識，技能および姿勢を養うことを目的とし，「教職に関する科目」の中に含まれており，免許状取得のための必修単位の一つとして規定されている。

免許状取得に関する必修科目は，上述のもののほかに，「日本国憲法」2単位と「体育」2単位が規定されている。さらに1998年の免許法改正によって「外国語コミュニケーション」2単位と「情報機器の操作」2単位を修得することが規定された。

また，「小学校及び中学校の教諭の普通免許状授与に係る教育職員免許法の特例等に関する法律」および「小学校及び中学校の教諭の普通免許状授与に係る教育職員免許法の特例等に関する法律施行規則」によって，1998年4月から，小学校・中学校教諭の普通免許状を取得するための要件として，盲・聾・養護学校で最低2日間，老人ホーム等の社会福祉施設に最低5日間，計7日間の「介護等の体験」が義務づけられることとなった。

さらに，2005年12月8日にまとめられた中央教育審議会中間報告では，大学の教職課程の最終学年で新科目「教職実践演習（仮称）」を必修科目として新たに設定する構想がなされている。その内容は，①使命感や責任感，②社会性や対人関係能力，③子供への理解，④教科の指導力，の4点であり，指導案作成や模擬授業など現場の実践力の強化を目的としたものであった。それと平行して教職課程のある大学に対する外部評価や第三者評価の導入，「教員養成カリキュラム委員会」の設置など，組織的に教員養成を行う体制整備が構想されつつある。

4 免許状授与の特例措置

 前述のように，戦後教員養成改革において，「大学における教員養成」の原則が立てられたのであるが，その例外的事項の拡大につながる施策が近年つぎつぎと打ち出されている。

 拡大策の第1として戦後早い時期に打ち出されたのが，教員資格認定試験であるが，この制度は，1964年，1973年の免許法改正によって創設された。文科省，または文科省が委嘱する大学がこれを実施し，合格者には合格証書が授与され，それをもとに普通免許状が授与される。現在までに小学校教員資格試験（小学校教諭二種免許状），特殊教育教員資格認定試験（養護学校自立活動教諭一種免許状（肢体不自由教育）及び養護学校自立活動教諭一種免許状（言語障害教育）），高等学校教員資格試験（看護，柔道，剣道，情報技術，デザインなどの高等学校教諭一種免許状）が実施されてきた。なお，高等学校教員資格試験は，教科・科目によっては隔年実施のものもあったが，2004年度以降，特別免許状の活用という名目で，試験は実施されていない。また2005年9月には幼稚園教諭二種免許状の授与を目的とした幼稚園教員資格認定試験が実施された。

 次に，特別免許状から普通免許状への上進である。2000年の免許法改正によって，大学における教員養成のルートを通らずに取得した特別免許状を有する教員が，3年以上の在職年数と所定の単位（中・高の専修免許状の場合25単位）の修得により普通免許状を取得できることとなった。

 また，教員免許状を持たずに教壇に立つルートも存在する。それは，閉鎖的になりがちと言われている教育現場に幅広い経験をもつ優れた知識や技術等を有する社会人を迎え入れることによって，学校教育の多様化や活性化を図るという考えのもとに創設された特別非常勤講師制度（1988年）である。これは，①全教科の領域の一部，②「総合的な学習の時間」の一部，③道徳の一部，④小学校のクラブ活動，を担任する非常勤講師に，免許状を有しないものを充てることができる。

 この制度の導入当初は，特別非常勤講師の活用は中・高等学校を中心とした

ものであったが，近年，小学校についても積極的な活用がなされている。1989年の全国の特別非常勤講師の届出数はわずか173件であったが，2002年には17650件と増加しており，制度として定着しつつあるといえよう。

第4節　今後の改革のゆくえ

　今後，教員の資格，養成制度の改革がどのように進められようとしているか，その方向を知るために，2005年12月に中央教育審議会から出された「今後の教員養成・免許制度のあり方について（中間報告）」を概観してみよう。

　この報告では，改革を必要とする教師をめぐる状況の変化として，①社会構造の急激な変化への対応，②学校や教員に対する期待の高まり，③学校教育が抱える課題の複雑・多様化と新たな研究の進展，といった従来から言及されている点に加えて，④教員に対する信頼の揺らぎ，⑤教員の多忙化と同僚性の希薄化，⑥退職者の増加にともなう量及び質の確保といった点をあげている。とくに「教員に対する尊敬や信頼の揺らぎ」に注目し，このたびの改革の主目的が「子どもや保護者はもとより，広く国民や社会から尊敬や信頼を得られるような存在となること」にあるとしている。そのためには「教員自身が自信と誇りを持って教育活動に当たることが重要」であり，それを支えるための施策として，諮問ではほとんどふれられていなかった教職課程の改革を含む，教員免許状更新制の導入，「教職大学院」の創設，の3点についての提言を行っている。

1　教職課程の改革の方向

　報告では「教員免許状が保証する資質能力と，現在学校教育や社会が教員に求める資質能力との間に乖離が生じてきている」と指摘し，「開放制の教員養成」の原則を評価しつつも，現在の大学やその教職課程の抱える問題点としておおむね次の3点をあげている。①教員を養成するという目的意識が必ずしも十分ではない。また，修得させるべき知識・技能，資質能力が不明瞭であった

り大学教職員間に認識されていない，②養成しようとする明確な教師像がなかったり共有されていないため，体系的なカリキュラム，組織的な教育活動になっていない，③学校現場が抱えている課題に十分対応した授業が行われていない，教職経験者が少なく，実践的指導力が十分育成されていない。

　こうした現状認識にたって，大学の教職課程には「教員としての最低限の資質能力」を身につけさせるための改革が必要であるとして次の施策を提言している。①大学における「教職指導」の実施を法令上に明記すること。これにともない教育実習の事前に必要な知識・技能の修得の確認など履修要件の厳格化を図ることとなる。②「教職実践演習（仮称）」の設置・必修化。教員の職務内容・現場の実態の理解と資質能力の確認を行う総合的実践をめざす。③教職課程に対する事後評価の導入，是正勧告，認定取り消し措置の導入。これまで大学における教職課程に対する評価は実質的には課程認定審査という事前の評価のみであったが，外部評価や第三者評価などの事後評価の導入に加えて，法令などに違反すると認められる場合には文科省が是正勧告，さらには認定取り消しなどの措置をとることも必要であると提言している。

　報告では「『開放制の教員養成』の原則を尊重することは，安易に教員養成の場を拡充したり，希望すれば誰もが教員免許状を容易に取得できるという開放制に対する誤った認識を是正するものではないことをまず再確認する必要がある」とあるが，むろん「開放制」は「容易に免許状を取得できる」ことをめざしているわけではない。しかし，報告が提言する教職課程改革をみるとき，戦後教員養成改革のもうひとつの原則であった「大学における教員養成」の意味するところを再確認する必要があるのではないだろうか。先の「開放制の原則」は「大学における教員養成」を前提にしたものであり，たんに大学を卒業したというだけで教員の資格を認めるのではなく，大学における研究・教育をとおして追究された「学識ある専門職」としての教職の専門性を確保しようとしたものである。教員養成そのものが社会的な要請に立脚しているとはいえ，外在的な要因への対応に終始したカリキュラム・科目の設定，さらには文科省による認定後評価の導入は，「大学における養成」の真の意義にかかわる問題

といえるであろう。

2 免許更新制導入

　先述したように，報告では教員免許状は「容易に取得できる」という社会的評価を受けているという認識にたって，「免許状保有者や教員全体に対する保護者や国民の信頼を確立」するために，免許状取得後も「その時々で求められている教員として必要な資質能力が保持されるようにすることが必要である」とし，「必要なリニューアルを行う」方策として教員免許への更新制の導入を提言している。

　具体的な計画では，教職についているか否かにかかわらず，教員免許状を持っているものは更新のために一定の講習を受講することになる。免許状の有効期限は一律 10 年間とする方針である。更新のための講習は，教職課程をもつ大学，あるいは都道府県教育委員会が大学と連携協力して開設し，国がその講習を認定する計画である。

　しかし実際に導入するにあたっては，検討を要することが多く残されている。もっとも大きな課題は現職教員への適用である。中央教育審議会教員養成部会が同報告に先立って 10 月にまとめた審議経過報告では，更新制の対象は制度改正後に免許を取得したものとされていたが，同報告では現職教員への適用を強く望む意見と保持者への「不利益変更にあたる」とする意見の双方に配慮した形で結論を先送りしている。また，現職教員の更新に関しては，研修実績や勤務実績による講習の減免を可能にするかどうかについても検討が必要である。

　さらに，制度によっては現職教員が更新できない場合も考えられるが，報告では「公立学校の教員の場合は，教員免許状の失効に伴い，教育公務員としての身分を失うことになるものと考えられるが，当該者を他の職として採用するかどうかは，任命権者の判断によるものであると考える」としている。同報告では更新制と分限制度の関係について，「資格制度としての教員免許状は，あくまでも個人が身に付けた資質能力を公証するものであり，個人の素質や性格等に起因するような適格性が確保されているかどうかについては，基本的に任

用制度により対応すべき問題である」とし、「指導力不足教員に対する人事管理システムや分限制度等の厳格な運用により、対応することが適当であると考える」としている。しかし、「指導するに必要とされる専門的知識・理解・技術」に関してみれば、ほとんどの教育委員会が現在指導力不足教員の判断基準のひとつとしており、教員の資質能力ということでいえば、当然更新制におけるリニューアルの対象にもなりうると考えられる。現職教員の研修との関係からもどのように関連性、整合性をとるのか検討の必要があるであろう。

3　教職大学院の創設

　報告では、「より高度の専門的職業能力を備えた人材」を養成するために、専門職大学院制度を活用して、「教職大学院」を創設することを提言している。教職大学院の当面の目的・機能は、①より実践的な指導力・展開力を備え、新しい学校づくりの有力な一員となり得る新人教員の養成、②地域や学校における指導的役割を果たしえる教員等として不可欠な確かな指導理論とすぐれた実践力・応用力を備えたスクールリーダーの養成にあるとされている。制度設計の基本方針では、修業年限を2年と、必要修得単位数は45単位以上とし、うち10単位以上を学校現場での実習に当てる。理論と実践の融合を強く意識した体系的な教育課程を編成し、指導体制としては専任教員のうちおおむね4割以上を実務家教員とするとなっている。とくに、学校現場など養成された教員の受け入れ側の要請を踏まえることが強調され、カリキュラムから修了者の処遇、第三者評価に至るまでの大学院運営全般にわたって、強い連携関係を築くことが求められていることが特徴である。また、評価に関しては、現在義務づけられている自己点検・評価及びその公表、7年ごとの外部評価に加え、専門職大学院として5年ごとに分野ごとの認証評価をうけることも義務づけられることになる。

　教職大学院を設置する大学側が懸念するひとつは学生や教師のニーズであろう。修了者は「教職修士」の学位と「専修免許状」を取得できる計画であるが、新人にとっては、修了後の採用においてどのような待遇がとられるのかによっ

て大きくニーズが左右されるであろう。報告では,「初任者研修の免除」などを適当としているほか,「通常の採用選考試験と異なる観点・方法で選考するなどの工夫も考えられる」など優遇策を提案しているが,これについてはあくまでも都道府県教育委員会の判断に任されるものである。また,現職教員の修了者についても「校長・教頭等学校における一定の職務・位置づけ,給与面での処遇その他の扱いが考えられる」としているが,これについても報告書自身が「都道府県教育委員会において主体的に対応することが適当である」としているとおりである。しかし,教職大学院における校長・教頭といったいわゆる管理職養成コースと校長・教頭への任用が直結する,つまり教職大学院修了者に対して管理職試験を免除するなどの措置がとられることになれば,それは教育委員会の任用権限との係わりから難しい問題を含むと考えられる。

いずれにしても,カリキュラムや教育方法を含む運営全般についてどのように学校現場と連携するのかについての今後の大学と都道府県教育委員会との調整に拠るところが大きいと思われる。教職大学院設置を進める各大学は,実務家教員や教育現場に頼りすぎるのではなく,学校現場に問題を求め,学校現場に適応することをめざして構築された大学の教育理念・理論を軸とした教職大学院教育の創設をすすめるべきであり,大学,学会などを中心に研究者が専門的見地からスタンダードを作成するなどその果たすべき役割は大きいと考える。

注
(1) 船寄俊雄・無試験検定研究会編『近代日本中等教員養成に果たした私学の役割に関する歴史的研究』学文社,2005年に詳しい。
(2) 寺﨑昌男・「文検」研究会編『「文検」の研究』学文社,1997年。寺﨑昌男・「文検」研究会編『「文検」試験問題の研究——戦前中等教員に期待された専門・教職教養と学習』学文社,2003年に詳しい。
(3) 土屋基規『戦後教育と教員養成』新日本出版社,1984年,134〜136頁。

第4章　教育実習

井澤　孝典

　人間の発達と教育を研究するうえで，学校教育現場の実際にふれ，授業をはじめとするさまざまな取組みを体験することはたいへん重要な意味がある。

　発達と教育を研究する学生にとっても，教育現場の課題や問題点を自分の目で確かめながら，課題を分析し，大学での研究に生かしていくことが求められている。「子どもと教育（教育学）の危機」が叫ばれて久しいが，「教育事件」や青少年の「非行」などが続発するなかで，いまだその危機の進行を止めることも，改善の方向も見いだせないでいる社会状況から求められるものである。

　学級崩壊，いじめ，登校拒否，ひきこもり，自殺，そして低学力，などなど，子どもたちをとりまく状況は悲惨とも思えるものである。しかし，これは子どもたちが学校と社会へ発信したシグナルであり，子どもの人間性と人権を尊重する観点から，人間の発達と教育の論理で受けとめられるべきものである。そうではなくて，子どもたちを管理主義でしめつけたり，教師の威圧的な「指導」や体罰などによって乗り越えようとする傾向が少なからず残っており，それが事態をますます深刻なものとしている。

　その意味で，人間の発達と教育にかかわるすべての人たちが，教育現場から提起されている問題と課題をそれぞれの専門研究分野に照らして受けとめる機会として，教育実習は重要な意味をもっているのである。

　一方，将来，教職をめざす学生にとっては，人間の発達と教育を研究するということでは教育実習の意味に変わりはないが，「教員免許」との関連が加わって教育実習の意義と目的が考えられてきた。ただ，その意義と目的は，歴史的背景によっても変わってきている。戦前・戦中の師範学校とその附属学校が教員養成の主な担い手であったときと，戦後，大学における教員養成が原則に

なったときでは、教育実習の意義と目的や内容が大きく変わった。変わったはずではあるが、現在では大学と附属学校によっては、戦前の師範学校とその附属学校が行っていた教育実習と変わらない意義と目的を設定するなど、反動ともいえる状況が多く存在するのも実状である。

神戸大学発達科学部と附属養護学校は1992年10月の学部改組により、教育学部が発達科学部となり教員養成系の大学と附属ではなくなった。教育実習も附属養護学校では、教員免許取得を前提としない学生の実習も受け入れるようになり、名称も「障害児教育実習」から「障害児臨床実習」となった。実習内容も実習生全員が指導案を作成し授業研究を行うということから、「研究・観察実習」を行うことも、学生の選択でできるようにした。教員養成系でない大学の附属学校が全国でも少ないということもあり、このような内容で実習を行っている附属学校はおそらく神戸大学の附属養護学校だけであろうと思われる。

したがって、以下に述べる内容は、教育実習一般についての論述を含むが、神戸大学発達科学部附属養護学校独自の意味づけと内容の展開が主となることを断っておきたい。

第1節　教育実習の意義・目的

まず、実際に最近の学生が教育実習（障害児臨床実習）をどうとらえているか、事後の感想文から抜粋して紹介する。

「今まで『障害』に対して、私自身偏見がなかったわけではないし、養護学校でどのようなことをされているのか見えていない部分が多かったが、今回の実習によって、ようやく障害児の実態や学校の役割というものが見えてきたように思う。」(2004年度臨床実習生)

「いろいろな児童、先生方に出会えたことがよかった。今までの私では、気づかず通り過ぎていた視点を先生と子どもたちに教えてもらった。学校の自由な雰囲気と、子ども自身のことを真剣に考え、前向きに捉え進んでいるところがいいなあと感じた。」(2004年度臨床実習生)

「決まった教科書もなく，すべて一人ひとりの子どもからつくられる障害児教育をすすめるためには，しっかりと子どもたちの状態を把握できる力を身につけていく必要があると感じた。」(2003年度臨床実習生)

感想文ということで，学生が実習の意義・目的について記述したものではないが，何を重点にして実習に取り組んだのかということが現れている。いずれの学生も授業研究を選択し，短期間での指導案の作成と授業づくりに苦労した実習であった。にもかかわらず，のちの論点になる「指導技術」の課題などにはほとんどふれていない。

神戸大学発達科学部では，障害児臨床実習を含めた教育実習の意義目的を教育実習要綱に以下のように定めている。

「教育実習は，大学で学んだ人間の発達と教育の理論を教育実践の場で検証し，教育の実際についての直接的な体験を媒介として，発達研究と教育研究の課題を発見する学習機会である。こどもとのふれあいを通して，こどもについての理解を深めるとともに，発達と教育の研究と実践について意欲を高めることが期待される。

教育実習は，本学部の専門教育課程の一環であり同時に本学部と附属校園及び一般校と連携して教育活動を行っていく不可欠で貴重な柱である。

教育実習は，教師としての準備教育の完成としてではなく，教育実習で得た貴重な体験と課題意識をその後の大学での学習に具体的に生かす発達研究的意義を持つものとして位置づけられる。」[1]

また，附属養護学校の障害児臨床実習の意義と目的は以下の通りである。

「障害児臨床実習は，学生が発達科学部で学び研究している人間の発達と障害，教育の理論を教育実践の場において検証する機会であり，その後の大学での学習に具体的に生かす発達研究的意義をもつものとして学部教育の一環を構成するものである。

本校では12年間の一貫教育の中で，児童・生徒が障害を克服軽減する力を育てることや諸能力の獲得とゆたかな人格の形成をめざしている。実習生は教育活動を直接経験し，児童・生徒と関わることで児童・生徒やその発達，

障害についての理解を深め，自らの発達研究と教育研究の課題を発見し，深めていくことが期待されている」(2)。

つまり，大学の教育と研究の一環であり，教師としての準備教育の完成としてではない，というのが，発達科学部と附属養護学校の教育実習（障害児臨床実習）のとらえ方である。

戦後，大学における教員養成が原則になり，教育実習の意義と目的や内容が大きく変わった，と冒頭で述べた。発達科学部と附属養護学校はそれをひきつぎ今日に至っている。

全国の大学と附属学校も同様に，戦後の再出発をしたはずである。しかし，1971年6月の中央教育審議会の答申に前後して，教育実習のとらえかたが大きく揺らいでくる。実際にはもっと前からその傾向が強まったと思える。

その傾向とは，たとえば信州大学の場合は，次の通りであった。

「信州大学に典型的にあらわれた教育実習の問題は，教育系大学の矛盾の集約点のひとつとして，全国各地で顕在化しつつある。信大では教育実習は『信濃教育教育者精神』の鍛錬の場『学部で学んだことは全て忘れて付属で心を洗い清める』（信大自治会資料）ものとされ，8週間徹底した『教育』がおこなわれている」(3)。

「付属で心を洗い清める」とは驚くべき言葉である。大学と附属学校の連携や，大学での教員養成を真っ向から否定したものである。これでは大学が教育実習の評価や単位の認定は行えないことになる。

1971年6月の中央教育審議会の答申が位置づけた教育実習とは，山田昇によれば，「教育実習は教職に対する意欲と使命感，教員としての専門知識・技能の修得をめざして，……教員としての予備訓練をめざした師範学校の教育実習に酷似したもの」(4)ということになる。

それ以後の大学と附属学校の教育実習についてのとらえかたがどうなったか，土屋基規は，「今日，教育実習は，大学における教員養成の原則にもとづいて行なわれているが，大学教育における位置づけの不充分さや教育実習についての共通理解ができていないという問題がある。日本教育学会教師教育に関する

研究委員会が行なった調査結果によると，教育実習の目的・性格について，多様な見解が認められた」(5)と指摘している。この調査によると，回答を寄せた38の教員養成系大学学部で，「ⓐ大学教育の一環としての教育実習68.4％，ⓑ教師になるための準備教育の総仕上げとしての教育実習18.4％，ⓒ教員免許状取得のための形式的要件としての教育実習」(6)という3つの位置づけ方があった。

1978年10月には，新構想教員養成大学である兵庫教育大学が創設され，続いて上越教育大学，鳴門教育大学が発足する。1983年11月に教育職員養成審議会の，教育実習期間延長（取得必要単位数の引き上げ）を内容とする答申が出される。1984年には，「戦後教育の総決算」を図ることを目的に臨時教育審議会が発足した。そういった流れのなかで，教育実習や教員免許制度を含む教員養成制度のあり方が大きく変化し，「教師になるための準備教育の総仕上げとしての教育実習」と位置づける大学が18.4％にも達しているのである。

そして，2000年7月に発足した「国立の教員養成大学・学部の在り方に関する懇談会」は，2001年11月に「大学における教員養成」と「開放制」の原則を否定した，大学・学部と附属学校の再編・統合の方向を打ち出す「報告書」を出した。これは臨時教育審議会の流れに沿ったものであり，2004年の国立大学法人化へと進んでいく。教育実習について「報告書」は「附属学校と公立学校での教育実習の有機的な関連づけ」を提起し，附属学校の縮小，リストラを後押ししている。仮に「教師になるための準備教育の総仕上げ」として教育実習を位置づけたとしても，附属学校と教育実習の内容の充実，拡充が求められこそすれ，こんなリストラの方向は出てきようがない。まったくつじつまがあっていないのである。

学校教育現場はもとより，社会全体から，今日的課題に応えられる高い専門性をもった教員（教育者）の養成が求められている。幅広い学問的素養と子ども・人間に対する深い理解が教育者には求められているのであり，単なる「指導や管理の技術」ではないし，現場での体験をすればよいというものでもない。

土屋が指摘するように，教育実習は，「教師としての完成教育や教職の実務

的訓練の機会としてとらえるのではなく，大学教育の一環としての位置づけのもとに，教育の理論と実践を結合し，理論研究の検証の機会として考えるべきである。大学での教科専門と教職専門に関する学習が，教育実践の場でためされ，教師の実際の仕事にふれて，教職志望の学生が適性を図る機会にもなり，教育の実践的な問題に媒介されて大学での学習課題を再発見する体験的な学習の機会となるように」(7) 附属校であっても公立校であっても，実習内容の充実を図るべきである。

第2節 教育実習（障害児臨床実習）の実際

1 基本的な考え方

神戸大学の障害児臨床実習は，教員免許取得を目的としない発達科学部の学生も実習の対象とする教育実習である。従来から附属養護学校が基づいている，大学教育の一環としての実習の意義・目的に変わりはないが，教職に就くことを希望しない学生をも対象とすることから，より幅広く学生の発達研究に教育現場から応えていくことが求められている。

障害児臨床実習の大きな枠組みを発達研究とし，学生はそれぞれの研究テーマに応じた研究方法で実習に取り組む。研究方法としては，授業づくり・授業研究のほかにテーマ研究・観察という形がある。テーマ研究は，学生には，児童・生徒とのかかわりを通して自らの研究をとらえ直し，深める機会となるように，発達科学部と連携してすすめている。

2 学生の配属と指導体制

学生の配属については，研究テーマや配属希望（小学部，中学部，高等部）と事前レポートの内容を考慮し，配属案を協議し決定する。

配属学部・クラスは，学生が直接に児童・生徒とかかわり，発達研究を深めるためのベースである。配属クラスの担任は，学生が児童・生徒の理解を深め

るための指導と研究の方向に示唆を与えるナビゲーター的役割を担う。事前実習期間中は，実習日誌を通した指導，助言も行う。

　研究テーマと研究方法が最終的に学生から示された時点で，本実習の配属と指導体制を決定する。授業研究を選択した学生については，当該授業の担当者が助言を行う。研究テーマの内容によっては養護教諭も含めた関係の教員，栄養士などが指導，助言を行う。

3　公開授業，指導講話

たとえば，2003年度の学生の配属と研究テーマは次の通りである。

氏　名	配属学部	研究内容	指導教員	最終研究テーマ
O.M	小学部	授業研究 えがく・つくる（2組）	S	子ども同士の会話の広がりについて
T.H	中学部	授業研究 グループ学習 国語（Dグループ）	M	障害のある子どもが，文での表現を通じて，どのように気持ちを伝え合い共感しあえるのか。
I.S	中学部	授業研究 美術（1グループ）	S	知的な障害のある子どもの，自己表現力
K.Y	高等部	授業研究 グループ学習 国語（Eグループ）	K	思いや気持ちをことばとしてどのように表現するか。

　公開授業とその授業に関する指導講話は，附属養護学校教師集団が，児童・生徒の発達課題，教材の意味，指導方法をどう考えて授業実践を行っているのかを学習指導案で示し，授業後の反省も含めて授業分析を行い，その内容を学生に提示することを目的としている。そのために，各学部の研究と連動させた授業内容の公開と指導講話を実施する。また，授業を参観する資料として，学習指導案や，授業のねらい，授業づくりの観点，子どもの発達課題を整理して学生に示している。

　公開授業と指導講話は，事前実習中に実施する。また，「障害のある子どもの教育」（副校長）「養護学校における健康管理」（養護教諭）の指導講話について

も，事前実習中に行われる。

「障害のある子どもの教育」の指導講話は次のような内容で行われている。

> はじめに
>   ◇「学級崩壊」などで授業・教育が成立しにくくなっている小学校，中学校
>   ・教育実践目標の歪み（受験体制，社会不安）
>   ・子ども観のとらえちがい（発達，成長の主体は？）
>   ・教育方法，実践の歪み（管理主義教育）
>   →「生きる力」と「こころの教育」が強調されているが
>   ◇障害児諸学校の現状は「学級崩壊」や「荒れ」と無縁か
>   ・「社会自立」，「自己実現」，「職業自立」の目標は？
>   ・子ども観や方法論も同様の矛盾を内包している
> 1. 授業を構成する要素
>   ①学習の主体となる子ども集団
>   ・子どもの実態の把握分析（発達と障害の状況，学習の到達状況など）
>   ・「発達観，学習観」によって分析内容や課題設定が左右される
>   ②教育課程の中に位置づけられた実践目標
>   ・教科，領域の目標と題材，単元の目標
>   ③教材，教具と学習活動の時間，場の設定
>   ・「教材，教具」とは，教科や領域ごとに整理，体系化された科学，技術，文化，芸術の「教育的」「人間的」価値を具体化したもの
>   ④具体的展開の方法と配慮，留意事項
>   ⑤「授業のねらい」と実践目標との関連，授業の発展方向
> 2. 「学習指導案」について
>   ◆上記①～⑤を1単位時間ごとにまとめたものが学習指導案
>   ◆教育的意図をもった実践の中で「発達，学習観」「教材，指導観」を深める
>   ◆指導者集団の共通理解をすすめる上で不可欠のもの
> 3. 障害児（主に「知的障害」）教育課程の変遷
>   ・「特殊教育」から「障害児教育」そして「特別支援教育」の流れ
>   ◆「特別支援教育」とは
> 4. 実践上の具体的課題
>   ◇「ことばやコミュニケーション」の発達と学習
>   ・内面，認識の発達，対人関係の発達と，表現，伝達手段の獲得状況
>   ・「言語訓練」をどう考えるか
>   ◇個別の課題と集団の課題の関連
>   ・集団の課題に個別の課題を埋没させることなく，一人ひとりの課題と力が集

団の中に明確に位置づき発揮されること→「生きた力」の獲得
◇主体性を尊重し，内面に寄り添ったはたらきかけとは
・子どもの目線，視線にそって場の状況や意味を考える
・「問題行動」と思えるものの中に，子どもの強い要求が存在する
・「自己決定」と主体性
◇教育（指導）目標と人格発達
・教科教育の内容と教科外教育の関連
・「総合的な学習」や「・・療法」をどう考えるか
◇「ものをつくる」学習の過程
・なにをなんのためにつくるのかという目的意識，素材とその変化に対する認識と見通し，手や道具を使う技術，作業分担や協力共同の組織
◇「はたらく」ことの意味とその学習過程
・高等部での「職業教育の充実」と「青年期教育（人格発達）の充実」
・「労働と人格発達」，「労働学習」と「現代労働の疎外状況」

> 授業実践とは，<u>教育的に意図して設定された（実践目標をもった）</u>，学習集団と時間，場所，教材教具によって媒介される，<u>子どもと教師の共同の発達学習活動</u>である。
> 「コミュニケーション的関係のあり方が教育実践を方向づける」

4 実習研究会

　従来の「障害児教育実習」では，学生全員が学習指導案を作成し，小，中，大の批評授業を行い，実習研究会は，名前の通り授業批評会であった。現在もほとんどの附属学校ではこの内容を引き継いでいる。そこでは，児童・生徒観についても議論されることはあるが，主に教材観や指導方法・技術の指摘が多かった。指導案の書き方や板書の仕方，教材の提示の仕方や指示の出し方など，授業方法に関する指摘，議論がほとんどであった。学生が授業を行うのであるから，現職の教員から見れば，「授業方法のまずさ」が目につくのはあたりまえのことである。

　「障害児臨床実習」の実習研究会は，学生が学習指導案や研究テーマとレポートをもとに，臨床実習の研究テーマについて深まったことや疑問点などを発表，討議し，発達科学部と附属養護学校の教員から示唆を得ることを通して，

研究内容を深めたり新たな研究課題を発見する機会となるものである。学生が主体となって，研究会を進行し学生全員で論議が深められる会となっている。

第3節　具体的な実習の進め方と課題

障害児臨床実習は，事前事後実習として1週間，本実習として2週間が定められている。実習ガイダンスは事前に2回行われる。1度目は，1学期中に学部担当教員同席のうえで発達科学部において行われる。2度目は通常のガイダンスと同じ事前実習の1ないし2週間前に附属養護学校で行う。

実習の日程については，大学の授業との二重履修の問題があり，根本的な改善が求められる。大学の夏休み中にしか実習が実施できないということになれば，附属学校の実状からたいへんな困難が生じるし，そもそも，教育実習に行って教員免許など取得できない大学のカリキュラムであるといわなければならない。

附属養護学校では，事前実習だけは，大学の夏休み中に設定しているが，学生の負担は大きい。教育実習要綱に書かれてある教育実習の意義からみても，夏休み中にしか実施できないというのは，その意義を著しく低めるものである。

第1次ガイダンスと第2次ガイダンス，そして1週間の事前実習を終えて，本実習に入る。これらが連続的に行われるのではなく，一定の期間をあけることが，学生自身の実習課題を整理するためにも必要なことである。

第1次実習前ガイダンスは，学生が実習での発達研究のテーマを1次案としてまとめる機会となる。それぞれの学生が，大学の研究で抱いている問題意識を中心に，学校教育の場でどのようなテーマを設定し，臨床実習に臨むのかを考える機会である。学部教員の助言も受けながら，学生たちが主体的にテーマを決めていく。また，実際に子どもたちとふれあう機会として学校参観も設定し，テーマをより具体的に考えられるようにしている。この間の経過は実習前レポート「テーマ設定に向けて」としてまとめ，第2次ガイダンスの前に附属養護学校に提出される。

第2次実習前ガイダンスは，第1次ガイダンス以降のテーマに沿った研究の進み具合を事前レポートで確認し，それに沿って学部配属（小学部，中学部，高等部）の希望を出す機会としている。

　事前実習は，本実習における発達研究のテーマの妥当性を確かめ，研究内容と方法を決定する期間として位置づけられる。事前実習は，学生自身がテーマに応じて参観スケジュールを組んで進められる。学生の希望に応じて，配属希望クラスでの生活指導等にも取り組むことができる。小学部，中学部，高等部それぞれの公開授業参観とそれに基づく指導講話，副校長と養護教諭の指導講話も参考にして，最終的な臨床実習のテーマを，学生自身が決定する。

　本実習では，事前実習で決めた発達研究テーマについて学生の研究方法に沿って実習を行う。学習指導案を作成して授業研究を行うか，もしくは研究レポートとしてまとめて，実習研究会に臨むのである。

　事後実習は実習研究会のあと，臨床実習全般についての反省会をもち，それぞれの学生が事後レポートとしてまとめることとしている。

　「教育実習は，本学部の専門教育課程の一環であり同時に本学部と附属校園及び一般校と連携して教育活動を行っていく不可欠で貴重な柱である」と発達科学部教育実習要綱にうたわれていることはすでに述べた。子どもの発達と教育をめぐる危機的状況から，発達・教育研究にとって教育実習は不可欠で貴重な柱なのである。学生が二重履修やその他の条件に不安を感じることなく，教育実習を経験できるように大学の責任で配慮すべきことがらである。

　一方，障害児教育も歴史的転換点に立っている。特別支援教育の提起が障害児教育のみならず，普通教育のあり方への変換も求めている。つまり，これまで障害児教育の対象であった約20万人の児童・生徒に加えて，普通学級に在籍している児童・生徒の約6％，102万人の「発達障害児」（高機能自閉症児，学習障害児，注意欠陥多動性障害児など）への特別な教育的支援を求めているのである。人間の発達と教育を研究するものにとって，この課題は避けて通れない内容を含んでいるといえる。

それに先だって，「義務教育に従事する教員が個人の尊厳及び社会連帯の理念に関する認識を深めることの重要性にかんがみ」(小学校及び中学校の教諭の普通免許状授与に係る教育職員免許法の特例等に関する法律，1997年) 小中学校の教員免許を取得するために，障害児学校2日間，福祉施設5日間の介護等体験が義務づけられた。附属養護学校では，神戸大学全体の義務教育教員免許取得希望者全員 (毎年200名前後) を受け入れてその「介護体験実習」を実施している。ここでも多くの学生が教育と人間の発達についての本質に触れる貴重な機会として，それにふさわしい実習内容を準備していくよう努めている。わずか2日間の体験実習であっても，学生たちのほとんどに体験の前後では意識の変化が，その感想文からも読み取れる。「教員免許取得要件」である「体験」を越え，学生にとって，これからの教育と人間発達の研究に深まりとひろがりをもたらす契機になっているのである。

　教育実習，臨床実習，介護等体験，その他の学校参観などで，子どもたちの発達と障害の実態や，教育現場の実際に触れることを通して，多くの学生が，大学での研究に意欲と深まりをもって取り組めるようになることは，きわめて大きい意味をもっている。学生たちが大学を卒業して，教育現場にかぎらず，ひろく子どもたちの発達支援や福祉関係などの場で力を発揮し，積み上げていくことができるよう，学生が主体となった教育実習などの充実が大学と附属学校の連携のもとにすすめられることが必要である。

注
(1) 発達科学部教育実習要綱。
(2) 附属養護学校障害児臨床実習要綱。
(3) 全国教育系学生ゼミナール中央事務局編『未来の教師』第4号，同，1971年11月，11頁。
(4) 国民教育研究所編『国民教育』第10号，労働旬報社，1971年12月。
(5) 土屋基規『戦後教育と教員養成』新日本出版社，1984年，113～114頁。
(6) 日本教育学会教師教育に関する研究委員会「教師教育の改善に関する実践的諸方策についての研究第2次報告」1980年8月，36頁。
(7) 土屋・前掲書，115頁。

第5章　研修と教師の成長

久保　富三夫

　教師に対して,「勤務の中でもっと時間をかけたい仕事は何か, 逆に, 減らしたい仕事は何か」をたずねると, いずれにも上位に登場するもの, それが「研修」である。多くの場合, 前者は教師が自らの課題に基づき取り組む自主的な研修, 後者は教育委員会や文部科学省など教育行政当局が行う研修(行政研修), とりわけ参加を強制される研修(命令研修)である。本章では,「研修」について, 教師の成長におけるその意義, 研修制度の歴史と概要, 制度改善のための課題などについて考えていきたい。

第1節　研修とは何か

1　「研修」の意味

　「研修」とは「研究」と「修養」(教育公務員特例法の英訳版では, study and self-improvementと表記)をあわせた言葉である。したがって, 第1に,「研修」は人格的・精神的な成長を図ることを含む活動であり, その範囲は「研究」に比べて広範である。たとえば, 担当教科に関係なく, 読書をすることや映画・演劇・音楽を鑑賞することは教師の人間性を豊かにし, そのことが教育活動に有形無形の効果を発揮することが期待される。教員研修の根拠法である「教育公務員特例法案」を審議した第4回国会参議院本会議において田中耕太郎参議院文部委員会委員長は,「かような特例法が規定されまする必要は, 一に教育公務員の職務の一般行政事務とは違っておりまして直接に倫理的, 学問的, 文化的方面に関係しておりまして, ことに人間を育成するという宗教家, 学者, 芸

術家等に要求せられまするような個性を帯びた創造的な活動であるということに起因しておるのでございます」(1)と報告している。第2に、「研修」は主体的行為を表す言葉である。しかし、教育関係者の間では「研修を受ける」という表現が頻繁に用いられており混乱がみられる。「研究を受ける」や「修養を受ける」とは言わないのであるから、「研修を受ける」という表現は不適切であり、正確には「研修の機会を受ける(与えられる)」のである。また、文部科学省や教育委員会は「研修会を行う(開催する)」のであり「研修を行う」のではない。「研修を行う」のは教師自身である。「研修を行う」のか「研修を受ける」のかは、教員研修の本質にかかわる問題である。

　筆者は、行政研修の役割を否定するものではないが、行政研修においても一方的に政策・方針・見解を注入するのではなく、参加者の自由闊達な意見表明・議論が保障されなければならないことは明確にしておきたい。たとえば、学習指導要領が改訂された場合には頻繁に行政研修が開催されるが、改訂についての批判や疑問を許さないというような研修会では、「研究と修養＝研修」の意味から逸脱した「伝達講習会」であるといわざるをえない。

2　教師の研修課題

　「研修なくして教育なし」とよくいわれる。大学の教職課程を中心とする教員養成段階を経て教員採用試験を突破し採用されても、その力量のままでは児童・生徒の学習権を保障することはまずできないだろう。正確にいうと、学習権保障のための十分な力量とは際限のないものであり、何年教職を経験しても研修を重ねても「これでよし」ということはない。したがって、法律の規定の有無を超えて教師には絶えざる研修が要請されるのである。

　ところで、教師の研修課題は無数にあるが、大観すると、次のようなことが考えられる。第1に、日々担当する授業のための内容・方法・教材の研究である。これがもっとも基本的・日常的であり、教師生活を通じて継続する課題である。第2に、児童・生徒理解を深めるための研修が求められる。たとえば、親の期待に過剰適応する「良い子」の問題や不登校の児童・生徒や軽度発達障

害に関する研究・実践書を読む，講演会や「親の会」に参加する，などその対象は尽きることがない。第3に，担当する授業や学級づくりのためだけではなく，学校づくりについての課題である。「学校づくり」，まして「学校経営」や「学校運営」と聞くと，校長・教頭や中堅以上の教員のみの研修課題と受けとめる傾向があるが，実はすべての教員の課題なのである。とくに，児童・生徒，保護者，教師共同の学校づくり，開かれた学校づくりを進めるうえで研究すべき課題は多い。第4に，広い視野から教育の歴史や思想，制度，内容についての学習・研究を行うことである。とくに，教師生活のある時期に教育課題を原理的・歴史的・国際的に大学院等で研究することは教育観・子ども観を大きく変える転機となり，教育力量を大きく向上させる可能性がある。第5に，児童・生徒はもちろん保護者も現代社会のなかで生きているのであるから，そのありようを規定する政治・経済・社会・文化などの動向に関心を持ち，科学的に把握することが求められる。先に述べた児童・生徒理解の研修課題も，政治・経済・社会・文化と切り離してはけっして深まらないであろう。第6に，これは「広義の研修課題」と言うべきものであるが，教育活動だけではなく教師の家族生活や社会生活での苦労・困難から研修課題が生まれることも多い。そこで直面した課題を克服するための探究や苦闘，あるいは挫折が子ども観・人間観・教育観を大きく変え，人間としての教師を成長させることになる。教師としての仕事には直接関係しない人生でのできごとが総合的な力量形成に寄与することは，多くの教師が体験するところであろう。

　このようにその職責を遂行するために絶えざる研修が要求される教師の仕事は，専門職として位置づけられている。1966年に採択されたILO・ユネスコの「教員の地位に関する勧告」は，「教育の仕事は，専門職とみなされるものとする。教育の仕事は，きびしい不断の研究を通じて獲得され，かつ，維持される専門的知識および特別の技能を教員に要求する公共の役務の一形態であり，また，教員が受け持つ児童・生徒の教育および福祉に対する個人および共同の責任感を要求するものである」と明記し，次に専門職性を担保するために保障されるべき諸条件（有給の研修休暇，給与に研修費を含むことなど）を明示している。

勧告から40年を経た今日，専門職にふさわしい研修条件や給与等が教師に保障されているのだろうか。この勧告はけっして理想的なものではないが，日本の実態に照らすと，なお高い目標であるといわざるをえない。

第2節　教員研修制度の歴史と法制

1　教員研修制度の歴史と教特法研修条項

　日本の教師は，戦前から制度的保障とは無関係に乏しい俸給を割いて研究・修養に努めてきた[2]。しかし，教員研修を職責遂行上必須の事柄と位置づけてこれを保障しようとしたのは戦後の教育改革期においてであった。その中心的役割を担ったのが田中二郎（東京帝国大学法学部教授，文部省参事事務取扱を兼任）に指導される文部省調査局審議課である。官公私立の教員を対象とした教員身分法制定の準備は1946年9月ごろから始まった。しかし，私学教員を含むことにGHQ/CIE（民間情報教育局）が強く反対したために，1947年7月には私学教員を除く「国立，公立学校教員法」に転換，さらに，「国家公務員法」（以下，国公法）との関係から独立法を断念して国公法と「地方公務員法」（以下，地公法。当時は未制定）の特別法としての「教育公務員特例法」（以下，教特法）が1948年12月の第4回国会で成立し，翌年1月12日に公布・施行された。その第3章第19，20条（現21，22条）がいわゆる研修条項である。また，戦後教員研修制度の確立には同法の立案・制定と併行して，教職員組合の全国組織・地方組織が果たした役割に注目したい。それは，文部省・都道府県との間で展開した労働協約（団体協約）締結交渉のなかで自由研究日，内地留学，研究費支給，教育研究所設置などの研修条件を整備する規定を獲得していったことである[3]。

　しかし，文部省は1960年ごろから研修条項解釈[4]を次第に変化させ，1964年12月に完全転換をとげた。これが，後述するいわゆる研修3分類説であり，これ以降，教特法第20条（現22条）2項に基づく「勤務場所を離れて」の研修は「職務」ではなく「職務専念義務免除」[5]によるものとされ今日に至ってい

る。また，研究団体に対する補助金支給（教育研究団体等教育研究費補助金）を梃子とした研修統制を強化しながら，一方では管理職研修をはじめとした行政研修体系を次第に整備・強化して，1980年代には教師生活全般にわたる行政研修の網が張りめぐらされた。このように，1960年代以来40年間にわたる研修政策の基調は，行政研修の体系化・肥大化と自主的研修の抑圧・圧縮であった。

しかし，1997年7月28日の教育職員養成審議会（以下，教養審）[6]第1次答申「新たな時代に向けた教員養成の改善方策について」以来，実態はともかくとして研修政策には微妙な変化が生じている。すなわち，「自主的・主体的研修奨励」の方針である。

なお，近年，教特法の改正が相ついで行われた。法制定時以来の第3章研修（第19, 20条）は，2004年4月からは第4章第21, 22条となった。また，1988年に初任者研修が法制化され（現23条），2002年には10年経験者研修が法制化された（現24条）こと等により，第4章は現在5カ条（第21～25条）になっている。ここでは第21, 22条に限って条文を掲載し解説しておこう。まず，第21条1項で教育公務員に対して「職責を遂行するために」絶えざる研修の義務を課し，2項で教育行政に対して研修条件整備義務を課している。そして，第22条1項では，教育公務員に対して研修機会を保障している。その具現化のために，2項では教育公務員のうちとくに教員に対して勤務時間内校外研修の機会を保障している。ここで「本属長」とは校園長のことであり，教育法学の通説では「『授業に支障のない限り』承認しなければならない」（覊束行為）とされている。しかし，この点については，後述する文部科学省解釈・行政解釈との間に鋭い対立が存在する。さらに，3項では教育公務員が現職のままで（「現職現給保障」という解釈が有力）長期研修を行うことを法認している。

（研修）

第21条　教育公務員は，その職責を遂行するために，絶えず研究と修養に努めなければならない。

②教育公務員の任命権者は，教育公務員の研修について，それに要する施設，研修を奨励するための方途その他研修に関する計画を樹立し，その実施に

努めなければならない。

（研修の機会）

第22条　教育公務員には，研修を受ける機会が与えられなければならない。

②教員は，授業に支障のない限り，本属長の承認を受けて，勤務場所を離れて研修を行うことができる。

③教育公務員は，任命権者の定めるところにより，現職のままで，長期にわたる研修を受けることができる。

2　一般行政職等の研修と教育公務員の研修

教員研修の根拠法として地公法第39条と教特法第21，22条等が並列的に説明されることがあるが，これは適切ではない。教員研修の根拠法は教特法である。国公法・地公法にも研修規定はあるが，これは教員以外の一般行政職等に適用されるものである。教師の職責の特殊性から国公法や地公法では支障を来す点を特別に教特法で規定したのである。したがって，当然，特別法である教特法が一般法である国公法・地公法に優先する。

さて，一般行政職等の研修と教育公務員の研修は次の2点において明確に異なる。第1に，前者は「勤務能率の発揮及び増進のため」であるのに対して，後者は「職責遂行のため」に必須のものとされている。したがって，教育公務員の研修が職務の一部であることは少なくとも立法時には自明のことであった。教特法の立案段階で文部省が作成した「教員について国家公務員法のみを適用する場合に支障をきたす点とその対案」は，「教員の従事する職務は，文化の伝達と，文化創造主体の育成を内容としているので，特に職務上当然に研修の必要がある」[7]と述べている。第2に，本章の冒頭で述べた「研修」行為の主体についてである。地公法第39条1項では「職員には，その勤務能率の発揮及び増進のために，研修を受ける機会が与えられなければならない」とし，2項で「前項の研修は，任命権者が行うものとする」としている。つまり，「研修」行為の主体は任命権者であり職員は与えられた研修を受けるということになる。この場合の「研修」は「研究と修養（study and self-improvement）」では

なく「教育訓練」(education and training) という意味で用いられている。なお，教特法第22条の文言も「研修を行なう」(2項) と「研修を受ける」(1，3項) とが混在している。これについてはさまざまな解釈が考えられるが，立法時にCIE に提出した教特法の英訳版では，1項は "Educational public service personnel shall be given opportunities for study and self-improvement" [8] と表記されており，「研修の機会を与えられる」のであって「研修を受ける」という意味ではない。

3 研修の権利性と義務性

研修は教師の権利なのか義務なのかという議論があるが，結論からいうと，「教師の研修は権利であり，義務である」というのが正確なとらえ方である。「権利」というのは，研修を行う権利であり教育委員会・校園長に対して研修機会の保障を要求する権利である。「義務」というのは，学習の主体である児童・生徒とその保護者に対する義務である。結城忠は「義務性をかなり濃厚に帯びた権利だと見るのが妥当である。……優れて『義務に拘束された権利』だと規定できよう。主要には，権利性は任命権者を名宛人とし，義務性は子どもに向けられているといえる」[9] と述べている。

なお，「研修権」の根拠については，第4回国会での辻田力文部省調査局長の「権利としても研修をなし得るような機会を持たなければなりませんので」という発言がしばしば援用されるが，さらに教特法が「教員擁護の規定」であると明言され制定された法律であることが重要である[10]。

4 文部科学省などの解釈（行政解釈）

前述した研修3分類説とは，教員研修を，①勤務時間外に教員が自主的に行う研修，②勤務時間内に職務専念義務を免除されて（いわゆる職専免）行う研修（これが教特法第22条2項が適用される研修だという），③職務命令による研修（これだけが職務としての研修だという）の3つの形態に分類する考え方である。また，②の研修については，立法時の解釈とは異なり，今日では授業への直接的支障

のみならずその他の教育・校務への支障等々，校園長にほぼ無制限の裁量権を与えている。都道府県教育委員会等の解釈は，基本的には文部科学省解釈に則っているが，必ずしも一律というわけではない。

なお，「夏季休業期間等における公立学校の教育職員の勤務管理について」(2002年7月4日)と題する初等中等教育企画課長通知以降，長期休業中でも勤務場所以外での研修はできるだけ認めないという事態が全国の学校で進行している。教特法の趣旨とまったく異なるばかりか，同通知の内容をも超えた第22条2項の解釈・運用が横行している現状はきわめて憂慮される。

5　勤務時間内校外自主研修

1) 勤務時間内校外自主研修機会の取得手続きと研修訴訟

勤務時間内に校外研修を行う場合は，教特法第22条2項に基づいて，通常，所定の研修願い（研修計画書）を校園長に提出して承認を求める。この研修願いの書式は教育委員会，学校によって異なる。さまざまなトラブルが起こるケースは，学会や民間教育研究団体の研究会に自主的に参加する場合，あるいは個人で図書館・博物館・大学等での研修，現地調査や自宅における研修を行う場合である。行政解釈は校園長に広範な裁量権を与えているので，授業への明確な支障がなくても不承認とされることがある。1970年代以降，勤務時間内校外自主研修をめぐる訴訟が起こされているが，90年代以降の判例は，校園長にほぼ無限定の裁量権を認めるものが主流であり，第22条2項の存在意義を否定しかねない状況が生まれている。すなわち，従来の，授業を中心とする教育活動や校務への支障，研修としてふさわしい内容，などの基準に加えて，新たに「緊急性があるかどうか」を打ち出している。また，校務への支障についても「円滑な執行に支障が生じるおそれがないとはいえない」と「漠然たる可能性」を校外研修不承認の理由として容認する判決が出されている。

校長が勤務場所以外での研修を承認する要件として，「緊急性」を最初に判示したのが，兵庫県立S高校のA教諭の訴訟における神戸地裁判決（1990年11月16日）である。これは，定期考査中の担当科目の試験や試験監督がない日に，

在日朝鮮・韓国籍生徒の指導にかかわる校外での研修を申請したにもかかわらず校長が承認せず、そのまま校外研修を行ったところ欠勤扱いとなり賃金カットを受けた事件である。A教諭は、1986年度1学期中間考査、および1987年度1・2学期中間考査の3度にわたってほぼ同様の申請をし、不承認となっている。この判決では、緊急性が認められない（長期休業中にもできる）という理由で、校長の不承認が裁量権濫用に当たらないとされた。控訴審（大阪高裁）でも原告敗訴（1991年12月5日）、上告審（最高裁第3小法廷）でも原告敗訴（1993年11月2日）の判決が出ている。また、この上告審において、前述の「円滑な執行に支障が生じるおそれがないとはいえない」という判旨が付加された。これを是認するならば、教特法第22条2項に規定する勤務時間内校外自主研修の機会は、学期中においてはほぼ否定されたのも同然である。教員の研修機会をできるだけ保障しようとした教特法の立法趣旨を踏まえない判決であるといわざるを得ない。

　筆者は、法律の明文規定である「授業」への支障だけではなく「校務の円滑な運営」をも考慮して第22条2項を運用すべきだと考えているが、それは、教員にできるだけ研修機会を保障するという教特法の精神に基づくことを前提にしているのである。教育法学説と行政解釈・判例とのきびしい対抗関係は容易には解消されないと思われるが、少なくとも、教特法が教師に研修機会を保障するために制定された国公法・地公法の特別法であるという厳然たる事実を否定するような解釈・運用はただちに改められねばならない。一方では、研修主体である教師が勤務時間内校外研修を積極的に申請しないことには事態を改善することはできない。研修行為であるにもかかわらず、年休を取得することは、教特法研修条項を教師自らの手で形骸化させることに結果するであろう。

2) 研修計画書・報告書の提出

　教特法には計画書・報告書に関する規定は皆無であり、これを理由にその法的根拠を否定する議論が存在する。しかし、校園長は服務監督の権限と責任を有しているのであるから、勤務場所を離れる教師の研修計画・報告を把握する

ことは不当とはいえない。また，これらは校園長に対して提出されるが，前述のように研修の義務は学習権の主体者である児童・生徒とその保護者に対して負うものであるから，校園長よりもむしろ彼らに対する計画書・報告書と位置づけていくことが望ましい。より積極的に教員研修を開き，その成果を学習権保障に結実させるための教師の取組みを伝える多様な方法が考えられてよい。

第3節　研修制度改革の課題と展望

1　研修政策の変化と課題

　教養審第3次答申「養成と採用・研修との連携の円滑化について」（1999年12月10日）は，初任者研修が「画一化」し「魅力の少ないものになっている傾向」があることを指摘し，また，教職経験者研修についても「内容・方法が画一化され，……ニーズに応じた研修の機会が少ない」ことを指摘した。教育課題の複雑化・高度化にともない，行政研修の矛盾が取り繕うことができない段階に達していることを反映したものであろう。そして，改革の方向として第1次答申の「自主的・主体的研修奨励」方針を再度提言した。しかし，教養審答申が示す方針と学校現場の実態との間には大きな齟齬がある。「小中学校教員の『勤務実態と意識』アンケート調査結果」によると，教育改革のなかで「忙しすぎて授業準備に十分な時間を割けない」と答えた教員が，小学校で78％，中学校で82％に達している[11]。「授業準備」は教員研修のなかでもっとも基礎的な必須の行為であるが，それすらも十分にできないと答える教員がこのように高い比率で存在する状態は危機的である。「教育改革」の時代にあって，まず改革すべきは教員の日常的研修条件ではないのだろうか。

2　長期研修・海外研修機会の保障

1)　長期研修機会の拡大と課題

　2002年度から大学院修学休業制度（教特法第26，27，28条）が実施されたこと

により，現職教員が修士課程で研修する機会は大きく拡大された。しかし，職務と密接に関連した研修であるにもかかわらず無給であること，専修免許状取得を目的としているために博士後期課程や学部，研究所，専門学校等での研修には適用されないこと，などさまざまな問題点を有している。そこで，いくつかの府県・政令市では条例に基づく「長期研修休職制度」(筆者による総称。実際の名称は多様である)が創設され，40代を中心とする相当数の教員がこれを活用して，無給ではあるが自己の長期研修要求を実現している。なお，従来からの大学院修士課程(博士前期課程)への派遣研修については，派遣期間を1年間として2年目は学校で勤務しながら土・日曜日や夏休みを中心に大学院に通う形態が増大している。

中・長期的には，一定勤務年数(たとえば7〜10年)で希望するすべての教員が希望する研究機関・課題で長期研修を行うことができる制度を創設することが肝要である[12]。給与・研修期間など同制度に関する議論の高揚がまたれる。

2) 海外研修・海外留学機会の拡大と課題

海外留学機会は近年かなり拡大されてきた。それは，前述した大学院修学休業制度や自治体独自の長期研修休職制度の適用により，休業・休職による海外留学が可能になったからである。しかし，これらに該当しない場合には退職に追い込まれることもある。国際化が顕著な今日，教員としての身分を有したまま海外留学ができるような制度整備が求められている。また，長期休業中等を活用した海外研修に関しては，現状では担当教科により教特法第22条2項の適用状況に大きな差異がみられるが[13]，教師としての総合的力量形成の見地から幅広く適用することが望まれる。

注
(1) 近代日本教育制度史料編纂会編『近代日本教育制度史料』第33巻，大日本雄弁会講談社，1958年，117〜118頁。
(2) 戦前の教員研修については，佐藤幹男『近代日本現職教員研修史研究』(風間書房，1999年)や中村一雄「教師の研修の歴史」(佐藤学・小熊伸一編『教師としての私を変

えたもの』日本の教師第15巻，ぎょうせい，1993年）などを参照されたい。
(3) 教員研修制度の成立過程については，拙著『戦後日本教員研修制度成立過程の研究』（風間書房，2005年）で詳述しているので参照されたい。
(4) 教特法案の立案段階ではもとより，教特法施行後も第20条（現22条）2項に基づく研修を「職務」・「勤務」と位置づけていた。
(5) 地公法第35条には「職務に専念する義務」という条項があり，「職員は，法律又は条例に特別の定がある場合を除く外，その勤務時間及び職務上の注意力のすべてをその職責遂行のために用い，当該地方公共団体がなすべき責を有する職務にのみ従事しなければならない」と規定している（国家公務員の場合は，国公法第101条）。「職務専念義務免除」とは，特定の事項の行為を行う場合，任命権者がこの義務を免除することである。
(6) 現在は，中央教育審議会初等中等教育分科会教員養成部会がその機能を継承している。
(7) 文部省昭和59年度移管公文書『教育公務員特例法』第2冊，国立公文書館所蔵。
(8) *CIE Records*, Box No.5369, (C) 02061.
(9) 「第9章 教員研修をめぐる法律問題」牧昌見編『教員研修の総合的研究』ぎょうせい，1982年，303～304頁。
(10) 1948年12月12日の第4回国会衆議院文部委員会での下條康麿文部大臣の答弁（「第4回国会衆議院文部委員会議録」第5号，5頁）など。
(11) 苅谷剛彦・金子真理子・清水睦美・中沢渉「学校週5日制完全実施後の『教員勤務実態』調査報告」『総合教育技術』2004年6月号，小学館，59頁。
(12) 拙稿「教育公務員特例法成立過程における長期研修制度構想の原理から見る制度改革の展望」（『教育学研究』第71巻4号，日本教育学会，2004年12月，68～79頁）を参照されたい。
(13) たとえば，1984年8月27日の山形地裁判決を参照されたい（『判例タイムズ』第554号，判例タイムズ社，1985年7月1日，285～300頁）。

第 2 部　教職の現代的課題

第1章　教師と学級づくり

岡　　　篤（第1節1）
西森　正浩（第1節2）
楠井　裕茂（第2節1）
杉山　　雅（第2節2）
白井　弘一（第3節）

第1節　授　業

1　「読み書き計算の可能性」——小学校における実践から

1) もうひとつの読み書き計算

　読み書き計算が注目されている。100マス計算のブームともいえるほどの広がりもそのひとつである。私自身も新任のときから、読み書き計算を重視し、どんなやり方で苦手な子どもたちにもできるようにするのか、時間のない現場で継続して取り組むための工夫は何か、などの意識を持ち続けていた。この流れが一時的なものでないことを願う。

　読み書き計算は、さまざまな学習の基礎となる。これが充実しているほど、発展的な学習や自主的な学習もより有意義なものになる可能性が高い。また、読書や日常の計算など生活の充実も期待できる。これが、読み書き計算に力を入れる意義のひとつだろう。

　しかし、技能を身につけることのみに目が向くのは、読み書き計算の取組みを矮小化させるものだとも考えている。たかが、計算練習ひとつをとっても、苦手な子が克服していく過程には、おおげさにいえばドラマがある。そして、ドラマを経験したことが、他の学習や活動にも広がっていく。そこで得た、充

実感，自己肯定感，途中で培った，根気，集中力などは，その後の子どもの行動を変えていく可能性がある。

とくに小学校では，この読み書き計算のもうひとつの面を意識しながら取り組むことで，読み書き計算は単なる技術の習得以上のものを子どもたちに与えることにつながるのではないだろうか。

本節では，川中君（仮名）の漢字学習を例にこの点について考え直してみたいと思う。

2) 川中君の漢字学習

(1) **川中君**　前任校で担任した5年生のクラスに，川中君という体の大きい男の子がいた。ふだんは愛嬌のある表情を見せるが，いわゆる「キレやすい」子であり，学力的にもクラスで一番低かった。とにかく集中力がなく，授業中も教師の話を聞いていないため，課題への取りかかりがいつも遅れる。ノートを書くことも苦手で，黒板の1行を写すにも時間がかかる。ひと文字ずつ見ては写すので，ただでさえ時間がかかるうえ，途中に横の子に関係のない話をしたり，後ろの子にいたずらをしたりするので，みんなのペースにはついていけない。

私も全体に指示した後，「川中君！始めなさい」と言ったり，横についてひとつずつ次のことを教えていくことが毎日，毎時間のように続いていた。宿題忘れも日常的で，やらせようとしても私が横についている間しかしないので，なかなかやり切らせることができなかった。漢字の宿題は，毎日出していたが，それもまずやってこない。もちろん，漢字の小テストをしても，10問中1問正解するかどうかということがほとんどである。

(2) **漢字テスト**　この年は，1学期の新出漢字が6月の半ばに終わったので，続いて復習に入ることにした。漢字が苦手な子は川中君だけではなかったので，この際，勉強の仕方から指導していこうと考えた。

漢字が苦手な子は，「練習しなさい」といっても，時間を有効に生かすことができない。漢字ドリルを眺めていればよい方で，すぐに飽きて他の子が練習

しているのをじゃますることになりがちである。

　このときは，まず全員に余ったプリントを配り，裏に小テストと同じように番号を1から10まで書かせた。次にドリルに出てくる新出漢字の1つめから10個目までを写すようにいった。例文や熟語はいくつかのっているが，その一番最初に出てくるものを書かせた。これは，実際の小テストとまったく同じやり方である。そして，そのひらがなを見ながら漢字に直していき，答え合わせも自分でする。最後に班のなかで回してお互いチェックしあい，残り時間に間違えた字を練習する。

　(3)川中君につきっきりで指導　この手順は全員に指示しているが，私の目はほとんど川中君に向いていた。まず，番号を書くことをしない。私にうながされて，「1，2，3」と書いたが，もう横の子にはなしかけている。10まで書くのにさえ何度も私が注意しないとできない。

　次の問題文を写すのはさらに難題である。もう，川中君が10まで書き終えたころには，他の子はとっくに問題も書き終えている。川中君に「さあ，1番写して」というと，まずは，ドリルの位置を変えたり，筆箱をいじったりして，ごそごそ動き出す。そうこうしている間に私が他の子を見に行くことになるので，それを待っているのかもしれない。「もう，これはいい。始めなさい！」ときつめの調子で私が適当な位置にノートやドリルなどを置くと仕方なく書き始める。

　とはいえ，「おおぜいのなかま」と他の子なら数秒で書いてしまうところを，「お」だけを見て紙に写す。また，ドリルを見るがその問題を見つけるまでに時間がかかる。そして，2つめの「お」を見て写す。ここで，ひとつため息をつく。こんな調子である。

　私は，「ひと文字ずつでなくて，言葉で覚えてごらん」と，「おおぜいのなかま」の部分を親指と人差し指で挟んで見せる。川中君はうなずいたが，実は私はこれができないのではないかと思っていた。言ってすぐにできるなら，きっとやっているはずだと思ったのである。

　実際には，川中君は10番まですべてひと文字ずつでなく，言葉で覚えて写

した。いままでからは考えられないスピードで書くことができたのである。私は本気で感心した。「こんなに早く書けるのか！すごい、すごい。」

問題は、1問しか自力ではできなかった。それでも、答え合わせで自分で直すところまではできた。

(4)本番で 60 点　この直後に同じ問題で小テストを行った。川中君は 60 点をとった。川中君が練習で間違い直しを終えるまでに 30 分かかっており、他の子は、その間繰り返し練習している。当然、平均点は 95 点と高かった。川中君以外で一番低い子が 80 点である。

それでも川中君の結果は、私から見ると上出来である。漢字がとくに苦手な子はふつう、写しても間違えることが多い。いくら直前に練習してもその成果がすぐには出ないことは珍しくない。漢字は、点・画のどれか 1 つ抜けていても間違いである。これが漢字の難しい点であり、取り組む意義のある点でもある。

すぐに成果が出なくても、努力を続けているうちに力がついていくことは間違いないが、本人の意欲がどれだけ維持できるかが課題になってくる。川中君の場合、がんばった直後に点数で成果が見えたのだから、この点はクリアしている。

私がすぐに採点をして机の上に置いてあった小テストの用紙は、たまたま最後に出した川中君の分が一番上にあった。川中君と仲のいい男の子がそれをみて「おっ、川中、よく書いてるぞ」と他の男の子に声をかけている。次には、「おーい、川中、おまえ 60 点やぞ。やったな」と本人に言いに行き、川中君もまんざらではなさそうである。

(5)家庭に連絡　問題は、ここからである。この本人の満足感がこの日だけのことで終わってしまってはもったいない。小テスト前に毎日 30 分も練習時間をとることができるはずはない。そこで、2 つのことを考えた。

1 つめは、小テスト直前の練習を段階を追って時間を短くするということである。川中君の書き写す時間が短くなり、やり直しの数が減ってくれば、短くなってもできるはずである。その間に、漢字を練習するコツ、覚えるコツを身

につけ，練習して小テストに反映する喜びを感じて，漢字練習の努力が継続できるようになってくれれば最高である。

　もうひとつは，家庭の協力である。川中君は，いろいろとトラブルが多く，毎日のように，何かを注意している。ここは，ぜひ，本人のがんばりという良い面を伝え，家でもほめて，励まし，漢字練習に取り組むよう支えてもらえるようにしたいところである。

　さっそく，放課後に電話すると，母親の最初の言葉は，「また，何かやりましたか！」である。漢字の直前練習でのがんばりと小テストでの成果，その後の授業でもノートを書く作業が言われなくても今までよりもずっと早くなったことを伝えた。そのうえで，同じ形で小テストをしばらく続けるので，家でも見てやってほしい，といった。母親は，「絶対，やらせます」と返事をしてくれたので，「学校でも少しは練習しますので，あまり無理のないようにしてください」と笑いながらいって電話を切った。

(6) 2回目の小テスト　翌日，川中君は，朝登校すると宿題の百字帳を開いて見せに来た。「書き方これでいいの？」，いつものほそぼそとした言い方で尋ねた。いつも私が指導しているやり方とは違っているが，ここは本人の努力を認めたいところである。「いつも言ってるのとは違うけど，まずは練習することが大切だからこれでいいよ。出しておきなさい」。すると，その後に，「先生，今日もテストあるの」と聞いてきた。「あるよ」と答えると，小さい声で「やった」と言ってもどっていった。

　この日，小テストだけは絶対やらなくてはならないと考え，1時間目に行った。直前の練習は同じ方法で，時間は半分の15分に減らした。すぐに採点すると川中君は，90点であった。

　3・4時間目が水泳だったので，返却するのは，昼休みになった。水泳の自由時間，私がプールサイドに立っていると，川中君がプールから顔を出して，何か言っている。相変わらずの小さい声で聞き取れないので，顔を近づけて，「何？」と確認すると，「テスト，今日返す？」「もう，丸付けは終わっているから，返すよ」「やった」と水のなかにもぐっていった。

この日は，連絡帳に宿題の協力のお礼と努力の成果が出たことを書いた。

3) 振り返って

ほんの数日の取組みであったが，私なりに学ぶところが大きい出来事であった。

まず，反省すべき点として以下のようなことがある。

①練習の成果がすぐに出た——今までに受け持った漢字が苦手な子は，この程度の練習ではすぐには成果が出なかったため，川中君も同じだと勝手に思いこんでいた面があった。

②ひと文字ずつでなく，文で見ることは一度教えればできた——これも①と同じである。ただし，これまでにこのようなことを意図的に指導した記憶はない。今回，練習の仕方を本気で教えようとしたときに出てきた課題である。

③漢字の学習が他の時間のノートを早く書くことにもつながった——これは，思わぬ収穫であった。基礎的なことが他のことに転移したという意味で意義がある。

また，次のようなことは，クラスの取組みとしても考えさせられた。

④川中君をターゲットにした取組みがクラス全体の底上げをした——この取組みが必要だったのは，川中君だけではなかった。川中君ほどではなくても，漢字が苦手な子は当然何人もいる。その子たちにとってもこういう指導は有効であった。逆にいうと，その点が私の指導に欠けていたことであった。

⑤グループの教え合いが有効に働いた——苦手な子は，漢字の答え合わせを自分でしても，間違いを見逃すことが多い。とはいえ，練習の度に教師が全員分を確認するのは現実的ではない。この点，グループでチェックし合うとかなりカバーできる。教える子にとっても再確認という作業になる。

このような取組みは，どんな教科でも可能だと思われる。ただし，読み書き計算の特徴として，継続的な取組みがやりやすい，成果が比較的見えやすい，

といったような点があるため，一層効果的になる可能性が高いと考えられる。

2 「良い授業」と「悪い授業」——中学校における実践から

　当たり前であるが，学校には，いろいろなタイプの教師がいる。その数だけの授業がある。

　以前国際担当で外国籍生徒に付き添い，その子の隣りで数学の授業を受けたことがある。教室で聞こえるのは，問題を解くシャーペンのカリカリいう音のみ。その後，生徒たちは順番に指名され答えていた。話し声などまったくなかった。外国籍生徒は2度とその数学の授業に出ようとしなかった。また国語の授業に入ったとき，その教師は生徒の発言の回数をチェックしていた。平常点になるらしい。点数を稼ぐためたくさんの生徒が発言しようとしていた。反面あきらめて何もしない生徒もいた。

　同じ国語の授業で，涙している女子生徒を見たことがある。たしか何かの詩を鑑賞している授業だったと思う。その生徒は，その詩に感動し泣いていた。前述した国語の授業と大きな差があるものである。

　この文章を書くにあたり，今担当している中学2年生に，「良い授業」と「悪い授業」について，アンケートをとった。この生徒のなかには，小学校の時に「学級崩壊」を経験したものもいる。

　「良い授業」とは，「生徒が理解できるように教えてくれる授業」「なぜそうなるのか理解するまで教えてくれる授業」「授業内容とちょっと離れて違う話が入る授業」「授業が楽しくて，時間を忘れてしまうような授業」「みんなが楽しめて，笑いもあるんだけど，集中できる授業」「遊ぶ時は遊び，まじめにする時は，まじめな授業」「聞きたい，知りたいとか思える授業」「先生と生徒がいっしょに考え，理解して進む授業」等が返ってきた。

　これらは，私が中学生のときも同じだったように思う。試しに成人した別の学校の卒業生にも聞いてみた。あまり出来の良い生徒ではなかったが，同じ答えが返ってきた。「授業の前に，クイズとかして，気持ちリラックス＆興味を引く感じの話とか，授業とあまり関係のない話とかしてくれる先生の授業」と

言っていた。

　誰もが「良い授業」についてのイメージは，自分の学校経験からもっていると思う。ところが，逆に「悪い授業」も，残念ながら実際に学校のなかで行われている。

　生徒のアンケートから「悪い授業」とは，「ただ話してるだけや問題を解くだけの授業」「先生ひとりだけで納得してしまい，生徒の方は全然わかっていない授業」「授業の中に工夫もおもしろさのかけらもない授業」「何が言いたいのか分からない先生（話が下手）の授業」「ただひたすら教科書を使ったり，黒板を書き写すだけの授業」「ノートにはほとんどとらなくてプリントでやる授業」「内容が理解しにくく，話が難しい授業」「『発言しろ』と何度も生徒に言うのに，発言しづらい雰囲気を先生が作り出している授業」「先生の雑談が長引いてあまり学べない授業」「先生が注意できず，生徒が荒れてて，うるさすぎる授業」「授業中にしゃべったり，手紙をまわすのも平気でできる授業」「先生に笑顔がない授業」等が返ってきた。中には，教科名を書いてきた生徒もいる。その担当の教師を思うと，生徒の指摘はあながち間違いではないように思える。

　「良い授業」同様，みんな誰もが「悪い授業」も経験している。卒業生からも「一方的な授業で，発言を求めない授業」「つまらなかったのは，教科書ひたすら読んでる先生。それは家でひとりでも読めるみたいな。あとプリント多いのは無理。とくにプリント配られても，教科書と同じ事ばかりであまり面白くないかも」と答えていた。

　とすると，私の学校で，生徒にとって，今「悪い授業」をしている教師たちも，その教師が中学生の時，「良い授業」も「悪い授業」も経験しているはずである。少なくとも教師になっている以上，「良い授業」に憧れ，自分も「良い授業」をしたいという思いで教師になったと信じたい。

　しかし現実，どの時代にも「良い授業」もあれば「悪い授業」もある。「良い授業」をしたいというスタートラインは同じだとしても，なぜ違うゴールに進むのか。そこに授業の難しさがある。

私は，中学校の社会科教師である。教員生活20年になった。幸いにして，先に述べた生徒のアンケートに「社会みたいに，わいわいクラス全体で楽しめる授業がいいです。成績をあげる一歩は，その教科を好きになること。好きになるのは楽しめる授業じゃないと。私は，社会嫌いでしたが，今では一番社会が好きかも」等を書いてもらえた。

　授業するのは難しい。今4クラスの学年だが，新しい単元の1時間目にあたるクラスは緊張しながら授業している。1時間目のクラスの反応をみながら，2時間目以降のクラスの授業プランを練り直す。ベテランといわれる私でも，正直授業する前はいつも緊張する。うまく生徒をつかんだときは，素直に喜ぶが，うまくいかなかったときは，今も落ち込んでしまう。

　思い出せば，20年前，新採用の頃，話が下手と思い，話の技術を上げようとした。授業は，話芸と思い，当時人気のあった萩本欽一のテレビを見ながら，メモをとった。どうにか話のコツをつかみたかった。生徒からの反応を引き出すには，萩本欽一の話し方が一番だと思っていた。真似てみた。ダメだった。うるさい生徒の発言を押さえられず，自分の拙さを棚に上げて，怒鳴ったこともある。授業にならないことを憤り，教科書を読み，その内容をただ黒板にまとめていた時期もあった。生徒のアンケートにある「悪い授業」の典型を行っていたのだと思う。

　私の授業が変わったのは，エジプトに行ってからである。社会の教師である以上，エジプトだけは見ておきたいと，夏休みを利用し観光ツアーに参加した。そこで見た遺跡，ピラミッドもルクソールの神殿も，その雄大さに驚いた。ナイル川両岸の木々の緑と，そこに続く金色の砂漠。その色のコントラストが目に焼き付いた。旅行中，これを授業にしたい，生徒たちに教えたいと考えていた。帰国後，エジプトについて調べ，2時間程度の授業プランをつくった。

　あの時の授業は忘れられない。私の話を真剣に聞く生徒たち。現地で購入したパピルスを喜んで触る生徒。何よりも，みんな目を輝かせていた。生徒たちが，本当に興味を示したとき，その表情が生き生きすることを初めて実感した授業だった。

それから私は変わった。生徒を生き生きとさせる授業をしたいと強く思うようになった。エジプトの授業が良かったのは、私がエジプトに感動していたからである。話し方や板書の仕方等、その前の授業と何ら変わりはない。教える教師自身が感動し、面白いと感じたものがなければ、生徒が面白いと感じるはずがない。

　そのことに気づいた私は、必死に教材を探し始めた。「指導書」を頼りに授業をしていた私が、日曜日には図書館に行き、本を読んだ。先輩教師の優れた実践記録を読み、真似てみた。少しずつ「良い授業」らしきものができるようになっていった。調べれば調べるほど、感動するもの、これは教えたいと思うものとの出会いがあった。生徒に伝えたい、これだけはわかってほしいというものが、自分のなかに生まれていった。

　今、私は、社会科の授業で、人間の素晴らしさを教えたいと思っている。

　地理では、さまざまな環境のなかで生きている人々の姿を伝えたい。歴史では、人間の生き様。どう頑張って、人間が進歩してきたか。そのなかで反省するものは何か。公民では、歴史にたち、今の到達点は何か。今の日本国憲法はどれだけ素晴らしいか。基本的人権はどれだけ大切か。生徒たちがより良く生きていくために、憲法は身近なものであり、守られなければいけないことを教えたいと思う。

　具体的に述べたい。

　地理では、たとえば、砂漠の砂を生徒に触らせる。校庭の砂場の砂より、サラサラしている。それで乾燥している状態を実感させる。そのうえで、そこでも人々が生活している。どんな生活をしているか考えさせている。

　歴史では、今年行った戦争の授業を紹介したい。その授業は、教科書、ノート、筆記用具さえ要らなかった。私が生徒に伝えたかったことは、戦争は絶対にしてはならないという１点のみである。戦争は、人々の死を意味する。この授業では、それを伝えるために「死者」を資料とした。まず第２次世界大戦の中で、死者が２番目に多かった国はどこか考えさせた。中国である。多くの民間人が殺されている。次に、日本の作戦として「三光作戦」を説明した。その

後，実際に初年兵として「三光作戦」に参加した人の手記を読んだ。最後に「侵略」の写真を見せた。生徒には，死者の写真もあること，見られないものは見なくてもいいことをあらかじめ伝えた。多くの生徒が，真剣な眼差しで写真を見ていた。授業を終えたとき，女子生徒が来た。「こわくて見れないと思ったけど，最後までがんばって見たよ。戦争をしちゃいけないこと，わかったよ」と述べていた。

　公民も同様である。自由権を取り上げると，「悪い授業」では，身体，精神，職業選択の自由と羅列するだけで終わる。私は，身体の自由を教えるとき，冤罪を資料とする。島田事件の赤堀政夫氏を例に，身体の自由の大切さを生徒たちに考えさせている。

　また違う例をあげれば，憲法第14条を教える時は，一つひとつの差別を具体的に取り上げている。同和問題については，年1回ではあるが，関西地区のフィールドワークに参加し，それを基に授業を組み立てている。在日朝鮮・韓国人については，在日韓国人と一緒にサークルをつくっている。そのサークルでは，小学校に出向き，子どもたちを相手に「三年峠」の大型紙芝居を読んだり，子どもたちにチャンゴを演奏させたりしている。

　私の住む神奈川県の平塚は，関西地区と比べると，同和も在日も身近な問題となっていない。逆にだからこそ，生徒にしっかり教えなければいけないと考えている。そのためには，やはり教える私が感じていなければならないと思い，自分のできる時間で被差別者とかかわろうとしている。そしてその声を生徒に伝えたいと思っている。

　障害者差別では，私の体験も語っている。以前私は，盲学校で社会科を教えていた。その盲学校の生徒数名を連れて飲みに出たときのことである。（盲学校には，高校の後，専門課程があり，針，灸，マッサージを学ぶ。その成人した生徒たちである。）生徒たちは，はじめて外で飲むらしく嬉しそうであった。居酒屋に入り，注文し，談笑していると，私はまわりのお客の冷たい視線を感じた。しばらくすると，店の人から，生徒が食べ物を落とし汚すなどといわれ，店を追い出された。もう一軒連れていった店も同様に追い出された。

私は生徒たちに謝った。そのときひとりの生徒が言った言葉が重たかった。
「いいんだよ，先生。外に出られるだけで嬉しかった。盲人の多くは，恐くて外に出られないんだよ。オレさ，小学校のとき，盲学校の裏道歩いてたら石投げられた。子どもたちが騒ぎながら石を投げてきた。オレ，目が見えないだろ。逃げることもできず，しばらく耐えてるしかなかったもんな。」
　この話を生徒にする。授業の翌日，私のところに来た生徒がいた。「昨日の話，お母さんに話したら，途中から泣いちゃって，話せなくなっちゃった」と言っていた。
　私の社会科への思いを述べてきた。生徒へ伝えたいものがなければ，自分が感動し，面白いと思える教材がなければ，「良い授業」はできない。「良い授業」は，私が最初にやろうとした話し方をうまくする等の小手先のテクニックでできるものではない。このことは，何も社会科に限ったことではなく，すべての教科にいえることだと思う。国語には，国語の感動があり，数学は，「数が苦」ではなく，数学の面白さがあるのだと思う。
　たまたま先日，2人の数学の臨時的任用の若い教師と飲んだ。2人とも，教員採用試験を落ち，次年度の採用をめざしている。飲みながら，何を教えたいんだと私は聞いてみた。きょとんとしていた。教科書で教え，すべての生徒が計算等できるようにしたいと答えていた。中学の現実として，積み重ねの教科である数学と英語は，苦手意識をもつ生徒が多い。重ねて，どうやってすべての生徒にわからせようとしているのか聞いてみた。計算練習を重ね，つまずいている所に戻り，教えていきたいと答えた。その通りだと思う。でも，それは「良い授業」なんだろうか。全然数学素人の私は「零の発見」の話をした。人間がゼロを発見するまでの歴史が長かったこと。ゼロの発見が人間を変えたこと。こんなことを生徒に話して，数に興味を持たせたらどうかと投げかけてみた。2人はまったく別の返答をした。ひとりはまったく受け付けず，そんなことは意味がないと言った。もうひとりは，考えたことはなかったが，勉強してみたいと言っていた。
　英語のAET（Assistant English Teacher）のイギリス人とも，彼が日本語を話

せるので，よく飲みに行く。彼が嘆く。自分だけで授業したいと。AETは，教員免許もないため，あくまで日本の英語教師のアシスタントである。ある英語教師は授業を彼に任せる。彼の授業は，ゲーム等を取り入れ，英会話を意識したものとなっている。生徒からも「ゲーム等があって，遊びながらいろいろ覚えることができる授業」と評判がいい。ところが，教師によっては，英語教科書のCDの代わりに，彼を使っているものもいる。

　学校では，「良い授業」と「悪い授業」が混在している。はじめに述べたが，今「悪い授業」をしている教師が，最初から「悪い授業」をめざしたものではない。また教師になって最初から「良い授業」ができる者は少ない。誰もが「悪い授業」から始まる。それが，「良い授業」組と，「悪い授業」組に，どこからか変わっていく。そのターニングポイントは，自分がおもしろいと思う教材，感動できるものに出会えたか。そして，それを生徒にぶつけたとき，生徒の生き生きした表情，目の輝きを味わえたかにかかるのだと思う。

　教師をめざす者たちへ。教師で味わえることは素晴らしい。生徒の輝きを知ったものは，これが天職だと思う。その輝きを知るために，努力を惜しまないでほしいと思う。

第2節　学級づくり

1　認め合う関係づくり──小学校における実践から

　この10年足らずの小学校教師の経験のなかで，担任との関係，クラスの子ども同士の関係づくりを重視し，取り組んだ事例を取り上げる。兵庫県下の山の手の学校で，2年生を担任したときのものである。

　それまでの学級担任の経験のなかでは，時間にせかされ，慌てて頭ごなしに叱ってしまい，子どもとの信頼関係をくずしてしまったこともあった。そんなとき，先輩教師からアドバイスをもらうなか，担任と子どもが，または子ども同士が相手の気持ちを聞く（相手を理解する，認める）ことの重要性を感じてき

第1章　教師と学級づくり　　97

た。ここでは，そのような点を意識し，取り組んだ1年間の子どもたちとのかかわりについて述べることとする。

1) 友だち関係が広がったAさん

　5年生の姉とはよく遊び，放課後もよく学校で見かける。他方，放課後一緒に遊ぶクラスの友だちがいない，ということを4月の家庭訪問のときに保護者は語っていた。授業中は手をほとんどあげない。朝学校に来ても，ひとり静かに座席に座っていることが多かった。

　そのAさんが，1学期初め，連絡帳を書く時間帯に他の女子の筆箱をとって追いかけさせるという方法で他の子とかかわろうとすることがあった。された側は「Aさんが筆箱をとって，返してくれへん」と担任に訴えてくる。連絡帳を書く際など，筆箱が必要なときにそのようなことをするので，「困ったこと」となってしまう。

　当時，宿題として漢字練習帳に漢字の反復書きをさせていた。クラスでは，文字の乱雑さが目立ったので，以前より丁寧に書いてきた子どもについては，練習帳のそのページをクラス全員に印刷して紹介することで，励ますことにした。1学期中に全員分を紹介できるといいな，という思いから始めた。

　震えるような文字を書いていたAさんであったが，筆圧も強くなり，文字の形をお手本の通りにとらえようと丁寧に書いてくるようになった。そのようなある日，Aさんの練習帳を印刷し，クラスで紹介することとした。クラスのメンバーには，「丁寧に書けている字を見つけて，その文字に赤鉛筆で花丸をしよう」と指示した。その後，それぞれが見つけた丁寧な文字を発表させた。

　一人ひとりの発表を聞いているAさんの表情は，しだいに誇らしげな表情へと変わっていった。

　2学期に入ってからもAさんは，丁寧な文字で漢字練習帳の宿題をやり続けることができた。

　このAさんが，2学期半ばころから担任に，よく話しかけるようになってきた。社会見学に行く道中，担任に向かって「先生，明日とあさってねー，おば

あちゃんと一緒に城崎の温泉に行くねん。楽しみにしてんねん。ほんで，その次の日曜日はなー，エキスポランドに行くねんでー。」「いいなー，先生も，休みの日はゆっくり温泉でも行きたいなー。」

このように話しかけてくるようになったAさんは，教室でも朝，漢字の練習帳の丸つけをしている私の周りに集まるほかの子に混じるようになってきた。

席替えでは，控えめな女子Fさんと同じ班（4人）にした。休み時間には一緒に自由帳に「お絵かき」しながら，Fさんと会話をし，つながりがもてるようになってきた。下校後，Fさん以外の子も含めた遊ぶメンバーと学校で待ち合わせをしたり，クリスマス会ではペープサートの劇をやるグループに所属したり，生き生きと活動するようになった。3学期に入ってからの作文で，AさんはFさんのことを「親友」と呼ぶまでになった。

このように宿題のがんばりを担任やクラスのメンバーがほめ，認めたことにより，自信がつき，友だちとの関係づくりにつながっていったものと思う。

こうして，1学期に，人のものをとって気をひこうとした行為は自然になくなっていった。漢字の宿題を通して，担任教師から認められたことが，Aさんを変えていくきっかけになった。

2) 少しずつ相手の言い分を受け入れていくBさん

ひとりっ子のBさんは家庭の事情から5時まで学童保育で過ごしてから自宅に帰るという日々であった。

2学期に入り，休み時間の遊びの際，自分が提案した遊びをするか，しないかという二者択一を周りの子に迫ることが多く，周りの子から担任に対して，苦情が出始めていた。

ある日「タイヤ跳びを教えて」とGさんたちがBさんをさそったところ，Bさんは快く引き受けた。Bさんに教えられ，数日後にはGさんたちもタイヤ跳びができるようになっていった。ところが，さらに数日後，Gさんたちが「今日は，他の遊びしたい」というと，Bさんは「なんでよ」と怒り出し，それ以上話ができない状態になった。困ったGさんたちは，担任に相談に来た。担任

がBさんの言い分を聞いたところ,「教えてっていうから,教えてあげようとしてるのに,どうして,来ないの」「これからもタイヤ跳びするのかしないのか,はっきり決めてほしいわ」ということであった。

両者の言い分を担任が確認したうえで,両者が顔を合わせて,お互いの言い分を聞き合う場をつくった。Gさんたちにとっては,タイヤ跳びができるようになったので,他の遊びもしたい,ということであるが,Bさんからすると一度決めたことを変えないでほしい,変えるのなら,もうタイヤ跳びはしないと決めてほしい,ということであった。

Gさんたちには,「タイヤ跳びを教えてくれたのはありがたかった。だけど,跳べるようになったので,これからは,他の遊びもしたい」とはっきり表明させた。Bさんは,「そのことは理解できるが,これからもタイヤ跳びをするのか,もう2度としないのか,それをはっきりしてくれないと,私たちは遊びにくい」と主張する。

教師としては,一方の主張に加担することは,できるだけ避けたい。しかしながら,意見表明の得意な子と不得意な子との話し合いの場合,不得意な子が,十分に意見表明できないことがある。今回の場合も担任の方でGさんたちの気持ちを,「2度としない,という約束はできない。タイヤ跳びをしたいと思うときもあるから,そのときは仲間に入れてほしい,ということが言いたいんだね」と代弁し,まとめていった。このとき,Bさんは100％納得いった,というものではなかった。が,「言い分はわかるよ」という意思表示ができた。

3) わかりあっていくBさんとCさん

このBさんは,2学期に入り,Cさんとよく対立するようになった。Cさんは,負けん気が強い女の子。1学期は,Bさんも含む4～5名の女子のリーダー格であったが,遊びの内容を決める際にはBさんとたびたびトラブルになっていた。

そんなある日,「廊下をすれちがう度,Cさんがにらんでくる」とBさん。CさんにBさんからの訴えを伝え,お互いの言い分を聞く場を設ける旨を両者

に伝えた。Bさんの言うようなことが実際にあったのか，Cさんに尋ねると，うなずき，泣きはじめた。CさんはCさんで，「これまでBさんからにらまれたことがあったから」と理由をいう。にらんだ理由をBさんに聞くと，「Cさんが話しかけてくるとき，とても言い方がきつくて腹が立ってたから」という。このようにそれぞれがとった行動の理由を含め，自分の気持ちを聞き合った。

しばらく間をおいて，Cさんが泣きながら語りはじめた。「きつい言葉を使ってしまうのは，日ごろから男兄弟から言われているせいで，直らないんだ」と。「それでは困る，ずーっと，いやな思いをしてきたんやから」とBさん。

トラブルになったときはいつも，そのようなとき，どのように言ったらよかったと思うか，子どもたちに考えさせることにしてきた。この場合には，すぐには直らなくても，Cさんはしゃべり方については，相手が聞いてやさしい言い方になるよう努力していく。Bさんはそれを聞きながら，これはひどいと感じたときには，再度話し合いの場をもつということを両者と担任で確認した。もちろん，Bさんがきつい言葉で言ってしまう場合についても同じ，とした。

2学期のその後，2人は一緒に遊ぶことは減り，距離をとりながら過ごすようになる。3学期になると，放課後，校庭で一緒にボール投げをして遊んでいる姿も見られるようになった。また，終業式の日には，担任に「1年間，勉強を教えてくれてありがとう。……」というメッセージを考え，担任の前で2人一緒に読み上げてくれた。

この2人は，お互いの気持ちを聞き合うことで，お互いの理解が深まり，正面衝突はなくなっていった。

4) クラスに受け入れられていくDくん

授業中，イライラして座っていることができず，壁を蹴ったり掃除道具箱を蹴ったりしてしまう。そんなときにそれを注意をされると，「うるさい」と叫んでますます興奮してしまう，というのがいつものDくんのパターンであった。

ある日，他の子から注意をされた時，「うるさいんじゃー，おまえ」とDくんは人の腕をつかむ。それを担任からやめるよう強い口調で注意された直後，

教室から飛び出してしまうことがあった。Dくんのプライドを傷つけないように，しかし，Dくんのことをクラスのみんなに理解してもらいたい，という担任の気持ちから，Dくんがいない場面で，Dくんの状態とそれに対する担任の考えを話した。

　みんながそれは良くないことだと注意してあげることはクラスにとってもDくんにとってもとても大事なことである。ただ，今回の状況のように，イライラしているときには，注意すれば注意するほど，興奮してしまって，逆効果になることがあること。担任としては，Dくんの表情を見，落ち着いてから，声をかけるようにしていること。クラスのみんなも，いま注意した方がよいか，少し時間をおいた方がよいか，Dくんの表情も見ながら注意してあげてほしい。他方，いま注意しても入らない，しかし緊急事態だ，という時には，必ず担任に言いに来るようにと話した。

　たびたび，Dくんの，その時々の状況についての話をすることで，Dくんへの理解が深まるように努めた。徐々に，正義感からDくんに一生懸命注意してくれていたHくんも，Dくんの状況を見ながら，対応できるようになっていった。こうして，クラス全体がDくんの状況を理解しながら，かかわるなか，Dくんも2学期半ばころから少しずつではあるが，落ち着きはじめた。イライラする場面が減ってきた。3学期に入ると，Dくん自ら他の子のけんかをやめさせて，やさしく気持ちを聞いてあげられるまでになった。

　1）は，担任から認められることで，自信がついた例，2），3）では，友だち同士，それぞれの言い分を聞き合い，理解が深まっていった例，4）では，担任が，その子の状況を説明することで，学級全体によるその子への理解が深まっていった例である。1）から4）のようなかかわりが存在することで，学級内で友だち同士のつながりができていった。

　ここに述べた例では，人（相手）の言い分を聞くということを基本的な立場にしている。

　担任が，子どもとの関係をつくっていくうえで，また子ども同士がお互いを

理解していくうえで，さらには周りの子が，その子のことを理解していくうえで，とても基本的な姿勢である。この姿勢により，人への理解を深めていくことができる，と考えている。

2 HRづくりとは，何をつくるのか──高校における実践から

1) 学級びらき

　新学期が始まり，生徒の一番関心事は，クラス分けである。人と交わる力が弱くなっている現代の高校生は，とくにその傾向が強い。嫌なクラスになったため，3日ほど学校を休んだ生徒もいた。これは特異な例ではない。近年，各学校で増えつつある現象である。

　担任とクラスの生徒がはじめて顔を合わせるのが，学級びらきである。担任は，期待と不安を抱えている彼らに，安心して，力を抜いてやっていこうという気持ちを起こさせるようなメッセージを送るのである。

　では，学級びらきは，具体的には，どのようにすればよいのだろうか？　幾つか例をあげよう。

　①新クラスが決まったら，クラスの生徒の名前を覚えておき，初対面のときにフルネイムで呼んでみる。生徒はびっくりし，感動する。

　②学級通信を発行し，4月に生まれた生徒の誕生日を紹介する。以後，毎月クラスの生徒の誕生日を紹介すれば，生徒は心待ちにするようになる。あわせて，とっておきの心温まる話を載せることができれば最高である。

　以上のような，ちょっとした心遣いで，生徒は，担任やクラスに親近感を抱くようになる。

2) 学級通信を発行する

　学級通信は，クラスの世論づくりに力を発揮する。担任の思いを伝えたり，原案を提案する。クラスの生徒の動きを載せ，クラスにスポットを当てる。教師も生徒も，学級通信を通して，クラスの動きをつかむことができる。

　私は学級通信第1号の見出しには，かなりこだわる。昔は，生徒も元気だっ

たので,「さあ,新学期だ,がんばろう！」と,生徒を鼓舞するような見出しが多かった。最近は,「のんびり行こうよ,我が人生」とか「一度きりの人生をデザインしよう！」など,慌てずに,自分の夢を紡いでゆこうという感じのメッセージを贈っている。ちなみに,今年の学級通信第1号の見出しは,「頼れるクラスをつくろう！」であった。3年生になると進路をどうするかで,生徒は悩む。そんなときに,お互い相談しあえるクラスをつくろうという想いをこめたものである。

ワンポイント・アドバイス

〔Q〕生徒に学級通信のタイトルをつけてほしい。どんな方法があるだろう？

〔A〕まず,「とりあえず3－6の学級通信」というタイトルで数回発行する。次に,「こんなタイトルでは,あまりにも色気が無いので,素敵なタイトルを付けてください。採用分には賞品としてジュースを進呈！　個人で応募した場合には,1本。グループで応募した場合には,グループ全員に」と提案する。すると,必ずグループで応募してくる生徒がいる。担任の狙いは,みんなで協力すれば得をするということを実感させることにある。もちろんグループで応募した場合より個人で応募した作品の方がよい場合もある。大切なことは,この提案で,誰が周りの生徒に働きかけようとしたのかを知ることができ,リーダー候補をつかめることである。応募作品の中から投票でタイトルを決定する。自分達で決めたタイトルなので,学級通信に対して愛着を持つようになる。学級通信がクラスのシンボルのようになる。

なお,学級通信の発行については,次の点に留意したい。年度当初の予定など,連絡事項に終始しているようなものや生徒を叱咤激励ばかりしているような学級通信がある。発行しないよりはましだが,これでは生徒との間に親密な関係は生まれない。そのうち学級通信を配っても読まれなくなってしまう危険性がある。

3) 読書指導に力を入れる

学級びらきが終わると,できるだけ早い時期に,感動的な本を紹介する。その本のさわりをプリント4～5枚にまとめ,印刷して配る。約15分ぐらいで,感情を込めて読み上げる。クラスがシーンと静まり返る。読み終えると,生徒

の間から，ふぅーとため息がもれる。HRが終わると，必ず「先生，その本を貸して！　続きが気になる」といってくる生徒がいる。こうなればしめたもの。読み終えたころに，「こんな本もあるけど，読んでみる？」と，声をかける。こうして1本釣りで読書の輪を広げていく。

　私の準備室には，生徒が飛びつくような面白い本を約100冊ほど並べている。ねらいは何か。準備室に生徒がやってくる。最近の高校生は，どこへ行くにも友だちと連れ立っていく。その連れが私のターゲットとなる。

　A子とB子が準備室へやってきた。私に用事のあるのはA子。B子は付き添いである。A子と話している間，手持ち無沙汰なB子が何気なく本棚に目をやる。タイトルに魅かれて，本を手に取る。パラパラとページをめくり，手が止まったかと思うと，読み始めている。私は，この瞬間が好きである。

　A子と話をしながら，横目でチラチラと見ている。B子はどっぷりと本の世界に浸っている。話が終わり，A子は帰ろうとするが，B子が夢中で本を読んでいるので，A子も本を探し始める。最後に，2人仲良く本を借りて帰った。

　数日後，A子が「先生，あの本，C子も読みたいといっているので，貸してあげていい？」と，尋ねてきた。その後，この本は10数名の生徒の間を回り，半年後に手元に返ってきた。

　読書の素晴らしさを体験した生徒は，次々に本を読むようになる。その本を回し読みするということは，共通の体験を味わっているということになる。ここに相互理解と，信頼しあえる人間関係形成の糸口がみえてくる。

4) リーダー集団をつくる

　クラスづくりをする場合に一番大切なことは，リーダー集団を育てることである。担任の指示する通り動く生徒をつくることがクラスづくりではない。掃除をさぼる生徒もいない評判のクラスであっても，担任が出張などでいなくなると，とたんにサボリが出る場合がある。このようなクラスは，いつもクラス崩壊の危機に立たされているといってよい。要するに，担任と生徒との力関係でもっているのである。担任が最後まで，クラスを引き締め続けねばならない。

生徒も教師も忍耐を要求され，両者の間には強い緊張関係が生じる。

担任がクラスの生徒一人ひとりと丁寧に話し込み，生徒と親和的な関係をつくり上げ，クラスをまとめていくという方法もある。この場合は，担任の人柄に生徒は包まれ，悩みを相談したり，アドバイスを受け，居場所を見つけてゆく。これを個別接近と呼んでいる。将来の展望がみえず，人間関係が希薄になっている現代の高校生にとって，信頼できる大人の発見は大きな支えとなる。単位制高校や総合的な学習，習熟度別授業などの広がりのなかで，いわゆるHRが尻すぼみの状況にあり，人間関係をつくり上げる意味において，今後，個別接近は一層注目されるであろう。人間は依存しつつ自立するといわれている。担任は，まず，生徒に依存される存在にならなければならない。それが指導の第一歩である。

では，なぜリーダーを育てることが大切なのか。誤解を恐れずに言えば，クラスのなかに，あえて対立をつくるためである。クラスを各班に分け，班長をおく。これがリーダーである。リーダーの仕事は，班員を監視することではなく，班員と語り，共感を分かち合い，問題解決に向けてともに考えることである。この過程を通じて，リーダーも班員もともに成長する。場合によっては，リーダーをのりこえる班員が出現し，新たなリーダーが誕生する。そして，担任は，アドバイスを送り，この過程が充実するように支援し，生徒に自治の力を育てるのである。

5) 行事で何を指導するのか？

行事をすればクラスの問題が一気に顕在化する。口では協力するといいながら，さぼる生徒，自分のやり方を強引に押し通そうとする生徒。このような問題を，リーダーを中心に取り上げ，解決していくのである。すなわち，行事は，クラスの問題を明らかにする探知機のようなものである。

行事をすると，生徒の意外な側面が明らかになる。日頃目立たない生徒が，大奮闘し，クラスの生徒から大きな評価を受ける。歌の上手な生徒，運動能力抜群の生徒，単調な仕事をこつこつと最後までやり抜く生徒，企画力に優れて

いる生徒，表現力の豊かな生徒，がぜん意欲的に取り組む生徒，それぞれがお互いを見直す機会となる。また，場合によっては家族の様子も明らかになってくる。

行事といえば優勝することだけが目標となり，担任がひきまわしたり，自分のクラスには人材がいないと嘆き，諦めてしまうのは，行事の目標を取り違えているといえる。

ワンポイント・アドバイス

〔Q〕スポーツの弱いクラスは，球技大会にどんな目標をたてればよいのだろう？
〔A〕自分のクラスの力のちょっと上の目標を立てる。優勝が無理なら準優勝を，勝ち進むことが期待できないなら，1勝することを目標にする。スポーツの得意な生徒がいないクラスを担任した時，「1勝すれば，ジュースをおごろう！」という見出しで学級通信を出した。1勝すればジュースが飲めるというので，生徒は大喜び，俄然張り切りだした。ただし，もう一つ条件がある。全員で応援することだ。後で，生徒達はこの条件の重さを痛感する。クラスには，K男というヤンチャな生徒がおり，よく欠席していたからである。ジュースほしさにK男に関わっていた生徒たちもだんだん本気になり，K男の心をほぐし，K男も期待に応え，見事ジュースを勝ち取った。

では，明らかになった問題に，どのように取り組むのか？　まず班長会を開いて，なぜそんな問題が起こるのかを分析する。これで，お互いにクラスの人間関係を吟味できるのである。

行事を通じて，企画する力，原案を作成する力，説明をする力，段取りをつける力，指示する力，説得する力，批判する力，などが培われる。

よく，行事は日頃の学校生活のガス抜きであるという意見を聞く。日頃，生徒を押さえつけているので不満が溜まる。そこで，行事では思い切り生徒の自由にさせて，不満の捌け口をつくってやる。行事が終わったなら，もとの抑圧的な生活や受験勉強に邁進させるというやり方である。この場合は，行事はストレスの解消にすぎないのである。

文化祭というのは，もともと卒業式のときに，各教科の日頃の成果を全校生の前で発表していた。それが卒業式と切り離され，秋に文化祭として独立して

行われるようになったのである。クラスの出し物であれ，クラブの出し物であれ，この原点に返るべきである。生徒の自主活動だからと，生徒の自主性にすべてを任せ，いっさい口出しをしない教師もいるが，それでクラスの文化の質が高まるとは思えない。原案の作成やクラスでの話し合いの過程で，人生の先輩として，また教科の専門家としてアドバイスをおくり，文化の質を高めるよう努力すべきである。

6) 問題行動をもつ生徒の指導

問題行動をもつ生徒の指導については，個別接近とクラスへのかかわりが指導の筋道である。問題行動といっても，本人だけに問題があるわけではなく，家庭環境や社会情勢等，さまざまな要因が複雑にからまっている。

悩みを抱えている生徒が，担任に相談するには，そういう関係が担任と生徒の間に築かれていなければならない。人間は，悩みがあるからといって，誰にでも相談できるわけではない。この人なら信頼できるという相手に出会ってはじめて，自分の悩みを語る気になる。

たとえば，虐待を受けている子どもは，むしろ虐待を受けているという事実を隠そうとする。理不尽な暴力を受けたり，無視された子どもは，なぜ自分だけこんな目にあうのかが，わからない。そこで，「自分はつまらない人間なのだ。価値のない人間だから，こんな仕打ちを受けても仕方がないのだ」と，自分を納得させるのである。自分が虐待を受けているということを告白することは，とりもなおさず，自分はダメな人間だということを宣言することになる。したがって，虐待を受けている子どもは，その事実を隠そうとすることが多いのである。

よほど信頼されないかぎり，虐待や拒食などの実態を告白することはない。この信頼感を，できるだけ早く，どのように創り上げるかが問題となる。そのためには，次の点が重要である。

①その生徒のあるがままの姿をみるよう努力すること。
②その生徒の人格を尊重し，誠実に接すること。

③他の生徒と同じように平等に対応すること。

担任が決まると，中学からの引継ぎ事項や前担任からの申し送り事項により，つい該当の生徒を色メガネで見てしまうことがある。優等生が遅刻をした場合は，「何かあったのかなあ？」と心配するが，遅刻常習の生徒の場合には，事情があっても，つい「またか！」と腹を立てたりする。教師も人間だから仕方がない部分もあるが，いったん冷静になる必要がある。私は，生徒との対応でいらいらしてきたときには，その生徒の赤ん坊のときの様子を勝手に想像してみる。すると不思議なことに，気持ちが穏やかになる。

問題生徒だからといって，腫れ物にさわるような態度も避けるべきだし，「高校生なんだからこれだけのことはやれ！」と，管理ばかりしようとするのも反発を食らう。

まずは，当該生徒と親密な関係をつくり，少しずつ要求を突きつけ，達成できたら評価をしながら，気長につき合うべきである。

問題生徒を仮にD子としておこう。D子は授業中だるそうに寝ていたり，休み時間にも机に突っ伏している姿がみられるようになった。話を聞いてみると，友だちの家に泊まり，ほとんど家に帰っていないという。

「どうして家に帰らないの？」「今，親とケンカしてるねん」「そう，……また，どうして？」「約束破ったから……」「……だれが？」

こんなときは，のらりくらり話すに限る。心配のあまり，つい勢い込んで矢継ぎ早に聞きだそうとすると，突然貝のように口をつぐんでしまうことが多い。いろんな話をしたあと，D子はだんだん心のうちを話しはじめた。母親がまだやさしかった小さいころの思い出。妹は勉強がよくできるので可愛がられていること，離婚した父とは，その後1回しか会っていないこと，母の再婚と弟の誕生，新しい父はほとんど何も言わないことなど。

「真夜中に帰ってきて叱られないか？」「親はもう寝てる」「寝静まったころを見計らって帰るわけ？」「そうじゃないけど，……なんとなくそうなってしまうの」「無意識のうちにさけているのかもしれないね？」「……うん……」「そんな生活，さびしくないか？」「……さびしい……」「……何か良

い方法はないかな？」「無理！……私のいうことはきいてくれないもん。いつも自分だけしゃべって，最後は……どつくもん」「どつく！……げんこつ？……その時どうしてるの？」「……げんこつのときもある。……じっと我慢してる」「それは，つらいなあ……」「……もうなれた……」「いつごろから？」「中学2年のころから」「……ベルトやものさしで殴られたこともある」「それは，君の目から見て虐待といえる？」「……虐待……と……思う……」

これは，D子がはじめて私に，母親の虐待を訴えた場面である。ここから指導が始まるのである。

第3節　保護者との関係

1　教師が出会うのは「子どもたち」だけ？……

　教師の仕事はいい仕事である。しかし，教職という仕事を通じて教師は，子どもたちだけでなく「おとなたち」つまり社会そのものにも対面しているということを意識しなければならない。

　教師は大人や大人社会いわゆる世間を知らない，といわれる。しかし，本当に力のある教師には実はそれがよく見えている。どんな仕事を通じてでも見えない世間はない。

　まず最初に，学校教育は教師だけでは成立しないという至極当たり前のことを認識すべきである。

　学級担任をしながらも教師はさまざまな分掌を担う。関係の各機関や施設，業界とも縁をもたなければならない。教師にはそこで関係をもつ人々との対面能力スキルが間違いなく必要である。これは一朝一夕に身につくものではないが，力ある教師は必ず多様で多彩なチャネルをもっている。なぜなら，いまの目の前の子どもの課題を解決したり，次のチャンスを広げたりするのに自分の学校，ましてや自分自身だけでできることはたかが知れているからである。ア

イデアいっぱいの修学旅行にするためには旅行会社の営業マンと知恵を出し合わなければならないし，素敵な卒業アルバムを渡してやりたいと思えば写真スタジオの社長とも交渉しなければならない。ましてや，生徒を直接指導していくうえでは，校内他職種との連携はもとより自分の校種以外の学校関係者，学校医，警察，少年鑑別所，こども家庭センター，家庭裁判所，社会福祉事務所，公共職業安定所，労働基準監督署，地元自治会，議員，民生委員・児童委員，保護司，等かかわる必要のある人々，可能性のある人々は枚挙にいとまがない。場合によっては新聞社や放送局にも世話にならなければならない。とても「井の中の蛙」ではいられない。

　もうひとつは言うまでもなく，保護者とのかかわりを通じて感知し広がっていく社会への視野である。当然ながら，保護者との関係はすでにあげた多くの機関や業界の人々との関係以上に決定的に重要である。このことを本節の主題としたい。

　4月，新しい担任は親の期待と希望を一身に受ける。場合によっては不安や不満，猜疑心のまなざしを浴びてスタートすることもある。「親の一人ひとりは，教師である自分とはそれぞれ違う人生を送りながら，いま，我が子を育てる責任の一端をこの私に託そうとしている」。そう考えると自然に背筋が伸びる。新学期とは30何人かのクラスの子どもたちの目があなたに注がれるだけではない。お父さんもお姉ちゃんも，田舎のおばあちゃんも聞くだろう。「今度の先生はどんな先生？」

　教師は間違いなく「社会」とか「世の中」「世間」というフィールドのなかにいる。われわれは子どもを見つめなければならないが，子どもだけ見ていればいいのではない。

2　物言う親，物言わぬ親，どっちがありがたい？……

　答えは簡単である。物言う親こそありがたい。それが，母親の愚痴であっても，父親の抗議であっても，とにかく聞こえてくることはありがたい。ありがたいと思えない教師は伸びない。それ以前にそういう教師の人格は熟さない。

では親は教師や学校のどんなことに愚痴や不満を言うのだろうか。「詰め込み教育」への批判とか，逆に「ゆとり教育」への不満とか，そういうレベルの意見ももちろん聞こえてくるが，むしろ日常の学校生活の具体的な指導場面に対する批判や抗議の方が教師の力を鍛える。それは，そのまま教師や教師集団に何ができていないか，かなりその本質を問うているからである。事実，次のような苦情が学校長や教育委員会にはときおり飛び込んでくる。

① △△先生の言葉は冷たい。突き放すように言われる。
② △△先生の態度は冷たい。うちの子どものことを嫌っているのでは。
③ △△先生の言っていることはよくわからない。もっときちんと説明してほしい。
④ △△先生の言うことは，前と違っている。言ったことはしてほしい。
⑤ △△先生はそう言うが，別の先生の言うことは全然違う。
⑥ ことが起こると事情説明を何人もの先生に何度も繰り返し言わされる。
⑦ うちの子がいろんな先生に，追い討ちをかけられるように何度も責められる。

さらに，これらの事例はケースによりほぼ4分割できる。

A 子どもがそう感じて親に言い，親も子ども同様の感情になって言ってくる場合
B 子どもがそう感じて親に言うが，親は冷静に教師に情報を伝えてくれる場合
C 子どもはそこまで感じていないが，親が過剰反応して言ってくる場合
D 子どもはそこまで感じていないが少し気になる，と冷静に情報を伝えてくれる場合

悲しいかな，これらのことは教師が生徒に誠意をもって接している場合，あるいは学校側が全力で取り組んでいる場合であっても言われることがある。だからこそ難しい。では，どうすればいいのか。答えはやはりあなたの日常の信頼関係の積み重ねにある，といわざるをえない。

信頼関係をどう構築するかのヒントは後述するが，信頼の醸成度が高いとDが可能である。この場合は，学校長や教育委員会にまで苦情が入ってくることはない。もとよりDは大切なことである。神様でもあるまいし冷静な保護者からの子ども情報がまったく不必要な教師などいない。不安・不満に転化する前の「少し心配」の段階で伝えてもらえる情報ほど担任にとってありがたいものはない。そもそも信頼されていないとこれは伝えてもらえない。（ちなみに，D情報を聞かされたときに，親の心配の感情を真に受けずに聞き流したり，「考えすぎですよ，お母さん」と一蹴したりすることで，信頼を失う教師の例もまま見受けられる。）

　Dをこなせる担任は学級づくりにおいて保護者の協力を十分得ることができる。また，日常の信頼度が高ければ，もし①〜⑦のやや重いケースが偶発的に生じても，保護者の反応はBとなり決裂はしないものである。

　逆に信頼度が低ければ，Aが多発する。さらにCを誘発する。そのころには巷では，あのクラスはどうなっているのか，あの先生は大丈夫か，などの声が母親同士の携帯メールで行きかっている。やがて不信感の連鎖が保護者間に生じ，一気に大きな揉め事に発展する。そうなると学校と親，なにより子どもたちにとって不幸な事態となる。

　もちろん，親のクレームならなんでも無条件に正しく，すべてを受け入れるべきだ，などというつもりはない。保護者自身の考えが未熟，あるいは狭量である場合も少なからずある。それどころか家庭内不和の付けを学校に対する不満として発散しているようなケースさえある。ただ，そうである場合も，私たちは，その子の教育に一定の責任を負っているということからは逃れられない。愚痴の連鎖にはなりたくないものだ。保護者に対しいくら平行線であろうとも，根気強く理解を求め続けなければならないこともある。

　また，保護者自身が軽度の精神的な疾患を被っている場合も増えつつあるようだ。（自らを精神疾患であると称して抗議や苦情をいいにくる親もいる。）この場合，担任もひとりで抱え込まず，学校としてその保護者の周辺の方々との意思疎通を図る努力も不可欠である。教師は医者ではないが，医者の見地を学ぶ必要は

ある。また，そうした親の専属カウンセラーになる義務はないがカウンセリングマインドはやはり身につけておきたい。

3 保護者との信頼をどうつくる？……

　保護者との信頼の基本はどの教師にとっても授業である。先生の授業は「よくわかる」「楽しい」「やる気が出る」「成績が上がった」「授業でほめられた」こうした言葉を我が子から聞いて，その教師を信頼しない親はいない。信頼の基本は授業，なによりもこれが根本だが，ここでは別の観点から保護者との信頼関係構築のヒントを述べてみたい。

1) 親は自分にはない人生を送っている，このことを自覚しよう

　子どもたちの親にはそれぞれの人生がありキャリアがある。またそれぞれの毎日の仕事があり暮らしがある。当たり前のことだが，教師はややもするとそのことを忘れ，ひとまとめに「最近の親は……」などといいやすい。年間を通して親と話す機会は，子どもとの日常を思えば実はきわめて少ない。だからこそ，年度初めの学級懇談会，5月の家庭訪問，学期末の個人懇談会など，けっして軽視すべきではない。むしろ重要な舞台だと思うべきである。

　そのとき大事なことは，子どもたちのことを親にどう伝えたかとか，親からどう聞けたかとかただそれだけではない。大事なのはあなた自身が親にどう見えたかである。また，運動会や図工展・音楽会，文化祭や合唱コンクール……親は，子どもの姿や作品だけでなく，担任の先生の姿も追っている。さて，どう見えたかである。

　職員室は教師だらけであるが親はさまざまである。銀行マンが夫のお母さん，家業が八百屋のお父さん，自分でブティックをやっているお母さん，非番で懇談会にやってきた消防士のお父さん……さまざまな人生を送っている人たちが，自分の子どもの担任であるあなたを今見つめている。世の中のあちこちが，あなたを通して教師とか学校を見つめている。このことの自覚から保護者とのよい関係がスタートする。

もちろん，教師として親それぞれのプライベートな部分にいきなりずかずか踏み込めと言いたいのではない。教師が，親からの見え方を大事にしていると親も自然と胸襟を開くものである。そうでなければ肝心なときに，子どもの抱える悩みにすっと踏み込んでいけない。

2) 親に知らせよう
　行事予定などは別として親に知らせたいことには，自分の考えと，子どもたちの様子の2種類がある。
　自分の教育上の考えを論文のように滔々と述べ立てる必要はない。しかし，まず4月，「保護者の方々とともに」このクラスの子どもたちを育てていきたい，ということは公言してもよいだろう。当たり前のことでも，節目の機会にくどくならずにきちんと言うことは大切だ。また「自分の子どもの成長のためにもクラスの子どもたちすべての成長を応援してください」と依頼しよう。子育てや教育の仕組みはどの子もよく育つためにある，ことを伝え，我が子の成長のためにも多くの親にクラスの応援団になってもらおう。
　2学期に20人の親が参加した定例の学級懇談会が開かれたとしよう。20人の子どもの近頃がんばったことやいいところをその場でメモもなくさらりと言えなければとても担任とはいえない。笑顔で子どもたち一人ひとりの頑張りどころを語る教師は，その子の親をうきうきさせ，他の親も気持ちよくさせる。これは，ただ順番にほめただけなのではなく，あなたの温かい目線と多彩な子どもの見方を20人すべての親に披露したことになるのである。「先生はよく見ている，一人ひとりの子どもをよく知っている。そしてどの子もかわいがっている」，そう思ってもらえずには信頼は生まれない。学級懇談会はそのための貴重な機会なのである。
　また，学級通信は，保護者との信頼をつくるきわめて有効な手段である。学級通信は仕事をもつ母親や日ごろ学校に足を向けようとしない父親にも目を通してもらえる重要なメディアである。子どもが学校に通っている間の，保護者の愛読紙ナンバー1は実は学級通信かもしれない。ただし，親から見ると学校

からのお知らせ文書はたいへん多い。そのなかで，学級通信はクラスの子どもたちの姿がビビッドに伝わり，担任の愛情がひしひしと伝わる一味違うものでありたい。もちろん，児童・生徒の規模などにより学年だよりなどがそのような役割を果たすならそれもよい。

　ただし，何クラスもある学年で，あるクラスの通信だけにやたら早くから行事の予定や持ち物などが載ると，そのクラスはよいが知るチャンスのない他クラスの親からおおいに不満が出る。学年全体で知らせるべきこととの区別はつけておきたい。こういうことにも目配りが利くようにならないと，教師個々の信頼度が親同士の話題になるだけで学校としての信頼にはつながらない。むしろ，マイナスに出たりする。ひとりの教師のためだけの学校ではない。

3) 安心感がキーワード，そのために子どもを好きになろう

　卒業式の日，出会った保護者が担任に礼を言う。「先生，ずっと安心して見ていられました」。こう言われるとなによりもほっとする。大きな一仕事をし終えて安堵する瞬間だ。

　ただし，ここで言う「安心」とは，友だちとのもめ事はなにもなく，授業はすべてよくわかり，子どもが不満に思う校則もなく，すりむいての小さなけがさえない，といった完璧かつ無菌の状態をさすのではない。いろいろなことは学校生活のなかで起こる。しかし，そのときに見つめてくれる「先生のまなざし」と，かけてくれる「先生のひと声」，寄り添ったりリードしたりのさりげない「先生のささえ」が安心の太い幹となるのである。

　親は自分の子がかわいい。ならばあなたもクラスの子どもを大好きになればよい。我が子を好いていてくれる先生だから親は信頼をおくのである。30何人もいれば自分とうまの合わない子どももいるなどと教師は夢にも思ってはならない。そんな了見ではしょせん，うまの合う子にも愛想をつかされる。リーダーの子，やんちゃな子，こんな子は目立つし教師にとっても忘れられないけど普通の子は……とも思ってはならない。「普通の子」というひとくくりなどけっしてできない。どんな子も一人ひとりの名前をもった子どもである。どん

な子にも自分自身がうずうずしている。この観点をきちんともった担任に育てられた子どもたちは仲良くなる。みんなが担任から認められているからだ。みんなが認められていることをお互いわかっているからだ。威張る必要もいじける必要もこのクラスでは無用になるからだ。楽しかった今日のクラスの話を子どもは家でする。親は子どもの話に心を和ませ、安心貯金をひとつ蓄えて明日を迎えてくれる。こうして仲のよいクラスの親はまとめて先生を信頼してくれるのである。

　我が子も含めたくさんの子が先生を慕っているし頼っている。「先生、いいですね、たくさんの子どもたちに囲まれて……」。そう思われる教師をめざしたいものだ。

　21世紀を迎えて、いま学校現場では、親が子どもを大事にしない、かわいがらない、さらには虐げる、といった事例を目の当たりにすることが増えてきた。このような事態に直面するのはつらいことだが、教師はこうした親の姿から世間や社会のあり様を肌で感じ取らなければ、いま学校に必要なことなど見えてこない。

　激励であれ批判であれ、学校に目を向けてくれる親だけの信頼を得ればよいのではない。学校は社会の公器である。

第2章　学校づくりと地域社会

齋木　俊城（第1節）
笹田　茂樹（第2節）
福井　雅英（第3節）
湯田　拓史（第4節）
安田　和仁（第5節）

第1節　校務分掌

1　校務と校務分掌

　校務分掌は校務を分担して行う仕組みのことを意味する。校務については，次の2つの考え方がある。
　第1に，「学校教育法」第28条3項の「校長は，校務をつかさどり，所属職員を監督する」考え方を重視する教育委員会等の解釈（行政解釈）である。ここでは，校務は「学校における仕事のすべて」と考え，次の6つに分類される。①学校教育の運営に関する事務，②学校教育の内容に関する事務，③教職員の人事管理に関する事務，④児童・生徒の管理に関する事務，⑤児童・生徒・職員の保健安全に関する事務，⑥施設・設備・教具の保全管理に関する事務。これらを分担したとしても，それは校長の職務を補助分担しているものであり，校務の権限と責任は校長にあると考える。
　第2に，学校教育法第28条6項の「教諭は，児童の教育をつかさどる」教師の教育権を重視する教育条理解釈である。ここでは，校務は「全校的な教育活動を含めて各学校の自治的運営事項であり，各教師の教育活動は含まない」と考える。

校務分掌について法令上どのような形での規定があるだろうか。学校教育法には「校務分掌」という言葉は出てこない。省令である「学校教育法施行規則」第22条の2によれば「調和のとれた学校運営が行われるためにふさわしい校務分掌の仕組みを整える」ことを各学校に求めている。これはいわゆる「主任制」導入にともない施行規則が改正（1970年）された際に付け加えられている。さらに、文部事務次官通達（1971年）で「『校務分掌の仕組みを整える』とは、学校において全教職員の校務を分担する組織を有機的に編成し、その組織が有効に作用するよう整備すること」と補足している。「地方教育行政の組織及び運営に関する法律」第33条1項に基づき制定されている各教育委員会の管理運営規則によって校務分掌についての規定があることが多い。

教育現場では、この法令が制定される以前より、校務分掌は存在していたが、校務の解釈については曖昧であった。教職員組合と文部省（現文部科学省）・教育委員会との対立が激しくなるなかで校務についての解釈も対立するようになった。このように校務の解釈については複数の考え方がある。

2　主　任

校務分掌組織の中心的役割を果たすのは主任である。学校教育法施行規則では、主任を「校長の監督を受け」該当の事項について「連絡調整及び指導、助言に当たる」と位置づけている。主任は、校長・教頭という職制ではなく、教諭・養護教諭・事務職員をもって充てる職になっている[1]。学校教育法施行規則では主任あるいは主事等と表記されているが、各教育委員会の管理運営規則により、別に呼称を定めている場合もある。施行規則では、表2.2.1のように、小学校、中学校、高等学校、盲・聾・養護学校における主任について示している。その他の校務を分担する主任については、都道府県・市町村教育委員会が定める場合と各学校の必要に応じ学校独自の判断で置かれる場合とがある。

「東京都立学校の管理運営に関する規則」、各区市町村教育委員会が定める規則により置くと定めているその他の校務を分担する主任として、次のものがある。小学校で「生活指導、研究」の2項目がある。中学校・高等学校では、施

表 2.2.1　教諭・養護教諭をもって充てる主任等

	小学校	中学校	高等学校	盲聾養護
教務主任	○	○	○	○
学年主任	○	○	○	○
保健主事	○	○	○	○
生徒指導主事		○	○	○
進路指導主事		○	○	○
学科主任			○*	
農場長			○**	
寮務主任				○
舎監				○
その他の主任	△	△	△	△

○印は，教諭を充てる主任・主事で，特別の事情がないかぎり置かなければいけない。

△印は，各学校の必要に応じ，校務を分担する主任としておくことができる。

中等教育学校の前期課程は中学校，後期課程は高等学校の規定を準用する。

＊2つ以上の学科がある場合に置く必要がある。
＊＊農業学科の場合に置くものとする。

行規則で定める項目以外に新たなものは定められていないが，「生徒指導」が「生活指導」と表現されている。「兵庫県立高等学校の管理運営に関する規則」では，「総務部長」と「図書部長」の2項目が定められている。それに加えて「主任」「主事」ではなく，「部長」という呼称が用いられている。

このように，校務分掌組織の中心的役割を果たす主任は，学校教育法施行規則に定められているが，学校を設置する教育委員会，あるいは学校種別によりさまざまな運用形態がある。

3　校務分掌の具体例

実際の教育現場では校務分掌はどのような組織になっているか紹介する。ここでは，A高校（公立普通科高校）を例にあげる（表2.2.2参照）。

1970年度は，総務部，教務部，指導部，教養部，管理厚生部，図書館，各学年の9項目体制であった。1975年度は，同じく9項目体制である。この期間に1974年6月に学校教育法の一部が改正され，学校における独立の職として教頭が位置づけられた。A高校でも，1970年度に教頭は総務部長を兼任し

ていたが，1975年度は教頭職として独立している。次に，A高校では1977年度に校務分掌に変化が生じる。これは，1975年に学校教育法施行規則の一部改正が公布されたことに起因している。全国的に主任制導入が始まり，施行規則の基準で主任がおかれるようになったためである。A高校では，総務部，教務部，生徒指導部，進路指導部，保健部，図書部，管理部，各学年の10項目体制に移行している。従来と同じ名称を継続しているのは，総務部，教務部，各学年で，それ以外は分掌の整理が行われた。次の変化は1995年度に視聴覚・情報部が新設されたことである。コンピュータの教育現場への普及にともない，1991年度に情報教育委員会として設置されていたものが，部として校務分掌上に位置づけられた。次の変化は2001年度に生じる。1972年度に10項目体制に移行し，これを基礎として各種委員会を設置し，そのなかから部に

表 2.2.2　A高校の校務分掌の変遷（学校要覧より作成）

1975年度		1977年度		1995年度		2001年度		2005年度	
総務部	総務課 渉外課 保健課	総務部	総務課 渉外課	総務部	総務課 渉外課	総務部	総務課 渉外課	総務部	総務課 渉外課
教務部	教務課 研修課	教務部	教務課 研修課	教務部	教務課 研修課	教務部	教務課 教育課程課	教務部	教務課 教育課程課 研修課
指導部	生徒指導課 進路指導課	生徒 指導部	生徒指導課 文化課 スポーツ課 教育相談室	生徒 指導部	生徒指導課 文化課 スポーツ課 教育相談室	生徒指導部	生徒指導課 自治会課	生徒 指導部	生徒指導課 自治会課
教養部	文化課 スポーツ課	進路指導部	進路指導課	進路指導部	進路指導課	進路指導部	進路指導課	進路指導部	進路指導課
管理厚	清美課 厚生課	保健部	保健課 清美課	保健部	保健課 清美課	管理保健部	保健課 教育相談課 管理課	管理・保健部	保健課 教育相談課 管理課
図書部	図書課 視聴覚課	図書部	図書課 視聴覚課	図書部	図書課	情報・図書部	情報課 図書課	情報・図書部	情報課 図書課
		管理部	管理課	管理部	管理課			総合理学コース	
				視聴覚 情報部	視聴覚課 情報課				
1年生		1年生		1年生		1年生		1年生	
2年生		2年生		2年生		2年生		2年生	
3年生		3年生		3年生		3年生		3年生	
生徒数	1371名	生徒数	1359名	生徒数	1076名	生徒数	1038名	生徒数	964名
教員数	61名	教員数	60名	教員数	58名	教員数	57名	教員数	55

昇格させる方向で校務分掌が拡大していたが，2001年度には各分掌の統合・整理が行われている。総務部，教務部，生徒指導部，進路指導部，各学年は従来の名称を引き継ぎ，新たに管理・保健部，図書・情報部が新設され，11項目体制から9項目体制に移行した。また2001年度に設置された新コース・学科検討委員会が2002年度には新コース部，さらに2003年度には総合理学コース部に改組され，10項目体制に戻っている。

　このようにA高校では，学校教育法施行規則，教育委員会の管理運営規則によりながら，時代状況，学校のめざす方向を考慮し，校務分掌組織を変化させている。A高校は比較的規模の大きい高校であるが，規模の非常に小さい定時制高校でもほぼ同じ校務分掌を置いているのが現状である。

4　校務分掌に関する留意事項

　現在の校務分掌の基本組織は，学校教育法施行規則や各教育委員会の管理運営規則に定める主任を中心に構成されている。そのため，規模の大小や地域差にかかわりなく，役割が固定されてしまう。小規模校の場合，1人で何役もこなさなければならない現状がある。これは前述のように法令に規制されるからだけではなく，教育活動は学校規模の大小にかかわらず，その質・量は同等であるからである。小さな小学校でも大きな小学校でも，「感動する卒業式」は1年に1回あるし，「ピカピカの新入生を迎える入学式」も1年に1回ある。

　公立学校では教員定数が法令で定められており，限られた人員で校務分掌を分担する。実際の各分掌の仕事量には差が生じており，あるいは時期による仕事量の差も発生している。学校によっては特定の教員に仕事が集中しているという現実がある。協力して分担するはずが，特定教員へ集中するという現実は，見逃すことはできない。

　学校という組織が存在する以上，その組織を効率的に働かせる必要がある。教育活動に，数値的効率目標は設定しにくいが，組織としてより良い方向に向かう必要はある。そのためにも校務分掌は，常に点検されなければならないし，児童・生徒の学習活動を最大限に尊重・支援していくものでなければならない。

教職員組合と管理職の対立は以前ほど激しくないが、職員全体が納得する校務分掌の編成が必要である。各学校により事情が異なり、一律に最善の編成方法を提示することは困難であるが、児童・生徒の発達を支援するため、公正・公平の観点から編成され、それぞれの分掌に責任をともなう権限が委譲され、各教員の創意工夫が発揮できるものでなければならない。

第2節　教員評価

近年、ニュー・パブリック・マネジメント (new public management)[2]的な行政改革が進み、教育分野でも教育活動の成果を検証する目的で学校評価や教員評価が盛んになってきた。しかし、「子どもの学び」という特殊性を包含する教育の分野で、企業の論理に基づく効率優先の制度改革を実施する際には細心の注意が必要であり、東京都で2000年度から始まった教員の人事考課制度[3]などは良好に運営されているとは言いがたい[4]。また、マニュアル化された評価シートを用いて個々の学校の実態を無視した学校評価や教員評価が実施されているケースも多く、実効性をともなっているとはいえない状況がある。

しかし、「指導力不足教員」問題[5]など、従来見えにくかった学校組織や教育課程・教育内容に対して一般市民が関心を抱くようになり、その開示を求めて学校評価や教員評価を支持している動向もある。こうした市民の関心に対して、学校や教員側がこれまで十分に応えてこなかったということも事実である。

本節では上記のことを踏まえて、実効性があり、しかも社会的支持が得られる教員評価とはどのようなものかを考えていきたい。

1　教員評価の理論

1) 教員評価の目的

教員評価とは授業の評価のみならず、授業の持ち時間数や授業外での進路指導・生活指導など教員の教育活動全般を対象とし、さらに管理・運営面で果たすべき役割に対する評価などを加味した、教員に対する総合的な評価である。

教員評価の主な目的は，第1に教員の力量形成，第2に教員の勤務評定が考えられるが，その中心となるべきものは前者で，評価結果に対し個々の教員が省察することにより授業改善など自己の力量形成に結びつけなければならない。この理論的背景となるのがブルーム（Bloom, B.S.）の「形成的評価」(formative evaluation) の考え方で，これは教育活動の途上で「その活動をもっとも効果的なものとするよう活動自体の軌道修正をするために」行う評価[6]とされる。「形成的評価」は個々の教員の力量形成にとどまらず，組織的な研修等により学校全体の教授能力向上やカリキュラム改善に結びつく可能性を秘めている。

　第2の目的の勤務評定とは教員の勤務状況を管理職が評価することで，東京都で始まった教員の人事考課制度などと深く関係しており，これについては後述する。

2) 教員評価の方法

　教員評価の方法としては，①教員自身による自己評価，②同僚教員による評価，③上司（校長・教頭などの管理職）による評価，④生徒による評価，⑤その他の評価者による評価，の5通りの手法が考えられる。

　②の同僚による評価は「ピア・レビュー」(peer review) と呼ばれ，同僚による授業観察や観察後の討議によって被評価者である教員自身の省察を促すものである。同じ職場に勤務する同僚は専門的な知識をもっていると同時に，その職場の実情に基づいた評価が行えるので，彼らからのアドバイスは非常に効果的であることをアメリカにおける評価研究は実証している[7]。③の上司は同じ職場に勤務する広い意味での「同僚」という解釈もできるが，とくに勤務評定的な評価を実施する場合，被評価者との関係は権力的なものとなり，評価者（上司）によるバイアス（公正な判断を妨げる特定の傾向）や被評価者の評価者に対する不信感などを生み出しやすいため，評価時には細やかな配慮が必要となる。

　④については「生徒による授業評価」がよく知られており，授業を受ける主体である生徒からの意見は，授業の改善や教員の力量形成にとって有益なデータを提供してくれる。後述する長野県辰野高等学校における事例は，この評価

をベースとしたものである。

　⑤の「その他の評価者による評価」としては，保護者・地域住民・第三者的な評価機関などによる評価が考えられる。保護者や地域住民をステイクホルダー（stakeholder, 利害関係者）としてとらえ，評価活動に主体的に参画させるべきであるという意見も徐々に高まってきている。「第三者的な評価機関」としては海外の事例であるが，ニュージーランドで教育調査事務所（Education Review Office, 学校評価のための外部調査機関）が実施している学校評価活動[8]の一環としての授業観察などがある。

　以上のようにさまざまな教員評価の方法があるが，もっとも重要なのは①の教員自身による自己評価である。②〜⑤の評価方法でデータを蓄積しても，評価される教員側がそれらを反省材料として自らを省察し，力量をつけようという意欲がなければまったく意味をなさない。

2　教員評価の実際

1) アメリカ・イギリスの動向

　アメリカでは1980年代に生徒の学力低下が深刻な問題となり，教員の資質を向上させるためにメリットペイ（merit pay, 業績給）やキャリアラダー（career ladder, 格差昇進制）などの人事考課的な教員評価が各州で導入された。メリットペイは業績評価によって給与や手当を決定する方法，キャリアラダーは経験年数・学位・業績評価などを組み合わせて昇給・昇進を決める方法で，後者の方が継続的で教員集団を階層化する傾向が強い。だが，これらの制度は，教員の関心が報酬に向けられて教育実践の改善意欲に結びつかなかったことや，制度への不信感，財源不足などの理由で，1990年代に入って廃止されていった[9]。

　イギリスでも学力低下や教員の社会的地位の低さが問題となり，1979年に成立したサッチャー政権によって教育改革が実施された。教員評価に関しては，アカウンタビリティーを求める市民の声を背景に1986年教育法が制定され，教員の勤務評定についての規定がつくられた。この勤務評定は当初，評価と給与を連動させることを目的としていたが，労使調停機関の勧告などにより教員

の職能成長を主な目的とするものとなった[10]。また、現在のブレア政権による教育改革の一環として、業績審査により上級給与表へ移行する「関門審査」と呼ばれる教員の昇給制度が2000年度に始まった。初年度には、約50万人いる教員のうち約20万人が申請し、その97%に上級給与表への移行が認められた。しかし、この制度に関するアンケート調査では、「教員を分断する制度である」などの反対意見が多く、業績評価と給与を結びつけることに対して教員の抵抗感は依然として根強い[11]。

2) 東京都の教員人事考課制度

東京都では2000年度から、全国に先駆けて教員の人事考課制度がスタートした。この制度は年度当初に校長が示す学校経営方針に基づき、各教員が自己の目標を設定して職務に取り組み、年度末に自己評価を行うことで職務遂行能力の開発・向上をめざすものとされている。管理職は授業観察や教員との面接により教員の業績評価を行い、その目標達成度を年度末に5段階で評定し、給与や昇任等に反映させることになっている。

この人事考課制度に関して、浦野東洋一が2001年12月から翌年1月にかけて実施したアンケート調査では、「人事考課制度によって、教員のもっとがんばろうという意欲が高まっている」と肯定的に答えた教員がわずか8.9%だったのに対して、否定的に回答した教員は74.8%という結果が出ており[12]、この制度が教員の勤労意欲を高めていないことがわかる。また、同制度では2005年度から評価の低い一部の教員に対して評価結果の開示を始めたが[13]、いまだに大半の教員が評価結果について管理職と話し合う機会を与えられておらず、制度目的であるはずの教員の資質向上に結びつく機会は限定されている。

3) 長野県辰野高等学校における評価活動

長野県辰野高等学校では、1997年12月に生徒・教職員・PTAの三者の協力による学校づくりの推進組織として三者協議会が発足し、学校経営に生徒やPTAの意見が反映される仕組みができあがった[14]。こうしたなか、生徒会が

1998年度に「授業についてのアンケート調査」を実施し，その結果を要望書にまとめて1999年1月の三者協議会に提出した。これを受けて教員・生徒双方で話し合いがもたれ，一方的な講義形式の授業をあらためて生徒参加型の授業をめざしていく方向性などが教員側から，「私語をなくす」など「授業に対する各クラスの目標」が生徒側から，それぞれの回答書としてその後の三者協議会に提出され，より良い授業を協力して創っていく方針が協議会で確認された。

　この辰野高等学校の事例で注目されるのは，生徒が主体となってはじめた教員評価の一手段である授業評価が，三者協議会という場を通して学校全体の教育活動の改善に結びつけられていった点にある。協議会というPTAも含めた話し合いの場で，活発に意見交換することによって教員と生徒がお互いに自らの改善点を自覚し，共同で授業を創造しようとする姿勢ができ上がっていった意義は大きい(15)。

　以上，検討してきたように教員評価にはさまざまな形態がある。そのなかでも，アメリカ・イギリスの事例や東京都の教員人事考課制度で見たように，評価結果を給与や昇任に反映させる場合は困難な問題をともなう。教育の成果は数値化できるものが少なく，客観的な業績評価を下すことは相当に難しい。そのため，制度に対する不信感などから教員の勤労意欲を減退させ，本来の目的である教員の力量形成や教育活動の改善に結びつく可能性は低い。また，個々の教員に対する人事考課は教員の関心を昇給や昇進に向かわせ，学校全体の教育力を向上させる基盤となるはずの教員間の同僚性・協働性を崩していく。

　教員評価など学校での教育活動に関する評価を成功に導くための条件は，辰野高等学校の事例で見たように，評価者と被評価者の間で民主的に意見を交わせる関係を構築することにある。その関係構築は短期間にできるものではなく，日頃の地道な関係改善のための努力を続けることが良好なコミュニケーションを保つために必要不可欠となろう。こうした関係が成立していれば評価制度への共通理解を深めることが容易となり，さらに教育活動を改善していくための作業も学校全体でスムーズに進めることが可能となる。

また，生徒・保護者など多くの人を巻き込んで評価活動を展開すれば，そのこと自体が説明責任を果たすことにつながる。この点でも，辰野高等学校の事例は示唆的である。

注（第 2 節）

(1) 東京都では 2003 年度より，主任とは異なる主幹職を設置している。これは「担当する校務に関する事項について，教頭を補佐するとともに，教諭等を指導・監督する」職である。教頭とも教諭とも異なる給料表を設定し，教務主任等を兼任する新たな校務分掌の中核として設置された。
(2) これは，民間の経営戦略を導入して組織の効率化を図る行政改革の手法で，行政組織の簡素化や市場原理の導入，政策評価と納税者への説明責任などを特色とする。
(3) 本節における「人事考課」とは，「個々の能力や勤務成績を判定し，給与査定や人事決定の資料とすること」と定義している。
(4) 笹田茂樹「東京都教員人事考課制度に関する一考察」関西教育行政学会編『教育行財政研究』第 32 号，2005 年 3 月，25 〜 34 頁。
(5) 土屋基規は「教育分野の評価は何を評価するのか」（『教育』第 717 号，国土社，2005 年 10 月，12 〜 18 頁）で，「指導力不足教員」認定と教員評価の関係を論じている。
(6) 梶田叡一『教育評価〔第 2 版〕』有斐閣，1992 年，2 〜 3 頁。
(7) キーグ（Kieg, L.）／ワガナー（Waggoner, M.D.）著，高橋靖直訳『大学教員「教員評価」ハンドブック』玉川大学出版部，2003 年，30 〜 34 頁。
(8) この評価に関しては，福本みちよ「ニュージーランドの学校評価」（窪田眞二・木岡一明編『学校評価の仕組みをどう創るか』学陽書房，2004 年，11 〜 27 頁）に詳しい。
(9) 中田康彦「諸外国の教師評価にどんな特徴を見るか」教育科学研究会編『教育』第 643 号，国土社，1999 年 9 月，23 〜 25 頁。
(10) 浦野東洋一『教育法と教育行政』エイデル研究所，1993 年，223 〜 269 頁。
(11) 勝野正章「イギリスの教師は業績評価をどう受けとめているか」教育科学研究会編『教育』678 号，国土社，2002 年 7 月，34 〜 36 頁。
(12) 浦野東洋一「『開かれた学校づくり』等についてのアンケート調査結果から」『月刊高校教育』2002 年 9 月号，学事出版，46 頁。
(13) 2005 年度から，教頭による 1 次評価，校長による 2 次評価ともに「C」（5 段階の下から 2 番目）以下の教員に対し，校長が前年度の評価結果を伝えることになった。
(14) 宮下与兵衛「辰野高校の三者協議会とフォーラム」教育科学研究会編『教育』638 号，国土社，1999 年 4 月，63 〜 64 頁。
(15) 笹田茂樹「学校評価活動における公共性の実現」日本教師教育学会編『日本教師教育学会年報』第 14 号，学事出版，2005 年 9 月，74 〜 80 頁。

第3節　地域の教育要求と学校

　今日の教育困難のなかで，精神・神経上の苦しさを抱えた教師の悩みの核心のひとつは「子どもが何を考えているかわからない」という言葉で表現される。授業の工夫はしているつもりだが子どもの生き生きした反応をつくり出せないというような悩みも吐露される。人事考課による上からの管理と，保護者・社会からの厳しいまなざしなど，教師受難の時代の教師の希望を「地域」という概念と結びつけて考察するというのが本節の目的である。

　地域とは何か。もともと地域という概念は曖昧で，中央に対する地方という程度の意味内容から，町内会，市町村，府県レベルの自治体，さらには東アジア地域などという大きな範囲を示す際にも使用されるものである。多国籍企業の活動が広がるなか，上に例示したさまざまな地域はそれぞれ重層的につながっていることもいっそう見えやすくなっている。本節では日常的な生活の場としての地域というものを想定して考察していきたい。特定の自然・歴史・文化・人間関係を含んだ総体としての生活の場—そこに住む人間にとっては，生まれ，育ち，学び，働き，楽しみ，暮らし，死んでいく，人生の舞台。ところが，今日ではこうした「生活の場としての地域」が「資本の活動の場としての地域」として収奪の対象とされる事態になっている。このようななかで子どもの暮らしもまた矛盾に満ちたものにならざるをえないのであり，地域社会の課題と学習課題を結び付けていくには，科学は生活と地域のなかから世界と地球につながっているという認識が必要なのである。

1　歴史的経験としてのカリキュラム改造運動

　地域と結びつけて教師が教育の希望を語りえた時代，それはなんといっても終戦直後の改革期であった。戦前の日本では，教育の目的は「皇国民の錬成」[1]に収斂され，教材の体系は文部省において決定され，国定教科書によって示され，学科課程も国の統制のもとにおかれた。教師は創造的な実践の主体にはな

りえなかった。敗戦によって，国家が教育編成の主体の座をひとまず明け渡し，教育の目的と編成の原理において「皇国民の錬成」が否定された。統制と画一主義の教育への批判は高まり，地域から教育を編成していこうとする動きが起こった。新憲法の保障する地方自治の精神に従い，公選制の教育委員会も発足していく。そこには，何のために，何をどう教えるかという問いをもつ自由とそれを実践の場で追求する自由を得て，カリキュラム創造と教育実践の主体になろうとする教師たちの熱意ある模索があった。いわゆるカリキュラム改造運動と呼ばれるものである。

戦後のカリキュラム改造運動の興隆は，コア・カリキュラム連盟の結成（1948年10月30日）をひとつのピークと見ることができるが，この時期前後に多くの学校でカリキュラムの改造や学習指導法の改善が取り組まれた[2]。本節では戦後のカリキュラム改造運動のひとつの到達点を示す「本郷地域教育計画」（以下，本郷計画）を手がかりに，その教育編成の原理および実践を担った教師の位置と力量形成に着目し，教師と地域の関係について考察する。

2　本郷地域教育計画をてがかりに

本郷計画とは，若い教育研究者大田堯の指導のもと，1947年6月から1952年頃までの間，広島県中南部の農村地域である旧本郷町を中心に展開された地域教育計画をさす。

本郷計画は，「地域社会の課題に基く子供の生活の再編成」[3]を学校編成の基本原理とする地域教育計画を提起したものである。指導者大田の反封建と近代精神の実現を求める立場がきわめて明確であったこと，「近代的人間類型の形成に必要な教育方式」[4]を地域から「民衆参加」で進めようとした点，さらに，教育による地域改造を構想したことなどで，他のカリキュラム改造運動との違いは顕著だった。本郷計画において地域は教育編成の母体と考えられ，地域における「民衆の組織化」が進められた。教師たちはその住民の組織＝教育懇話会に参加し，社会実態調査や児童実態調査をもとにした議論のなかから教育編成を考え，大田の日常的な指導を得ながら学習指導案作成を中心軸とする

研究と実践を展開した。それは、教育編成原理の転換と編成主体の形成が本格的に追求された歴史的な経験だったといえる。本郷計画のみならず戦後改革期の地域教育計画とは、地域住民の協力を得て学校をとりまく地域の実態調査を行い、それを踏まえた住民・教師の論議をへて、当該地域の教育計画を策定し、学校の教育内容を構想・編成することが中心的な位置を占めていた。

大田は「社会の課題は子供の興味や衝動に方向性を与えるものであるが、それは子供の興味や衝動の無視の上には決して成立しない。(中略)だから地域の中の子供の生活の実態を読みとることは学校編成の中心である単元編成に極めて重大な手続き」(5)だとした。

3　学校教育の目的・内容と地域

本郷計画では、学校教育が本来の目的を果たすためには、学校の目的がその地域社会の生活の課題と直結されなければならないと考えられた。地域社会の課題はその地域社会の学校を含めた教育のあり方を全面的に規定するというのである。それゆえ、基本的な仕事は、「課題の組織的把握」(6)であるとされ、「課題」という言葉は「社会の要求」を意味すると考えられた。そして「課題を、自ら実践し解決につとめることは、それ自身社会的に洗練された無駄のない生活活動であり、すなわち教育なのである」(7)と位置づけられていた。この「課題の把握」のために教育計画の対象となっている地域の生活のすべてにわたって実態調査が行われ、人口構成、生産構成、生活程度、文化程度、教育と卒業後の進路から衛生調査まで、詳細な調査が学校を通して進められ、調査結果はこの集計の結果と関係機関への問い合わせ、住民の協力、地域居住の教師の観察などを総合してまとめられた。それをもとに一層詳細な調査を進めたのは6つの部会を持った教育懇話会であった。大田はこのようにして把握した地域社会の直面している生活の課題が、学科構成のユニットとならなければならないと主張した。大田はこのような構想を戦後最初の論文「地域社会における学校教育計画」(8)において発表していた。大田は、地域社会の「生活構成をなしている基本的要素たる課題は、学校の教科が、国語、社会、理科、美術と分

れ出る以前において，まず前提として考えられていなければならない」(107頁)と述べた。「地域社会の中の子供の生活は，単に興味や自発活動としての心理学的生活だけでなく，その地域社会の課題の中にある生活である」から，「子供の興味や自発活動がいかなる社会的価値の方向に実現せられるかは，地域社会のもつ課題によって決定」(108頁)されるのだと論じた。「教育が単に内からの生長と理解すべきでなく，なんらかの社会的価値の実現を企図するものである限り，地域社会における学科構成は，その地域社会の今日の課題をユニットとして編成することとならなければならない」(108頁)というのである。このように構成された教育内容は，どのような教育方法と結びつかねばならないか。その基本原則は「地域社会の課題解決に子供が直接参加するが如き雰囲気の中で学習が行われること」(109頁)であるとされた。

　本郷計画は「何のために，何を，どう教えるか」という問いを統一するひとつの道を示した。社会の課題の解決という目標をかかげ，地域社会のもっている生活課題から，その地域の子どもたちのためにカリキュラムを構成したのであり，本郷計画に参加した教師たちにとっては，「『地域』と『子ども』を内容的・方法的原理の主軸としつつ，基本的には教師と学校の創意と主体性において教育内容・教材が編成されるという近代教育の原則」[9]を実践的に模索した経験となったのである。

4　子ども理解と地域

　すでに触れたように，大田は「地域の中の子供の生活の実態を読みとることは学校編成の中心である単元編成に極めて重大な手続きである」[10]としていた。しかし，ここで問題にされたのは「子供の生活の実態」であって，生活のなかの子どもそのものの実態ではなかった。こうした大田に無着成恭の『山びこ学校』[11]は強い衝撃を与えた。そこには，家族，家庭，地域社会，日本の現実社会の問題を，なまなましい子どもの内面を通して提起し，子どもの共同自治を組織してその解決に挑み，子ども自身を生活変革の主体に育てている実践があった。指導者無着は，本郷計画において大田が「地域社会の問題解決の

ための教育編成」として追求してきたことを，綴方と社会科を結合する実践によって，貧しい農村の中学生が直面している生活上の切実な課題を共同で解決していく姿を通して濃密に描いていた。このような生活綴方の実践と出会った大田は，1952年に本郷計画の実践を反省して，「子どもの切実な悩みのとりくみから，地域との結びつきに発展しなかったということである。子どもの悩みにとりくんだ教師のじみな実践が，地域の父兄や大衆に情緒的に深くくいこんでいくことをまず行うことが必要だった」(12)と述べた。期待された「教師のじみな実践」とは何か。それは，「子どもの切実な悩み」，すなわち，一般的な発達段階論では把握しきれない特定の子どもの問題を深くとらえ，それと応答しながら実践を創るということであろう。教師ならば無意識にでもやっている日常の教育の事実である。しかし，これが，地域の人々に深くくいこんでいくためには，子どもの悩みを発達要求として理解し，そこから社会の課題をとらえ返して，子どもの示す具体的な事実で父母や地域住民と語れなければならない。これは教師の専門的力量の内実をなす問題であり，実践主体としての教師の力量形成と結んで考えることが必要な課題であった。

5　教師の専門性と地域

本郷計画に参加した教師が住民とともに地域社会の生活課題を把握しようと活動し，そのなかで社会認識を形成することの意味とそこで得た認識の質は重要である。こうした活動への参加によって，教育が地域社会の住民の願いや要求から編成されることを身をもってつかむことは，中央集権体制の統制された教育のもとで，国家に規定された内容の伝達という長い慣習を克服する効果的な努力だったと考えられる。それは同時に，子どもの悩みをつかむという，教師の創造的実践の基底的な部分を形成する仕事であったといえよう。大田も，「調査に参加した教師が自らの地域への科学的な操作を通して獲得した新しい教師の教養も見逃すことは出来ない」(13)と指摘していた。本郷計画では戦前教育への批判と結んで，地域社会の生活からの教育編成という主張が理論と実践のなかで追求された。参加した教師たちの意欲は，何のために，何を，どう

教えるかを自ら考え探究する，教師の自律性と専門性を高めることに向かうものであった。社会の課題から考えた教材編成を子どもの内面の課題と結びつけるという方向で実践を展開し，子どもと教材の統一，子どもと科学・文化・社会との出会いを組織しようとしたのである。そこでは教師の専門性と教師・教育の自律性は相互に支え合うものであり，地域における教育の自律的な計画と実践のなかで教師の主体性が引き出されることが重要であった。教師の主体性は，子どもと日々直面している教師の，子ども理解の深度と結び合う問題である。

大田は本郷計画についての反省のなかで「伝統からの断絶，現実からの遊離」を問題にしたが，本郷小学校の教師が教育実践の主体として成長し，生活綴方という日本の教育遺産の伝統から学び，くらしの中において子どもをみるようになるうえで，本郷計画がその重要な結節点となったことは間違いない。子どもの生きる現実の社会と子ども自身の内面の問題をつなぎ，それをさらに科学と結合するという実践の探究の道筋は，本郷のみならず，日本における公教育の未完の原則を深く追究するうえでも今日に通じる普遍性をもっていた。それは，筆者流にいえば，「生活と科学を特定のその子において統一する」ということであり，子どものくらしを深く見つめてその子を理解し，科学や文化と結んでその子の世界を拓くことである。その際の結節点が地域を考えるということになるだろう。

注（第3節）
(1) 大政翼賛会「国民錬成基本要綱」1942年9月8日。
(2) 中央教育研究所編『日本カリキュラムの検討』明治図書，1950年，60～67頁。
(3) 大田堯『地域教育計画』福村書店，1949年，97頁。
(4) 同前書，6頁。
(5) 同前書，75～76頁。
(6) 大田「地域教育計画における課題の把握」(1948年1月) 大田『地域社会と教育』金子書房，1949年，128頁。
(7) 同前論文，127～128頁。
(8) 同前論文。以下，本文中に頁数のみ示したものは同論文中からの引用である。

(9) 水内宏「カリキュラム運動の実態」肥田野直・稲垣忠彦編『戦後日本の教育改革6 教育課程総論』東京大学出版会, 1971年, 474頁。
(10) 注(5)に同じ。
(11) 無着成恭編『山びこ学校』青銅社, 1951年。
(12) 大田「地域の教育計画」宗像誠也編『日本の学校(1)』(岩波講座教育第4巻) 岩波書店, 1952年, 215頁。
(13) 注(3)に同じ, 46頁。

第4節　学校評議員制度・学校運営協議会制度

学校と地域との関係を規定する新しい制度として学校評議員制度と学校運営協議会制度が導入された。

1　学校評議員制度

1) 概要

学校評議員は,「学校教育法施行規則」第23条の3, 55条(以下, 準用規定である), 65条, 65条の10, 73条の16, 77条に基づいて, 2000年4月から小学校・中学校・高等学校・中等教育学校・盲聾養護学校・幼稚園に設置されることになった。

学校での役割は,「校長の求めに応じ, 学校運営に関し意見を述べる」(同規則第23条の3, 2項)ことである。具体的な役割について文部科学省事務次官通知では,「学校運営に関して保護者や地域住民の意向を把握・反映し, その協力を得るとともに, 学校運営の状況等を周知するなど学校としての説明責任を果していく」[1]こととしている。学校外の保護者や住民が校長に意見を述べて, 学校運営に反映させていくことをねらいとした制度である。学校評議員は, 当該校の職員以外の者で「教育に関する理解及び識見を有するもののうちから, 校長の推薦により, 当該小学校の設置者が委嘱する」(同規則同条3項)ことになっている。人数や委嘱期間については, 学校設置者が定めることになっている。2004年の文部科学省の調査[2]では, 類似制度を含めて学校評議員を設置

している公立学校は全体の72％であり，開催頻度の平均は年に2～3回となっている。

学校評議員制度を提言した1998年の中央教育審議会（以下，中教審）答申には，第3章に「学校の自主性・自立性の確立について」とあり，「学校・家庭・地域社会が連携協力し，相互補完しつつ一体となって子どもの健やかな成長を図る」ための目標として「開かれた学校づくり」があげられている。このように，学校評議員制度が導入された背景には，「自律した学校運営の確立」と「説明責任（アカウンタビリティ）の原則」の2つがある。

2）地域ごとの特色

学校評議員は，全国一律に画一的な制度として設置されているのではない。都道府県・政令指定都市・市町村によっては，学校評議員制度に特色が加えられている。文部科学省の統計資料では，文部科学省が定めた要件をみたしていない学校評議員は類似制度として表記された。代表例としては，先行して設置された高知県や大阪府の「学校協議会」などがある。そのほかにも，福岡市の「学校サポーター会議」，埼玉県志木市の「地域立学校経営協議会」等があり，さらに学校単位で意欲的な試みを行っているところもある。

文部科学省の学校評議員に先行して設置された大阪府の「学校協議会」は，教育委員会が委員の委嘱を行うのではなく，「校長が委員の委嘱を行う」ことになっている。さらに「委員全員による協議」を行い，「『学校教育自己診断』を活用して学校運営の改善を図る」といった点が国の学校評議員制度とは異なる[3]。大阪府教育委員会は，2000年から「学校協議会」を導入し，2003年にはすべての府立学校に設置した。

福岡市の「学校サポーター会議」は，「学校の課題解決に向けた助言を検討する機能」・「社会人講師，体験学習訪問先を検討する機能」・「学校施設の地域開放を検討する機能」の3つの機能をもつものである。2002年度末までに福岡市内の96％の公立学校において設置された。2003年度以降は，学校評価システムにおける位置づけが検討されている[4]。

埼玉県志木市の「地域立学校経営協議会」は、基本的には学校評議員制度と同様の性格をもつものとされているが、委員の人選方法として一般公募と地域公募を取り入れている。あくまで学区を中心とした地域性を生かした学校経営ができるような制度として位置づけている。また志木市は、校長が必要に応じて協議会 WG（ワーキングループ）を設置でき、そのなかに教職員や児童・生徒を加えることができるようにしている[5]。

学校単位の意欲的な実践としては、教職員と生徒の参加を認めた埼玉県鶴ヶ島高等学校の「学校協議会」や長野県辰野高校の「三者協議会」、千葉県流山北高校の「流北フォーラム」などがある[6]。

地方公共団体や学校単位で試みられている学校評議員に類似した制度と文部科学省が定めた学校評議員制度との違いとしては、次の3点が認められる。前者は、第1に、校長に委員を委嘱する権限を与えて、校長を中心とした合議体制を補強している。第2に、制度を学校の外部評価に結びつけている。第3に、保護者や地域住民のほかに、協議会への教職員や児童・生徒の参加を認めていることである。

学校評議員制度は、地方公共団体ごとに差異があるが、次に述べる学校運営協議会制度の導入によって、新しい権限付与や学校運営協議会への移行など今後さらに変化していくものと推測される。

2　学校運営協議会

1) 概要

学校運営協議会とは、「地域運営学校」において保護者や地域住民の学校運営への参画を保障するために2005年から導入された制度である。

「地方教育行政の組織及び運営に関する法律」（以下、地教行法）第47条の5は、「教育委員会は、教育委員会規則で定めるところにより、その所管に属する学校のうちその指定する学校（以下この条において「指定学校」という。）の運営に関して協議する機関として、当該指定学校ごとに、学校運営協議会を置くことができる」と規定している。この「指定学校」こそ、2004年の中教審答申

において打ち出された「地域運営学校」(コミュニティ・スクール) である。

　法律上において学校運営協議会の委員は、「当該指定学校の所在する地域の住民、当該指定学校に在籍する生徒、児童又は幼児の保護者その他教育委員会が必要と認める者について、教育委員会が任命する」(同条2項) ことになっており、指定学校の校長が作成した教育課程の編成や教育委員会規則で定められた事項についての方針を承認する権限を持っている (同条3項)。学校の運営に関しても校長だけでなく教育委員会に対して意見を述べることができる (同条4項)。さらに、学校運営協議会は、「指定学校の職員の採用その他の任用に関する事項について、当該職員の任命権者に対して意見を述べる」(同条5項) ことができるなど、教職員人事に関与できる。指定学校の指定および取消し、協議会委員の任命などは教育委員会に権限があるが、保護者や地域住民が一定の権限と責任をもって指定学校の運営に参画する合議制の機関とされている。指定学校の校長は、学校運営の責任者として位置づけられるが、学校運営協議会が承認する基本的な方針に従って学校運営を実施することになる[7]。

　文部科学省報道発表資料[8]では、2005年5月までの指定状況は、計19校である。文部科学省は、学校運営協議会制度の円滑かつ効果的な実施をめざし、「学校運営協議会 (コミュニティ・スクール) 推進事業」を2005年度より開始し、2年間の委嘱期間を設けて研究協議する指定校を小学校46校、中学校16校、高等学校6校、幼稚園1園、養護学校1校の計70校設定した。

2) 経緯

　学校運営協議会が制度化されるまでの経緯をみる。

　保護者や地域住民に一定の権限をもたせて学校運営に参画させる新しいタイプの学校については、(財) 社会経済生産性本部が1999年に出した教育改革に関する報告書「選択・責任・連帯の教育改革―学校の機能回復をめざして―」における「学校理事会」[9]の提言が先行してあった。この「学校理事会」は、校長の人事権をもっており、校長よりも上位に立つ機関として位置づけられていた点に特徴がある。

新しいタイプの学校として「コミュニティ・スクール」という名称が登場したのは，2000年の教育改革国民会議の報告であった(10)。この提言を受けて，2001年の文部科学省の「21世紀教育新生プラン」では，新しいタイプの学校を設置する可能性について検討することを決定した。その後，2003年までに総合規制改革会議は，3次にわたる答申を行い，名称をコミュニティ・スクール（地域運営学校）として導入に向けた研究（第一次答申）(11)と制度整備の推進（第二次答申）(12)と法制化（第三次答申）(13)を提言し，制度化に向けた動きを推進させた。これらの提言を受けて，2004年の中教審答申(14)が，新しいタイプの学校の名称を地域運営学校（コミュニティ・スクール）とし，意義と制度のあり方を示したことで設置が確定的になった。中教審答申を受けた内閣は，2004年3月の第159回国会に地教行法の改正案を提出し可決成立させた。そして，2004年6月に改正地教行法が公布され，9月に施行されたのである。

以上のように，学校運営協議会の設置には，文部科学省の思惑よりも，構造改革によって地方分権や規制緩和を企図する内閣の思惑が強く働いている。そのため，この制度は，今後の政治動向次第で流動化する可能性がある。

3 今後の展望

学校評議員制度と学校運営協議会制度は，現在進行している地方行財政改革の動向によって機能が決定づけられる制度である。今後の政治動向次第では，期待された機能を発揮できない可能性がある。とりわけ教員の人事についての権限をもつ学校運営協議会制度は，国と都道府県との負担区分を厳密に定めた県費負担教職員制度と絡むことから，現状において都道府県教育委員会がもつ人事権について，実際に学校運営協議会の影響力がどの程度及ぶのかが注目される。

両制度は，保護者や地域住民の学校運営への参加を保障しようとする制度ではあるが，安定的に発展させるには，制度によって新しく登場した学校運営主体の権能を保障する財政的裏づけが必要である。両制度の活用に積極的な市町村レベルの地方公共団体では，制度を保障できるだけの財源を如何に確保する

かが今後の課題になるのである。

注（第4節）
(1) 文部科学省「学校教育法施行規則等の一部を改正する省令の施行について（通知）」文教地244号，2000年1月21日。
(2) 文部科学省「公立学校における学校評議員及び類似制度の設置状況」2004年。
(3) 高田一宏「委員の立場からみた『学校協議会』―大阪における学校運営の改善―」（関西教育行政学会2005年6月例会発表資料）2005年6月。大阪府教育委員会「学校の自主性・自立性の確立と開かれた学校づくり」2001年。
(4) 福岡市教育委員会「福岡市教育改革プログラム」（福岡市教育委員会総務部企画課，2000年）および「福岡市教育改革プログラムの進捗状況及び今後の取り組み」（福岡市教育委員会総務部企画課，2004年）。
(5) 志木市民委員会「教育部会経過報告書」（2005年）および志木市・志木市教育委員会「教育部会経過報告書に対する回答書」（2005年）。
(6) 「特集2『学校評議員』を学校協議会へ」全国高校生活指導研究協議会編『高校生活指導』第165号，青木書店，2005年，71～101頁。
(7) 文部科学省初等中等教育局初等中等教育企画課教育制度改革室編『コミュニティ・スクール設置の手引き』同，2004年9月。
(8) 「平成17年度コミュニティ・スクール（学校運営協議会制度）推進事業について」2005年5月17日。
(9) 堤清二・橋爪大三郎編『選択・責任・連帯の教育改革（完全版）』勁草書房，1999年，35～40頁。
(10) 教育改革国民会議「教育改革国民会議報告」2000年。
(11) 総合規制改革会議「規制改革の推進に関する第1次答申」2001年12月。
(12) 総合規制改革会議「規制改革の推進に関する第2次答申」2002年12月。
(13) 総合規制改革会議「規制改革の推進に関する第3次答申」2003年12月。
(14) 中央教育審議会答申「今後の学校の管理運営の在り方について」2004年3月。

第5節　教育委員会

1　若い教師へ

　私が小学校現場から市の教育委員会（以下，市教委）に赴任したのは6年前であった。退職届を県に提出して，指導主事（市の事務吏員）として着任したもの

の，当座は登下校中の子どもの姿を目にしては涙していた。また，18年間現場にいたせいか，カルチャーショックとその空気の違いに，戸惑いを感じる毎日であった。

ときあたかも新学習指導要領が告示され，移行措置がとられるなか，完全学校週5日制へと教育界が大きく変わろうとしている時期であった。2年目には附属池田小学校児童殺傷事件が起こり，学校の安全管理のあり方について根本から見直さざるを得ないようになったのも記憶に新しい。

そうした激動のなかで，私は多くの新採用の教師と接したり，市内各校の校内研修会に助言者として呼ばれたり，事務局内や地域の方々とふれあったりした。そのなかで，教師をめざす若者や若い教師へ伝えたいことに数多く出会った。それらについて述べてみたい。

2　子どもが大好きですか

「担任を替えてほしい」「こんな先生は，早くやめさせられないのか」等々，市教委にかかってくる電話は，こうした苦情がほとんどである。しかし「そうですね。おっしゃることはよくわかります」と応えることが多く，理不尽な苦情はあまりない。早速校長に電話し，電話の内容を伝える。保護者が，学校でなく市教委に直接電話されるということは，よほどの思いがあってのことだろうと考えるからである。板書が乱雑である，宿題を出してもきちんと見てもらっていない，授業中騒いでいる子どもがいるのに知らん顔で進めている，クラブ活動に一度も顔を出さない，連絡をきちんとしてくれない，授業中ノートにとったこととテスト内容が異なる，テストを返してもらったが間違っているのに○がつけてあるといった学校生活の苦情がほとんどである。このような教師には，「子どもが本当に大好きなのですか」と問い返したい。教師をめざしたときは，きっと大好きだっただろう。「この先生は子どもが好きなんだな」と思える行動や空気を保護者にも与えていただろう。しかし，いつの間にか消えうせたのである。

ここで教職について振り返ってみたい。教育実習に行ったとき，子どもは一

生懸命に発問に答えようとはりきっていた。まずい授業をして，目の前で汗をかいている私になんとか答えなくてはと，感じてくれていた。子どもは「この先生は自分たちのことを思って一生懸命である」と知っていた。見えていたのである。それ以来，私は，目の前の一人ひとりの子どもの笑顔が見たいと，教材研究をし，授業準備をし，板書計画も立てた。就寝時刻が少々遅くなっても苦にならなかった。その前向きの姿勢は，子どもはもちろん，周りの人間，保護者や校区内の地域の方，自分の居住している地域の方にまで伝わるものである。だからこそ「あなたは子どもが大好きですか」と問い直したい。

3　段取りはできますか

1) 授業力を磨くための段取り

　新規採用教職員の研修は，県教委主催の校外研修会以外に，市教委主催のものが3回ある。市教委では，「元気の出る研修会を」を合言葉に，「先輩」の授業と新任教師の授業をセットにして実施している。「先輩」の授業公開には，2～3年目の教師も参加できるようにしている。授業の後で1年目の教師と2～3年目の教師とが一緒になってグループをつくる。付箋メモを使って模造紙に貼りながら，授業分析と自分の授業の振り返りや明日から活かせる課題を整理していくというワークショップ形式をとっている。

　ある新任教師が書いた研修後の感想と，3年目になって書いたものを比較してみる。

1年目の感想

「今回の研修では，同じ単元を同じ学年で6月18日に自分が授業することもあり，課題を持って取り組めた。そのため，導入の大切さ，意欲付けすることの難しさがよく分かり，あらためて奥深く教材研究することの必要性を痛感した。とくに自分もよく注意されるオウム返しのことや，ひとりの発言を教師側が解釈して終わるのでなく，みんなに返していくことの重要性を感じた。6年生の授業では日々の学習規律がいかに学習に影響するかや，子どもたちを引きつけた授業をするためには細かい用意・教材研究が必要なのだ

ということを教えられた。最後の効果的な板書の仕方においては，普段何気なく行っていることにも一つひとつの意味があることを理解できたり，板書ひとつにしても，子どもたちの学習意欲・理解にとても大きな影響を与えるものだということが分かり，今の私にとってとても適切な指導をしていただいた。今回の1日は自分にとってとてもプラスになった。ここで学んだことを明日からの授業に生かしていきたいと思う。」

3年目の感想

「今回の研修では，『よい授業は，よい学級づくりから』そして『よい学級づくりは，よい授業から』ということを強く感じることができた。授業参観においては，始まる前から教室の雰囲気，子どもと先生との雰囲気のよさに驚かされたが，授業が始まり，展開が進むにつれ，その驚きは強くなり感心させられた。特に教師の『子どもを一人ひとり大切にして伸ばしていきたい』という熱い思いが根底にあり，それが深い教材研究という行動に移されている点には，私自身見習っていくべきところだなと痛感させられた。また，それほどの思いで，日々子どもに接しておられるため，子どもも先生が大好きで，一生懸命取り組み，自分たちから学んでいる点に感心させられた。この教師の思いが教材研究という行動にあらわれ，それに子どもが応えていく，そしてその様子を見て，教師もさらに磨きをかけられている。まるで3つの歯車がしっかりかみ合い，日々の成長に向かって進まれているクラスがすばらしいと思った。『一人ひとりの子どもの意見を大事にすることは，一人ひとりの個を大切にしていることと同じである』ということを，今後の自分の授業，またクラスづくりに生かしていきたいと思う。」

明らかに成長の様子がよくわかる。授業を見る視点が変化してきている。しかし，こんな教師ばかりではない。何でもマニュアル化してしまう風潮がある。すぐに方法論に飛びつく教師が多い。こうすれば必ず子どもがこうなるといった類や，この教材ではこういう発問をしなければならないといった類，さらには通知表の所見欄まで，例文の枠にはめ込んでしまおうという情けない類までよく耳にする。どんどん教師の「段取り力」が失われてしまっているように感

じる。段取りとマニュアル化は異なるものであり，相容れないものである。
　「『確かな学力』と『豊かな心』は"両全(りょうぜん)"である」と同様に，学級づくりと授業づくりもそうなのである。45〜50分間の授業において，第1発問の次に第2発問で，その次に第3発問でと「段取り」をするが，それでは授業における段取りができたとはいえない。教師が発問で転べば，実際の子どもたちは生きているのだから転ぶのは当たり前である。そんなことよりも，教師にめざす「頂(いただき)」がしっかりと見えていることが大切である。その授業における「頂」が見えておれば，そこに至る道はいくつもあるはずである。けっして教師の用意した一つの道をたどる必要はないのである。つまり，発問に対する子どもの反応は一つでないから，その応対も弾力的に行わなければならない。いくつもの道が想定されていることが，授業における段取りであり，授業力である。
　また，1週間，1カ月間，1学期間，1年間というスパンでの段取りも当然ながら必要である。自分の学級経営目標を「頂」とするなら，その「頂」を見失うことがあってはならない。「ここまでを目標としよう」というように学級づくりおよび学習規律と，授業づくりの段取りを立てることが大切なのである。

2) 人間力を磨くための段取り

　2002年10月に市教委で「学校週5日制の充実に向けた実態・意識調査」を行った。そのなかで550名あまりの市内小中学校の教師にも調査した項目がある。
　「あなたはボランティア活動に参加したことがありますか」に対し，小学校では主に30歳代，中学校では主に50歳代の教師が現在活動中であると答えた。しかし，教師全体としては，6人に1人の割合でしか活動していないということがわかった。
　また，「自由な時間があるときは，次のようなことをどの程度しますか」に対し，20歳代では自分の家にいることが多く，地域でふれあう活動等への参加は少なかった。自由な時間を『家や学校で教材研究や学校事務をする』に費やしている教師は，「よくする」が半数程度，「時々する」を合わせるとほと

んどであった。なかなか社会教育施設や文化的な催しに参加するゆとりがないようであった。しかし，家族と団欒したり，外出したりすることには気を遣っていた。

地域では「地域の自治会の催しに協力もできないのに，どうして子どもに輪のなかに入れといえるのか」ときびしい目で教師を見ていることが多い。もはや教職は「聖域」ではない。自分の子どもが通う学校のPTA会長や学年委員長などもお構いなしに回ってくる。自治会の役員などはなおさらである。そのなかでは，さらに教師としての力でなく「人間力」が試され，見られているのである。学校関係者の間では「すごい実践家」であっても，地域ではただの人であることが多い。しかし，地域で認められている教師には，「地道な実践家」であることが多い。そのような人は，人間ネットワークが広く，たいていが活動的である。学校組織においても，組織ワークにすぐれ，後輩の面倒見もよい。

土日や祝日に学校行事と居住地の体育的行事が重なることがある。段取りのいい教師は，事前に自治会の役員に電話を入れたり，計画に参画したり，準備に顔を出したりして，当日の欠席を詫びる。しかし，「私は教師だから出られなくて当然」と思う教師はけっしてそんなことはしない。そして地域から反感を買う。悪循環である。

兵庫県では2000年度から1カ月間の社会体験研修が始まったが，市教委では1998年から教職員の社会体験研修を実施している。夏休み等を利用して，地元の民間企業や施設に1週間体験研修するのである。いわば中学2年生の「トライやる・ウィーク」の教師版である。

民間企業等での体験は，仕事のきびしさはもちろん，未体験の作業・活動をすることに意義がある。体験者は異口同音に人とのコミュニケーションの大切さを学んだと報告している。昨年から始まった教職15年研修では，必修の課題に企業体験を入れている。まさに人間力を磨くことができるのである。つまり，最初から完全な教師はいないのであって，常に自分を高めるために，前向きに取り組んでいることが，人間力における段取りであると考える。

また，オープンスクール（学校公開）に早くから取り組んでいる。生（なま）の子どもの姿・教師の姿を見てもらい，素直な感想・意見（外部評価）をいただく。期待する効果はたくさんあるが，学校からの一方的な通信よりも地域からの「生」の評価を素直に受けることが教師の質の向上に役立つだろうと考える。

4 とにかく元気を

　パソコンのスクリーンセーバーに「今作った書類の向こうに子どもの笑顔が見えますか」と入れている。指導主事として，県教委や市教委主催の学校訪問をした。それ以外に，各校（小学校25校，中学校7校，幼稚園20園）校園内研修には，昨年度は延べ100回指導助言に入った。現場の教師と，子どもを中心に据えて話し合うのは，市教委にいながら1番楽しい時間である。また，管内の子どものために，教職員研修を企画し，受講した方に出口で「よかった」「ためになった」と声をかけられたり，事業評価で「満足した」が多かったりすると，成就感・達成感を覚える。

　しかし，教育行政の一端を担う仕事は，文部科学省・県教委から送られてくる書類（研修の案内・調査もの）がほとんどである。鑑（かがみ）文を作成し，現場に送る。現場から提出された書類を取りまとめたり，誤字脱字を点検したり，数字をチェックしたりして提出する。これらも欠かせない仕事ではある。しかし，一方では文部科学省の方と一緒にとは言わないが，せめて県教委の指導主事や近隣の教育委員会の指導主事と，子どもを中心にした夢を語る話し合いや討議ができる機会があれば，もっと元気が出るだろうなとつくづく思う。

　1度だけ「区域外通学を認めていただき，子どもが喜んで学校に行くことができ，無事卒業しました。本当にありがとうございました」と喜びの電話をいただいたことがあるが，話しながら目頭が熱くなった。また，「この先生を異動させないで」とわざわざ市教委まで来られた保護者もあった。

　市教委が元気でなくては，けっして現場は元気にならないだろうし，若い教師が元気になれば，現場も市教委も，そして地域も元気になると信じている。

第3部　教職をめぐる諸問題

第1章　憲法・教育基本法に基づく教職課程の学び
―私立大学における教職教育の実践から―

森田　満夫

　2004年8月13日，沖縄県宜野湾市の沖縄国際大学（以下，沖国大）構内に，隣接する在沖米軍基地（普天間基地）の大型ヘリコプターが墜落激突する事件（以下，ヘリ墜落事件）が起きた。この事件をきっかけに，オキナワをリアルに学び，少しずつ変わりはじめた教職をめざす学生（以下，教職学生）たちの学びのドラマがあった。ここには，日本国憲法前文の「平和のうちに生存する権利」の理念を「平和的な国家及び社会の形成者」（「教育基本法」第1条　教育の目的）として，オキナワの私立大学の教職学生が等身大に考え，学び，行動した姿があった。この学びのドラマを通して，憲法・教育基本法を教師教育の拠り所とする重要性をあらためて考えてみたい。

第1節　ヘリ墜落事件が投げかけた波紋

　先述したヘリ墜落事件は，沖国大の学生にもさまざまな波紋を投げかけた。「世界一危険な普天間基地」の本当の恐怖に慣れっこになっていたことに気づいた学生もいた。次々と大学に入り現場を封鎖する米兵の前になすすべもなく，無力感，悔しい思いが残った学生もいた。3万人の市民による抗議大会に向けて，「平和に生きるために力を合わせ，考え，学び，話し合い，プラカードをつくり，署名を集め，この日を迎えた」学生もいた[1]。また，大学としてもシンポジュウム，学習会を開くなどの動きがあったが，立教大学のゼミ（西原廉太先生・逸見敏郎先生「合同集中講義」―学生20人参加）との交流が9月に行われた筆者の教職ゼミ（公民科・社会科教育法，同演習）でも，その受入れにあたった

A君・Bさんらの4年生グループが中心に動いた。立教大の沖縄入りの前にヘリ墜落事件が起きたため，事件と普天間基地を急遽位置づけ，密度の濃い沖縄総合学習として仕上げることになった。その動きは，偶然，NHK総合のローカルニュース「ヘリ事故　変わる学生」の取材を受け，9月16日に放送報道されたのであった(2)。

16日のテレビに出たA君の力強い「語り」から，当初「温度差のあった」本土の立教大生も刺激を受けたようであり，その後，11月に彼らは，沖国大からヘリ墜落事件関係の資料や写真を借り，東京で同事件の展示会を開いた。

ここには，事件後，たしかに，考え，行動する沖国大生の可能性―ひとつの発見―があった。

第2節　さらなる発見へ

こうした動きを考えるとき，たしかに，ヘリ墜落事件で学生が変わったといえる。しかし，この事件だけで学生の変化を説明しきれるのだろうか。一般的にそういえたとしても，筆者の目の前の教職学生，たとえばA君たちについては，そういいきれない，ひとつのドラマがあった。

1　宜野湾市民大会から受けた刺激

たしかに，A君は直接的には墜落事件後の沖国大での宜野湾市民大会参加により刺激を受けた。事実，「戦争と平和について考えれば考えるほど人と人とが信頼し助け合うことが大切だ」といった小学生・中学生・また同年代の学生の意見に刺激を受け，「私は『政治の力（公）が国を造るのではない，私たち一人ひとりの主権者（個）が国を造り，動かしていくのだ』と強く感じるようになった。他人の言葉と自分の問題意識を素直につなげることもできた」(3)と述べている。宜野湾市民大会への参加を通して，国家権力の横暴に対抗し，自らの人間としての尊厳・人権を守るための国民主権の重要性―憲法の精神―をリアルに掴んでいったのは，事実である。

2 教職ゼミで起きたドラマ

　しかし，ここには，後述するように，メディアが報道しなかった，変わる学生の本当のドラマがあった。実は，9月13日の立教大側との観光めぐりのときに，急な取材を受けたA君は動揺のあまり，「カメラの前で何もいえない」と落ち込んでいた。

　「立教大学の学生に墜落事件や基地の話をすると決まり，責任というプレッシャーが私を襲った。またNHKの慣れない取材もあり，私は『自分にはそんな大役はできない』と感じプレッシャーに潰されそうになり前日まで，半べそを掻いていた。そのプレッシャーを自信に変えてくれたのは，去年共に苦労してきた森田ゼミの仲間だった。『お前なら大丈夫，俺たちが付いている』と励ましてくれた学生。『東京の学生に俺たち（森田ゼミ）の凄さを見せつけてやれ』と勇気づけてくれた学生。1年間厳しいゼミと教育実習を乗り切った彼らからの言葉には，本当に力があった。本番当日も早朝から打ち合わせに参加してくれ，私の発表後も色々な指摘をしてくれた。彼らのバックアップもあり私は当日，自分なりの意見で東京の学生たちに，力強く語ることができた。そして立教大学の学生との間にもゼミ同士の強い絆が生まれた。……」(4)（傍点引用者）

　つまり，20分経っても美ら海水族館に入ってこないA君を心配して，自然とその周りに，ゼミ生が「仲間の輪」をつくったのであった。後で聞いたことだが，ひとり動揺していたA君を遠巻きに，C君，D君らゼミ生が誰から言われることもなく集まっていたらしい。そして「俺らゼミ生がついているから，がんばれ！」，自分の殻を勇気をもってやぶって「東京の学生に力強く，みんなで，沖縄の問題を語れ！　そしてそれをゼミのみんなで，沖国のみんなで力をひとつにしてやろうよ!!」と励ましたらしかった。その成果ではなかっただろうか。16日のテレビで放送されたA君の，力強く「語り」の裏側には，「仲間の輪」の励ましがあった。

　また，3年生まで「基地はあってもいい」と考えていたA君がヘリ墜落事件

を契機に，急速に「『東京の学生にも，この大きな事件を伝えたい』と志願し」ていくのは不自然である。そこには，「1年間厳しいゼミと教育実習を乗り切った」というドラマがあったのである。それこそが，A君らの底力になった学びの経験であった。

3 安易な学生を変えた本当のドラマ

そのドラマは，いかなるものであったか。

「大学3年生になり，私は教職ゼミ（森田ゼミ―公民科・社会科教育法〈3年前期〉，同演習〈3年後期〉―筆者挿入）に所属した。そのゼミには，色々な学科から30名近くの学生が集まった。ゼミでは，前期は班ごとに課題を発表し後期は個人で模擬授業をするのが主旨である。私はいつものように軽い気持ちでゼミに臨んだ。……しかし蓋を開けてみると，これまで私が聞いたこともないような話の内容について議論している学生や自分の意見をちゃんと持った，『わからないことはわからない』とはっきり討論できる集団のゼミであった。……『自分のこれまでの勉強はなんだったのか，もっと自分自身で脳みそを鍛えなければならない』と感じるようになった。またそのゼミで，平和学を専攻する学生（先述のBさんら―筆者挿入）と出会いそれまで頭の片隅にもなかった，米軍・基地問題に関しても意見のぶつかり合いや模擬授業を通して，だんだん自分の中でも問題意識として考えるようになっていった。そして何に対してもトコトン追求するという，本当の意味での勉強に対する貪欲さを1年間通して学んだ。……勉強することの難しさ，その責任の重さどれ一つを取ってみても一人でやるのは，不可能に近い。仲間と先生と共に勉強することで，徐々に身につけていくものである。インターネットの情報だけに頼って勉強するのではない。本を読むことの重要性，仲間と朝方まで一つのテーマ（授業）について語り合う連帯感。今までの小・中・高の私の勉強に対する意識を覆した。その力を今年6月の教育実習で発揮することができた。……私はゼミの先生に『東京の学生にも，この大きな事件を伝えたい』と志願した。…」[5]

これまで，たしかに，教育実習で迷惑をかけない程度に教職ゼミ学生一人ひとりの基礎学力と資質をきびしく育ててきたつもりであった。しかし，その意図以上に，こうしたゼミ内部の動きこそ，教師教育の学びに関する新鮮な発見であった。

 それは，何か。たしかに大講義における試験問題やレポートの課題のきびしさではない。A君が体験した小学校，中学校，高校までのひとつの解答を見つけるだけの学びでもない。ゼミの仲間が，お互いの未熟さを相互批判・自己批判を通して補い合い，助け合い，高め合う学び，つまり，徐々にオキナワ，日本，世界，人間の現実を社会科の本当の教育内容として深める学びであったのだ。

4 双方向の学びへ

 そして，こうした学びだからこそ，人伝いに種がまかれたかのように広がっていった。それが，どう芽を出し，花を開き，実を実らせていったか。その後，11月に立教大の学生らが，ヘリ墜落事件の展示会を東京で開いたことは前述した。

 さらに，2005年2月には，立教大側が「返礼」として，沖国大側に東京フィールドワークを呼びかけ，沖国大教職ゼミの卒業旅行（2005年2月20日-23日）が実現した（沖国大10人，立教大15人参加）。

 そのプログラムは，単なる物見遊山ではなく，オキナワの学生自身が，オキナワ，日本，世界を考えるものになった。それは，①沖縄出身者の多い横浜市鶴見区のフィールドワーク―本土のなかのリトルオキナワを考えるために―，②東京横田基地のフィールドワーク―ヘリ墜落事件のような潜在的脅威は沖縄だけの問題でないことを考えるために―，③靖国神社・遊就館のフィールドワーク―沖縄戦を含むアジア太平洋戦争の歴史認識を本土と沖縄と比較考察するために―，④トウキョウという都市生活のフィールドワーク―通勤地獄の体験，下町浅草，六本木ヒルズなどの，トウキョウの生活文化を考えるために―，などの4本柱からなるものであった。

こうした学生同士の相互の学びの交流を通して，特徴的だったのは，「ヘリ墜落事件で学生が変わる」というメディアの報道が見落としてきた，本当の学びのドラマであった。

東京フィールドワークの最終日に，立教大で両大学の学生の討論会が行われた。ここでは，オキナワ問題に向き合うウチナンチュー（沖縄人）対オキナワ問題に無知な「温度差のある」ナイチャー（内地人）の，啓蒙する・啓蒙される当初の二項対立的な図式が崩れていった。オキナワの学生がトウキョウの学生にオキナワ問題を訴えるだけではなかったからである。オキナワの基地問題もあるが，東京にも横田基地があることを沖国大生は実感した。六本木ヒルズの都市開発は当地住民にとっての環境問題であると麻布十番住民の立教大生は語り，福井県の原発は当地漁民にとっての生活保障問題であると福井県出身の立教大生は語った。

オキナワの在日米軍基地問題も，トウキョウの都市問題も，他のローカル都市福井の原発問題も，「47都道府県のひとつ」に住む人間の尊厳を侵す点で本質は同じであることを述べていた。それらの問題は，国家権力や企業社会権力の横暴の前で弱者であるすべての人間が人間らしく生きるための基本的人権の保障問題であり，それゆえ本質的に現憲法のリアルな課題であった。

いずれにしろ，ヘリ事件を通して，沖国大教職ゼミでのBさんらとA君の出会いと学びあいから，東京の学生たちとの出会いへ，そして東京の学生の写真展の取組みへ，さらに東京フィールドワークでの沖縄・東京の学生相互の学びへと，連鎖していったのである。

第3節　憲法・教育基本法の重要性を再発見する

学生のこうした変化を考えてみると，あらためて憲法・教育基本法を学びの拠り所にする重要性を再発見（いや正確には新発見？）させてもらった，と思う。

沖国大におけるヘリ墜落事件は，憲法が理想とする「全世界の平和」を宜野湾の足下から震撼させた「世界一危険な基地問題」として問わなければならな

い，生きた憲法学習の教材であったことに気づくことは重要である。目をこらせば，今回のヘリ事件だけではなく，沖縄で暮らす人々に人間らしい幸福と自己実現などの積極的平和を日々直接・間接的に妨げる構造的暴力の問題，つまり憲法理念否定の問題が顕在化しているのが，オキナワである。こうしたオキナワが，A君ら教職ゼミの学生と筆者に発見・実感させてくれたものは，「憲法の理想を根本において教育の力で実現すること―人権・平和・教育の深い関わり―」といえるだろう。

1 人権・平和・教育の深いかかわりの発見

それは，憲法・教育基本法をふつうに読み，以下の通り，①→②→③→④→⑤の論理構造で平明に説かれるべき教育理念ではなかっただろうか。

> **人権・平和・教育の深い関わり**
> ①憲法前文：天皇の君主主権下の政府の過去の戦争の惨禍を反省した。
> ②憲法前文：そのような過ちを繰り返さず，人権・人間の尊厳性に基づく全人類の福祉や全世界の国民の平和的生存権を実現する憲法の理想が提起された。
> ③教育基本法前文：教育理念の前提に憲法の理想を位置付け，全世界の国民の平和的生存権を守るような日本の主権を担える程に社会や人間を科学的に倫理的に認識し，行動できる一人ひとりの国民を育てる「教育の力」が期待された。
> ④教育基本法1条：「真理と平和を希求する人間」を育てる教育の目的として，まず，一人ひとりの教養と徳性を調和的に全面的に開花させる「人格の完成」をめざした。
> ⑤教育基本法1条：同時にそのような「人間」が自ら積極的に，家庭，学校，会社，地域，地方公共団体，国家，国際社会を含む広い社会を平和な社会として順々に形づくっていく「平和的な国家及び社会の形成者」として育てることを教育の目的に置く(6)。

そして，①・②憲法前文→③教育基本法前文→④・⑤教育基本法第1条（教育の目的）における人権・平和・教育の深いかかわりが，狭い意味の平和についての教育だけを指しているのではないことは重要であろう。つまり，人権尊

重と平和を創り得る政治の力，経済の力を担う人間の底力（教養と徳性）を錬成すること，つまりごくあたり前に賢い人間を育てる課題の重要性を示しているのである。

教育基本法の立法者意思を伝える教育法令研究会編『教育基本法の解説』(1947)も，このような「人間の力」を育てる意味を明瞭に述べていたこと（以下引用）を想起するなら，あたり前に賢く育てることが，憲法・教育基本法の精神を実現するための重要な戦略であることはいうまでもないことである。

「憲法の理想の実現を進める国民主権の力量は，人間形成を含む広い意味での『教育の力』にまたなければならない（教育基本法前文）。そもそも『人類の福祉』や『世界の平和』という憲法の理想のためには，『政治的（＝政治の力―引用者），経済的（＝経済の力―引用者），社会的の，いわば外的条件を整えることも，もとより必要ではあるが，根本においては，直接人間の教養と徳性の向上をめざす教育の力によらなければならない。」(7)

生産を媒介にする「経済の力」も，法を媒介にする「政治の力」も，それぞれを主体的に担うのが人間の「生活者の力」を通してである以上，根本において人間という「生活者の力」を育てる「教育の力」が，憲法の理想を実現する課題として重要なのである。

3年生から4年生にかけての教職ゼミの「仲間とのきびしい納得の学び」，ヘリ墜落事件以後の宜野湾市民大会への人々の動きに参加することを通して，「基地はあってもいいじゃないか」という無批判で安易な学生が，自分の脳味噌でオキナワ，日本，世界，人間の尊厳を等身大に考えるほど，少しずつ賢くなって，偏見や誤解をひとつずつ乗り越え，真実・真理を大切にすることで，人間らしい自立と連帯の力を鍛えていった。

たしかに，実数のうえでは多数派ではないかもしれない。しかし，彼らは，実際に自らの「人間の力」を太らせ，そのベクトルを憲法の理想の実現の方向へ変えていこうとする学生たちであった。そのひとり，A君の言葉は，国民主権をになう賢い「人間の力」を「教育の力」で育て，その「人間の力」で人権・平和の価値を実現しようという，人権・平和・教育の深いかかわりを示し

ている。

　端的に平明にいえば賢い「人間の力」を本当の意味で育てることである。その「人間の力」とは、「『政治の力（公）が国をつくるのではない、私たち一人ひとりの主権者（個）が国を造り、動かしていくのだ』と強く感じ」、「他人の言葉と自分の問題意識を素直につなげる」という、主権を担えるほどの市民的教養や基礎学力（教育基本法第8条　政治教育）、さらにそれら諸能力を人権・平和・福祉のために自らの「人格」に統合する実践的力量であろう。

　こうして、A君たち沖国大教職ゼミの学びのありようから、図らずも、筆者は、憲法の理想を実現するために人間を賢くさせる憲法・教育基本法のごくあたり前の教育理念を、目に見えるかたちで再発見させられたのであった。

2　「人間の力」を育てる方法の再発見

　さらに、このごくあたり前の教育理念を具現化するための方法、つまり「人間の力」を育てる方法も、再発見させられた。

1）あらゆる場所、あらゆる機会で学び賢くなる

　たとえば、A君は教職ゼミのなかで自らの学びの再生があったことを「仲間と朝方まで一つのテーマ（授業）について語り合う連帯感。いままでの小中高の私の勉強に対する意識を覆した」と述べている。

　さて、教育基本法第2条（教育の方針）は、「憲法の理想」を実現する教育の目的が「あらゆる場所、あらゆる機会」に、「学問の自由を尊重し」、「実際生活に即し、自発的精神を養」い、「自他の敬愛と協力」による方法で成しとげられるべきだと、その具体的な進め方・教育方法を掲げている。

　これらのことを想起するとき、人間が学ぶことによって賢くなるための重要なヒントが、A君らの学びのありようにあったと考えられないだろうか。

　教職ゼミの正規の時間以外に、彼らが自発的に下宿に集まり、「仲間と朝方まで一つのテーマ（授業）について語り合う連帯感」、つまり学べば学ぶほど人間同士の精神が自由になり、賢く結びつくサブ・ゼミの学びのありようがあっ

た。「あらゆる場所，あらゆる機会」で追求される人間らしい学びの進め方が，ここに示唆されていないだろうか。

2) 学問的な研究成果を尊重する学びで賢くなる

　また，「……本を読むことの重要性」の主張も，公民科・社会科教育法，同演習の授業のなかで，彼ら自身，指導を受けてきたが，受け身ではなく，自ら納得し身につけてきたという意味で彼ら自身が発見した学びの手法であった。

　政治・経済，倫理，現代社会にまたがる社会科学・歴史学などの学問研究の成果に基づき，「学問の自由」(憲法第23条)と「教育の自由」(憲法第26条)を結ぶ「教育それ自体は学問的実践である」とする教育条理を想起させてくれるのではないか。「学問の自由を尊重」する教育基本法第2条（教育方針）で追求される人間らしい学びの進め方が，ここにも示唆されているのである。

3) 実際生活の現実世界をリアルな実物教材として学び賢くなる

　そして，学問的な真理・真実を学び徐々に賢くなっていった矢先に，ヘリ墜落事件が起こった。A君ら教職ゼミ学生は，すでに「憲法を試験のために知っても，深く考えない，行動しない」学びにとどまるつもりは，微塵もなかった。

　彼らは，ヘリ墜落事件を，生きた憲法学習の教材として，賢く学んでいったのである。教育基本法第2条（教育の方針）で，「実際生活に即」して，頭と身体が切れずに，自分の脳味噌で考え，「自発的精神を養」う人間らしい学びの進め方が，ここにも示唆されていないだろうか。

4) 仲間相互の自発的な支え合いの力で学び賢くなる

　A君を「ヘリ墜落事件で変わった学生」としてとらえがちなメディア報道が見落としていたのが，これまで述べてきたような「教職ゼミで起きたドラマ」であった。

　このような出来事を思う時，人間の社会公共的で利他的な出番に自らを投げ出す勇気や心に火をつけるエネルギーとは何か，あらためて考えさせられた。

9月13日の急な取材を受け，動揺のあまり落ち込み，「カメラの前で何もいえない」と半べそをかいたA君と，彼を励ました教職ゼミの仲間の力のかかわりとが，いかなるものだったのか明らかである。

「わからないことはわからない」とはっきり討論できる集団のゼミのあり方は，当初から彼らに課されたルールである。しかし，それによって，お互いが優越感や劣等感をもったり，対立したり，傷つけあって，分裂するのではなく，かえって「連帯感」をつくっていったという。単なる「仲よし集団」にならず，真理・真実を学ぶために助け合い，補い合い高まるためのきびしさが生まれたのだろうか。筆者は，図らずもこのようなゼミの経験が，A君らに「……勉強することの難しさ，その責任の重さどれ一つを取ってみても一人でやるのは，不可能に近い。仲間と先生とともに勉強することで，徐々に身につけていくものである」と受けとめられたことを考えさせられた。本当の連帯感のなかで学ぶことで賢くなっていくし，何かに挑む心に火がつくのだろうと。

教育基本法第2条（教育の方針）における「自他の敬愛と協力」によって集団と個人が支え合い「自発的精神を養」う人間らしい自立を促す学びの進め方が，ここに示唆されていないだろうか。

これまで，憲法の理想を「教育の力」において位置づけ，憲法・教育基本法の精神を教師教育の拠り所とする重要性について，筆者自身が担当する沖国大教職ゼミの学生の等身大の動きを手がかりに，考察してきた。

繰り返すが，たしかに，教職ゼミの学生にとって，ヘリ墜落事件自体が，憲法が理想とする「全世界の平和」を宜野湾の足下から震撼させた「世界一危険な基地問題」として問わなければならない，生きた憲法学習の教材であった。

しかし，A君ら教職ゼミの学生が変わっていったとすれば，事件の衝撃だけではないように思う。オキナワのこうした状況をリアルに認識できるまでに，これまで地道にゼミの仲間とともに日本や世界の人間や社会の現実を学び続けたこと，そして，徐々に自分の脳味噌で考え，仲間と批判的に議論し，行動できるようになっていたからではないだろうか？　憲法・教育基本法は，狭い意

味での平和についての学びとしての平和学習だけを求めているのではないだろう。むしろ，人間を真に賢くさせる憲法・教育基本法のごくあたり前の教育理念を，目に見えるかたちで実現させる学びを教師教育や教育の現場に求めているのではないだろうか。

注
(1) 森田満夫「宜野湾市民大会に思う」兵庫人権問題研究所編『月刊人権問題』No.336，同，2004年12月，2～3頁，参照。
(2) 「ヘリ事故　変わる学生」NHK総合ローカルニュース「太陽カンカンワイド」2004年9月16日放送。
(3) 沖縄民間教育研究所編『おきなわの子どもと教育』No.82，2004年12月16日，9頁。
(4) 同前。
(5) 同前。
(6) 森田「沖縄米軍ヘリ墜落事件を通して安保・憲法・教育を考える（上・下）」部落問題研究所編『人権と部落問題』No.726，2005年1月，44～51頁およびNo.727，2005年2月，59～67頁，参照。
(7) 教育法令研究会編『教育基本法の解説』国立書院，1947年，52頁。

第2章　現代学生の学びと教職

谷川　裕稔

第1節　学業の位置づけ

　一般的に学生は多忙である。

　たとえば，学業以外には「クラブ活動（サークル）」「アルバイト」「趣味」「恋愛」などに時間を割くことが多い。「授業に出席する私」「クラブをする私」「アルバイトをする私」「デートが好きな私」。これらは，限定された期間（2～4年）で，大学生活の一コマ一コマを具体的な形にする「私」である[1]。大学生活とは，さまざまな「私」を具現する場なのである。

　こうしてみると，学業やクラブ，アルバイトなどからくる多忙さが，大学生活の満足感・充実感とリンクしていると考えられがちであるが，一概にはそうともいえない。というのも，多忙さが学生自身の大学生活を支配してしまい，かえってそのことが（学生）自身の「学生」というアイデンティティを拡散させてしまっているといえなくもないからである[2]。

　このようななかで，学生は自らの大学生活において「学業」というものをどのように位置づけているのであろうか。溝上慎一は，自らの調査をもとに，大学生活に充実している，あるいは多忙と感じている者ほど学業への興味・関心が高く，そうでないと感じている者ほど学業への興味・関心が低い，ことを指摘する[3]。

　ところで，大学での学びそのものに重きをおく学生はそれほど多くはない。しかし，学業に怠惰にみえる学生も，実は学業を強く意識している[4]。つまり学業は，学生生活のなかで重要な位置を占めているのである[5]。実際，最近で

は以前に比べ授業に出席する学生が多くなった。しかし，一方においてほかにすることがない，とりあえず単位が欲しい，といった消極的動機で授業に参加している者も少なくない[6]。

第2節　学欲低下

近年，大学生の「学力低下」が叫ばれている。

しかし，この問題にふれるときには慎重を期する必要がある。というのも，「学力」なるものをどうとらえるかによって，「学力」の高低が異なってくるからである。

たとえば「学力」を，こと「受験知」[7]という狭い枠組みで考えれば，その「学力」が過去に比べて低下傾向にあるのは確かであろう。というのも，大学入試の少科目化，学習指導要領の内容削減（3割減）などから，記憶しなければならない知識量が減少しているのは明白だからである。

しかし，この問題はここでは重要視しない。というのも，学生の「学習意欲」が喚起されさえすれば，また大学側が適切な教育環境を学生に提供しさえすれば，狭義の学力（受験知）は向上する可能性が生じるからである[8]。

ところが「学力低下」と重なるものであるが，それより看過できない問題は「学欲低下」である。現実的に，学習意欲に欠ける学生，つまりは「学欲低下」の学生が増えてきた[9]。

「学欲低下」を考える際，学生を大きく二つの傾向に分けることができる。一つは，大学に入学する前から学習意欲が乏しい学生，いま1つは，入学後なんらかの理由をもって学習意欲が削がれた学生である。前者は学習習慣をもたない学生を含む。後者は私的な事情をもつ学生，あるいは大学側が提供する教育内容（大学生活そのもの）に幻滅した学生である。

前者は，さまざまな社会状況，たとえばモノに溢れた消費社会，あるいは高等教育のユニバーサル化の結果，大学で学ぶことに確固たる期待をもた（て）ずに，あるいは大学で学ぶ力を身につけずに入学してきた者。後者は，前者の

ような学生に加えて，大学生活のなかで学習意欲を妨げる私的な何かが生じた学生，あるいは（学習意欲をもった学生に対する）充分な学習支援を大学側が怠ってきた結果「学業」への関心が薄れることになった学生，ということができる。

ところで，学生の「やる気」(学習意欲)には，二つのステップがあるようだ。第1のステップは入学時である。これは「大学で学ぶ」という期待，いわゆる「きっかけ」をもっている段階である。第2のステップはその「きっかけ」を学生自身がなんらかの実現に向かって努力をする段階である。大学側からみれば，とくに学生が2つめのステップを乗り越える，つまりは「学習意欲」を喚起・維持・奮励させるための支援を実施する必要があるということになる。

第3節　実利的な教育内容

学習意欲を考えるとき留意されなければならない視点は，実利を重視するという現代学生の気質である。この場合の「実利」とは，学生が，自分自身に役立つと判断する可能性が高い（モノ）という意味である。実際，現代の学生は，大学の教育内容が役に立たないと感じたならば，積極的には取り組もうとしない。

たとえば，大学の授業科目のなかでも何に役立つのかわかりにくい教養（共通）科目の場合，学生の授業に臨むモチベーションは上がらない。実際，学生でなくとも資格取得など，努力の結果が形に残りやすいものに積極的に取り組む者は多いが，努力することに意味を見いだせないモノに努力を傾けられる者は少ない。意義を見いだせない知識や技術に「学ぶ必要がある」と，学生にお墨付きを与えるところに大学教育の意味がある[10]。

市川伸一が指摘するように，学生の「学び」（学習意欲）を喚起させるには，「外発的動機づけ」と「内発的動機づけ」[11]のみならず，「学習の功利性」と「学習内容の重要性」が鍵になる。つまり，この内容だから「学ぶ気になる」「利益になる」という要素が必要となってくるのである。大学の教育内容に引きつけると，将来どのような生活や仕事に結びつく知識なのか，ということで

ある。その意味において，実利的な教育内容が学生の意欲を喚起させる一つの可能性となる。この場合の実利的とは，「就職」に直結する教育内容ということである。実際に現代の大学生は「就職」についての意識が高い[12]。しかし，豊かな消費生活の環境にどっぷりと浸かっている学生にとって，経済的に裕福になることについては，あまり現実感がない。したがって学生は，収入よりも生き甲斐感を得られるようなモノに関心を強くもつようになる[13]。昨今マスコミを賑わしている「自分探し」といった言葉のさすところは，この「生き（やり）甲斐感を探すこと」といい換えることが，ある意味可能なのである[14]。

第4節 「学び」としての教職

1 教職をめざす学生の「学び」

ところで，教員免許取得をめざす学生は，ある意味「生き（やり）甲斐」感をもちあわせている。「なりたい自己」つまりは，自分がどのような生き方をしたいのかという，なりたいイメージの選択肢をもっているという意味においてである。そして，教員免許取得のための勉強をすることによって，あるいは職業に直結している授業科目を学ぶことによって，実現の可能性が生じてくる。市川はこれを「なれる自己」と名づけている[15]。

ところが，教員免許取得をめざす学生すべてが必ずしも「なりたい自己」「なれる自己」をもっているものではない。たとえば，教師をめざすといっても，どのような高等教育機関で学ぶかによって，取り組み方に濃淡が生じてくる。

たとえば教員免許を取得するには，国立教育系大学（独立行政法人）・学部の教員養成課程と私立大学で教員免許を取得するという2つの選択肢がある[16]。国立教育系大学・学部で，「教師」という職に就くことをめざして進学した者は，教員免許取得のみを教職課程でめざす私立大学生よりも，少なくとも「教師になりたい」という意識レベルにおいては，高いといえるであろう[17]。理

由として，まず「教師になりたい」という具体的目標を大学進学前にもっているということ，次に教育学部（学科）の教育内容が職業とリンクした学びということで，学生の学習意欲を喚起させやすいこと，などをあげることができる。

一方，私立大学の教職課程において教員免許だけでも取得しておこうと考える学生の大半は，国立教育系大学・学部の教員養成課程に学ぶそれよりも，「教師」になろうという意欲は必ずしも強くはないかもしれない。しかし，そのような学生でも，正規・臨時採用関係なく教師になってから，なんらかのきっかけをもって「教師」という職に自己実現を得ようと考える者も出てくることはいうまでもない[18]。

2 「なれる自己」の可能性──就職という難題

教師をめざす学生の学びについて考える際，実際に就職できるのか，ここでは「正規採用の教師になれるのか」という問題にふれておく必要がある。というのも，教員免許を取得するということと就職するということは，「なれる自己」を前提としたとき，現代学生の学びに強くリンクするものだからである。

しかし，実際には「就職」というとき，教師を希望する学生にとっては必ずしも未来は明るくない。国立教育系大学・学部の教員養成課程の教員就職率をみた場合，1987年から2000年の間の教員養成課程卒業者の公立学校への就職率は，60.7％から33.7％に落ちている。この背景には少子化による教員採用の激減がある[19]。

さらに立ち入ってみてみると，1999年から2000年の例では，正規採用者が13.6％にすぎないという現状である。しかもここ数年就職率の上昇が見込まれないという問題がある[20]。実際，国立の教育系大学・学部は，その数が多すぎるということで再編の方向に向かっている[21]。文部科学省は，国立教育系大学・学部の数を削減することによって，教師への就職希望者を減らそうとしているのである。この流れは「なれる自己」の選択肢が狭められることを意味するものである。

第5節　「学び」への支援──大学側の取組み

　教師をめざす学生が，自らの学習意欲を喚起・維持・奮励させるために，大学側が取り組まなければならない支援について最後にふれておきたい。
　大学側は，以下の2点に力を入れるべきであろう。
　まずは，就職支援である。大学側は，キャリアというものを意識したカリキュラムを組むことが望まれる。とくに教育学系学部・学科をもたない私立大学の場合は，1年次よりキャリアとしての教職を学生に意識してもらうために，「キャリア」をコアとしたカリキュラムを構築し，そのなかに（教職科目を）織り込むことが必要となる。また，学生の「なれる自己」実現のために，就職支援の方略を体系的に立てる必要がある。
　一方において，教師になりたいという意志は尊いものであり，実利的な視点から考えるべきではないという意見がある。この立場は大学教員にとって重要である。しかし，現代学生の学びの傾向性を前提としたとき，キャリアとしての教職を学生に意識してもらうという作業を避けて通ることはできない。
　次に，先にも指摘したが，学習意欲を考える際の「第2ステップ」を意識した支援を大学側が行う必要がある。学生が第2ステップを乗り越えるための支援を大学側は積極的に実施するということである。そのプロセスで大学側は，学生の学習意欲を削がないための教育内容の提供と，教授方法を再確認する姿勢が必要となる。これは，国立の教育系大学・学部の教員養成課程に学ぶ学生も同様である。彼らも教育内容いかんでは，学習意欲が削がれてしまうこともある。
　上のようなかかわり（支援）を大学側がもつことに対する不満が，教師側から生じることが予想される。もちろん，大学はすべての場面において学生に迎合すべきではない。学生の学びは自主的・自発的であるべきだ。しかし繰り返すが，現代学生の学びの傾向性を前提としたとき，「学習意欲」を喚起・維持・奮励させるための支援の整備が，大学側には喫緊の課題となるのである。

注

(1) 溝上慎一『現代大学生論：ユニバーシティ・ブルーの風に揺れる』(NHK ブックス) 日本放送出版協会，2004 年，179 頁。
(2) 杉原真晃「学生参加型授業における教授─学習過程の分析─」溝上慎一編『学生の学びを支援する大学教育』東信堂，2004 年，131 頁。
(3) 溝上慎一「学びプロジェクトの背景─内面世界における学業の意味構造─」溝上編・前掲書，5 頁。溝上が選定（抽出）したのは，ある程度学力（受験知）が備わっている学生の学ぶ大学である。ユニバーサル化を迎えた（すでに迎えている）大学（受験知が十分ではない学生が多く学ぶ大学）は対象とされていない。後者の学生の学びについては，拙共著『学習支援をトータル・プロデュースする─ユニバーサル化時代の大学教育─』（明治図書，2005 年）に詳しい。参照されたい。
(4) 同前，5 頁。
(5) 尾崎仁美「大学生活編の授業における学生たち」溝上編・前掲書，81 頁。
(6) 水間玲子「学生は授業に何を求めているか─授業への参加動機から─」溝上編・前掲書，103 頁。大学が大衆化を迎えた時点（1970 年代）で，このような学生が多数現れてくることは予測できたことである。
(7) この場合の「受験知」とは，高等学校の教科書に記載されている知識に加えて，大学受験特有の知識などの習得度をさす。
(8) 学習意欲があるが，学生自らが設定したレベルまで学力を向上させることができない学生もいる。
(9) たとえば，苅谷剛彦（『階層化日本と教育危機』有信堂高文社，2001 年），尾木直樹（『「学力低下」をどうみるか』〈NHK ブックス〉日本放送出版協会，2002 年），市川伸一（『学ぶ意欲とスキルを育てる』小学館，2004 年），らが指摘している。
(10) 溝上・前掲書，190 頁。
(11) 「外発的動機づけ」とは，物質的な賞罰や叱責など，外から提供される目標をめあてにして学習するときの意欲，「内発的動機づけ」とは「（何かを）知りたい，できるようになりたい」など，学ぶことそれ自体の楽しさを求めて学習するときの意欲。市川伸一『学ぶ意欲とスキルを育てる─いま求められる学力向上策─』小学館，2004 年，36 頁。
(12) 溝上・前掲書，146 頁。
(13) 同前書，166 頁。一般化することは困難であるが，この傾向性は成育環境に起因することは言うまでもない（経済的に豊かな家庭環境に育った学生は収入に執着することは少ない。ただし，家庭内の金銭感覚という価値観（「しつけ」も含む）という要因を絡めると，話は複雑になってくる）。ここでは，子どもを大学に進学させることができる家庭は，ある意味において裕福であるととらえている。
(14) 同前書，168 頁。
(15) 市川伸一『学ぶ意欲とスキルを育てる─いま求められる学力向上策─』小学館，

2004年，40〜41頁．
(16) 教育系学部・学科をもつ私立大学・短大もある．通信教育により，教員免許の取得をめざす者は「学生」のなかに含めていない．彼らは，その取得する労力（自己管理も含めて）を考えたとき，かなりの学習意欲をもっていることが予測される．
(17) 国立の教育系大学・学部に不合格したもので，私立大学の教職課程で教員免許の取得をめざす学生（私立大学・短大の教育系学部・学科に学ぶ学生）も，教師になりたいという意識は高いと思われる．
(18) 二部（夜間主コース）の場合とは峻別している．私立大学の教職課程というのは一般的にマスプロ教育で行われ，しかも5・6時限という学習意欲が削がれる時間帯に教職科目が（時間割に）組み込まれている．
(19) 中谷彪「教育系大学・学部の将来を考える」中谷彪・浪本勝年編著『現代の教師を考える』北樹出版，2001年，64〜65頁．
(20) 団塊の世代の教員が今後10数年間大量退職することをにらみ，文部科学省は教員養成分野の収容定員の抑制を撤廃する方針を固めた（「定員抑制を撤廃」日本教育新聞，2005年2月25日号）．このように教員確保が急務という問題も一方においてはある．教員の需要に関しては，地域差があることはいうまでもない．
(21) 実際に国立の教育系大学・学部の教員養成課程は，ここ15年間，その入学定員を削減し続けてきた．具体的には，1986年までの教員養成課程の入学定員は2万100人であった．しかし，1987年から1997年の11年間に「新課程」（ゼロ免課程）を設置したり，他学部への移動によって1万4515人に減らしてきた．中谷彪・浪本勝年，前掲書，64〜65頁．

第3章　教師の悩みと生きがい
—不登校問題に見る苦悩の落差とその意味—

廣木　克行

　心を病む教師の増加が報じられている[1]。報道によると「2003年度に精神性疾患のため病気休職した全国の公立学校教員は，2002年度より507人増えて過去最高の3194人」になっている。増加率は18.9％だが，わずか1年で急増したことがわかる。しかも精神性疾患による休職者は病気休職者全体（6304人）のほぼ半数に上っている。ところが教師は「重傷にならないと治療に来ない」傾向が強いと指摘されているだけに，軽度とはいえ心を病むほどの苦悩を抱えたまま働いている教師は，相当の数に上ると考えられる。

　一方最近1〜2年，不登校の相談を通して親たちが語る教師の姿や，クラスの不登校児に関する教師たちの発言からは，不登校児とかかわる教師の発想に悩みの希薄化あるいは変質といいうる変化を感じることが多い。換言すればそれは，不登校のとらえ方や不登校児にかかわる自分自身のあり方について，迷いや自信のなさを表出して悩みを語る教師が減少し，ハウツー的な対応の知識を求める教師が増えているということである。

　本章では，教師の苦悩のあり方が，自分自身の「仕事に関する苦悩」の深刻化と子ども理解に迷う「教育的苦悩」の希薄化という，2つの方向に引き裂かれている状況を踏まえて，その背景にある教育政策の変化の意味を不登校問題の視点から明らかにしたい。

第1節　教師のストレスと管理主義的学校経営の実態

　精神を病む教師たちの現状（2004年）を健康問題から分析した福地保馬（医学

研究者）は，その特徴を「疲労ストレスの常態化」と表現している[2]。そして教師たちに日常的なストレスをもたらす学校の現状に「教育労働の荒廃」を見，その特徴として「長時間労働の日常化」と「働きがいのない苦しい労働」そして「支援度の低下」の3点をあげている。

　ここでいう「長時間労働の日常化」とは，時間外労働という言葉が死語になっている学校現場で，1日10時間を超える労働と仕事の持ち帰りが一般化し，1日5〜6時間程度の短時間睡眠が常態化している状況のことである。また「働きがいのない苦しい労働」とは教職の専門性が発揮できず，創意工夫の余地が奪われるとともに，職務命令への服従が強いられ教育労働が変質させられている現状をさしている。そして「支援度の低下」とは，成果主義と個人の指導力のみを評価する人事政策の導入によって，教師間の関係が薄れて孤立化が進み，実践上の成果や困難を交流して支え合う関係，いわゆる「同僚性」が崩されていることを意味している。これらの指摘は教師の悩みの背景に，健康を害するほどの労働条件の急激な悪化があることを示すとともに，教師の専門性と実践上の工夫を無視する管理主義的学校経営が導入されて，教師たちに強度のストレスをもたらす「教育労働の荒廃」が広がっていることを示している。

　冒頭に例示した精神性疾患の急激な増加はその現れの一部であるが，とくに顕著な事例は，民間人校長の導入と自殺（尾道市2003年3月）をめぐって注目された広島県に見ることができる。広島県教委によると2002年度では，年度半ばの10月段階で病気休職を申請した教員が100人当たり1.2人という高率に達しており，その休職者のうち約4割（約208人に1人）が精神性疾患によるものであるという。そして福山市内では教職員15人の学校で6人が休職している中学校もあると報じられている[3]。ちなみに2003年度の1年間に精神性疾患で休職した教員は全国で約290人に1人であり，広島県の多さは際だっている。

　だがこうした事態に対する広島県教委の対策は全教職員を対象にした「メンタルヘルス診断」が中心だといわれ，ストレスを強める学校経営などの構造的な問題を見直す気配はない。むしろその対策には民間人校長の自殺とその対応

にみられた，教師個人の心理的問題に矮小化する発想を見ることができる。

　広島県の教師である東神大の報告[(4)]を見ると，広島県のなかでもとくに東部では行き過ぎた同和教育（解放教育）の「是正指導」に名を借りて，2003年度から管理主義的学校経営の確立に向けた「改革」が本格的に行われはじめたことがわかる。少し長くなるが一つの典型としてその要点を記しておきたい。

　まず，学校運営や教育に関する議論の場であった「職員会」は2004年度から廃止された。それに代わって設けられた「職員連絡会」や「職員伝達会」は，もっぱら校長による指示・命令・伝達の場になっている。また「学校経営改革モデル校」には，この年から教頭を補佐する「主幹」（手当なし）がおかれ，漸次拡大する方向だという。しかも主幹の人事は4月1日に校長が発表するまで教頭を含む中間管理職にも知らされなかったらしい。それは校長の権限の強さを人事によって誇示する演出と見ることもできよう。

　また，教師の作成する文書はすべて「起案」と呼ばれるようになり，その「起案」が校長「決裁」を受けるまでのプロセスは，まるで支配者の裁下を押し戴くような物々しさである。「すべて職員は主任を通して報告し，主任は主幹，主幹は教頭を通して報告すること」が厳格に守られる。つまり，「生徒，保護者に配るプリント類はすべて元号で表記し，印刷する前に主任，主幹，教頭，校長の決裁を受け」なければならないのである。

　この「起案」と「決済」のシステムは，広島の他いくつかの地域にも見られるものであるが，ここで重要なのはそのシステムの機能である。管理主義教育で広島と比較されることが多い東京都のある女性教師は，「校長先生に直接話すなどということはとても考えられない状況です」「自分が作った文書はすべて主任，主幹……と進むごとに修正のチェックが入り突き返されます。そのたびごとに書き替えるので，校長の『決裁』がおりるまで何日もかかることが少なくありません。そしてやっと校長の『決済』がおりるといつのまにか憤りを忘れて，不思議なことに涙が出るほどほっとすることがあるのです」と述べていた。まさに校長を雲の上の権力者と思わせるシステムだといってよい。

　広島の場合，それが学年や教科など組織の文書の場合はさらに徹底され，修

正チェックの度ごとに何回でも話し合いがもたれ，結局は校長の思い通りの文書にさせられていくという。しかもその文書を教室に貼り出す場合にも指示が出され，各教室の同じ位置に同じ大きさで統一して掲示することまで求められる。また，公開授業の指導案を作成する場合は「全員が同じ文字数，同じポイント数，同じ形式，同じ展開，同じまとめで指導案を書くことが押しつけられ，学校としてのまとまり，統一性が強調され，何度も書き直しが命じられる」という。授業準備に使うべき時間がこうして削り取られ，疲労が増していく。

東神大はこのプロセスが生み出す教師の心理を「起案恐怖症」と呼んでいるが，その心理状態が続くなかで教育の論理も教師としての誇りも奪われて，「言われたことさえしておけばよい」という無気力が職員室のなかに蔓延していくと指摘している。しかも学校のなかでは「報・連・相」（報告，連絡，相談）の厳格な実施が求められ，そのすべてが校長に至るまでの「報・連・相」として実施されない場合，校長は教員だけでなく中間管理職をもみんなにわかるかたちできびしく叱責し指導するのだという。これは企業的，行政的というより軍隊的とさえ言える上下の規律であるが，その規律が確立されると学校を訪れる「お客さんを迎える心と所作」として，教職員の服装，化粧，動作なども細かく指導されるようになり，それに対しても次第に反発が出なくなり従うようになるのだという。

このような状況を視野に入れて考えると，広島の教師のなかで心を病む者が非常に多い事実はまさに構造的な問題であることがわかる。こうした精神を病む教師の増加現象をメンタルケアの臨床例からとらえ，早い時期から警告を発していたのは精神科医の中島一憲（東京都教育庁委嘱医）であった。2000年の論文[5]で中島は，精神科を訪れる教師たちには2つの特徴があるといっていた。その一つは，教師の場合とくに反応性うつ病が全体の50％を占め，他の勤労者に比べて異常に高いということ。もう1つは，反応性うつ病や適応障害という症状の増加は，学校現場におけるストレス性疲労の広がりを意味するということである。

さらに中島はそのストレスが高まる直接の原因を分析して次の3点をあげて

いた。第1は児童・生徒との関係，とくに生徒指導上のストレスであり，第2は同僚や管理職という学校職場での人間関係，そして第3は児童・生徒の保護者との関係である。これらが学習指導，校務分掌，雑務やデスクワークという日常業務に加わることで，いくつもの要因が相乗して精神に異常が生ずると見ているのである。

中島のこの見解を踏まえて管理主義的学校経営の現状を考えると，広島県を1つの典型とする学校と教師のあり方は，教師間の同僚性を壊すものであるだけでなく，学校内部の権力的人間関係が教師の人格を抑圧する段階にまで達しているとみられる。また教師としての誇りを傷つけるこの抑圧は生徒指導に際して教師を権力的対応に導きやすく，子どもとの関係を悪化させる可能性が高まると考えられる。そして保護者からのクレームは，説明責任が問われる管理職にとってもっとも避けたい問題であるだけに，膨大な説明資料づくりの日常化による教師の多忙化を一層進める可能性があることが見えてくる。

第2節　不登校政策の転換——心から進路へ

次に見ておきたいのは，こうした「改革」の一環として導入された不登校政策の転換が不登校問題に対する教師の姿勢に，どのような変化をもたらしたかということである。管理主義的学校経営による全般的ストレスに加えて，生徒指導のあり方を左右する政策変更が教師に与える心理的負担を考えるうえで，不登校政策のもつ意味は非常に大きいと考えるからである。

文科省は2003年の春に新しい不登校政策を打ち出した。それは新聞各紙が「不登校対応『登校促す』へ転換」と報じたように，それまでの政策を根本的に見直すものであった。しかもその新政策は長引く不況や社会不安を背景とした少年事件の多発など，「子どもの危機」の新たな局面に対応したものとしてではなく，管理主義的教育政策の一環として不登校の数減らしのために競争を導入し，再登校を促す方向に拍車をかけようとするものであった。

それまでの不登校政策とは1992年に打ち出された政策のことである。92年

政策は，不登校の原因を本人の性格傾向に求め，その性格形成の責任をもっぱら家庭に求めていた80年代の不登校認識を根本的に見直したものであった。それによって不登校の原因や就学義務不履行の責任など，そのすべてを家庭に負わせることが多い教師の見方は修正を迫られることになった。教師にとってそれは再登校に向けて不登校児を指導してきた方法を見直し，不登校児の心理を受けとめて待つことを求められるものに変わったことを意味した。

その意味で1990年から2年間にわたる調査研究を踏まえた92年政策は，文字通り画期的であった。92年に出された初中局長通達「登校拒否問題への対応について」を見ると，そこには次のような記述がみられる。

①不登校はどの子にも起こり得るものであるという視点に立って捉えていくこと。
②子ども同士の葛藤，学業の不振，児童生徒の教師に対する不信など学校生活上の問題に起因して不登校になることがしばしば見られることに留意すること。
③学校，家庭，関係機関，本人の努力などによって，不登校の問題はかなりの部分を改善ないし解決できること。
④子どもの自立を促し学校生活への適応を図るためには，多様な方法が検討される必要があること。
⑤子どもの好ましい変化は，たとえ小さいことでも，これを自立へのプロセスとしてありのままに受け止め，積極的に評価すること，である。

不登校を特別の家庭の弱い子どもの問題とだけ見るのではなく，学校や教師のあり方をも問う問題だとの認識を示したこの通達は，再登校を促すだけの取組みを反省して，多様な方法を検討することを教師たちに求めたのである。

ところがその10年後，わずか7カ月の審議で「再登校の促進」を基調とすることに転換した2003年政策は，この92年政策を総括したうえで提起されたものでなく，学校と教師に責めを負わせるかたちで提起された。つまり政策転換の論拠を学校と教師による92年政策への一面的な理解と対応に求め，それを不登校が増え続ける要因としたうえで，「ただ待つのではなく，早期の適切

な対応が必要」であることを強調し,「再登校の促進」に向けた努力を教師たちに求めたのである。それは政策責任者が施策のあり方を問い直すことをせず,現場に責任を転嫁する論理にほかならなかった。

しかも政策転換の論拠を補強するために「不登校という状況が継続すること自体は,本人の進路や社会的自立のために望ましいことではない」という論理さえもち出している。それは不登校児の心理的苦悩への無関心を前提としたときにだけ成立する「正論」である。つまり不登校の解決とは別次元の問題である再登校実現の意義を一面的に強調し,不登校児の苦悩から目を逸らす政策を打ち出したといい得る。つまりそれは不登校児たちの「心の問題」に向きかけた教師の意識を逸らし,「進路形成と自立の問題」に焦点を当てて,再登校に向けた働きかけの強化を教師たちに求める政策転換であった。

第3節　不登校への管理主義的対応とその帰結

新しい不登校政策の具体化として2003年度から各自治体と教育委員会は,いじめ,問題行動などと並んで不登校を減らす数値目標を掲げ始めた。文科省が自ら行った分類によると,それらの数値目標は「不登校の在籍比率などの減少を目標に掲げるもの」や「全国的な出現率との相対比較で目標を設定するもの」そして「スローガン的な目標を掲げるもの」や「前年度比減少率を掲げるもの」などに整理できるという(6)。

各県の政策と数値目標を受けて,管理主義的学校経営を進めてきた各地教委と学校は,「不登校半減」など,それぞれ独自の標語と数値目標を掲げその達成度を競い始めている。各自治体で方法は違うが,その達成度によって各学校の管理職の「経営手腕」が評価され,年収の査定に反映させる県も出ている。それゆえ各学校では校長(経営者)の出す目標に合わせて,各教師はクラスの不登校児数を減らす数値目標の提出を求められ,その目標を達成するために週ごと,月ごとの家庭訪問の回数と,そこで話した内容を報告する文書の提出が求められるようになった。

第3章　教師の悩みと生きがい―不登校問題に見る苦悩の落差とその意味―

　こうして 2003 年の政策転換は，不登校問題の専門家や多くの当事者たちが憂慮した方向に学校と教師を向かわせている。すなわち一部の教師たちはもはやカウンセラーとの連携を必要としないかのように，不登校児に対して教師としてやるべき「再登校に向けた指導の方法」を考えざるを得なくなっている。それは相談室や保健室登校をしている子どもの話に耳を傾ける養護教諭やカウンセラーの対応を生ぬるいと批判する傾向を強め(7)，さらに不登校児に働きかけて欠席日数を減らす（＝不登校児を減らす）ために「何をすべきか」を考えて，それに有効なあらゆる手法を探し求めるケースとして現れている。

　1つの例をあげよう。2005 年 6 月に愛知県で開催された不登校経験者たちによるシンポジウムにおける 1 人の男性教師（中学校・35 歳前後）とシンポジストたちとの興味深いやりとりである。コーディネータとして参加した筆者のメモからそれを再現してみたい。

　その教師が尋ねたのは「自宅に引きこもっている不登校の生徒を元気づけたいと思っているが，担任教師としてどうしてあげたらいいか教えてほしい」ということであった。それに対する不登校経験者たちの答えは次の 3 点に要約できる。第 1 は「『担任教師としてどうしてあげたらよいか』という質問には，『何かをしてやる関係』を感じるが，そうではなくて話を聞いて先生自身が気づくことこそ大切だと思う」ということ，第 2 は「そういう質問に対して，もし簡単に得られる答えがあるとすれば，それは危険であり有害なものだと考えた方がよい」ということ，そして第 3 は「先生が自分で考えたうえでしてあげることには子どもを傷つけるものが多いので，不登校をしている子どもとその親から話をよく聞き，そのうえで考えることが大切だ」という 3 点である。

　このやりとりからわかるように，集会に参加して不登校経験者たちに質問した教師に積極性と可能性を認めはするものの，不登校児に「何かをしてやりたい」という中堅教師の意識と不登校経験者たちのコメントとのズレの深さはあまりにも大きい。「元気づけたい」という教師の思いそのものが，すでに不登校児の思いへの無関心を意味すると経験者たちは言っているのである。それゆえに，教師自身の主観的善意に基づく励ましのかかわりが心傷ついた子どもに

とって如何に危険であるか，不登校経験者たちは子どもの思いを「聞き取ること」の大切さを強調しながら，その点を懸命に伝えようとしたのである。中堅とみられるその中学教師には，10年以上に及ぶ教師経験があるはずなのに，現在の学校の雰囲気がこのような発想を醸成しているのではないかと危惧される質問であった。

　この傾向は「指導」の専門家である教師たちのなかに以前から見られたものではある。だからこそ92年政策の具体化においては，教師が心理職の専門家と連携して不登校児の思いを「聞き取る」ことが模索されてきたのである。その模索に現れた教師の悩みは，たとえば2000年末に茨城大学の小嶋秀夫が全国の小中学校の教師に対して行った調査にも現れていた。それは「過去1年の間に体験した困難」についての意識調査である[8]。

　その調査結果によると，全国の教師が実感した困難のなかでもっとも多かったのは，いじめでも学級崩壊でも父母とのトラブルでもなく不登校児への対応であった。つまり当時その対応に困難を感じていた教師の割合は小中学校全体で42％を占め，中学校の教師だけに絞ってみると61％にも達していた。そして困難と感じる主な理由に「不登校児の指導に自信がない」をあげ，教師としてのかかわりに深い戸惑いを示していたのである。

　いじめも学級崩壊も教師にとって非常に悩ましい問題であるにはちがいない。だがその子どもたちは学校に来て問題を起こしており，教師は悩みながらもその気になれば子どもたちにかかわり教育的に指導をすることができる。しかし不登校児への対応は単なる教育的指導ではすまない。不登校とは本人の心に自力では解決不能な葛藤が生じて学校に行けなくなることである。そのため教師が家庭訪問をし，教育者としての力でなんらかの支援をしたいと思っても，子どもと関係をもつこと自体がかなり難しい。また仮に子どもに会えた場合でも，世間話以外の学校の話題や再登校を促す言葉は拒絶され，以後の関係を絶たれる場合が少なくない。もしも子どもに理解と共感を示そうとすれば「苦しいのなら，無理して学校に来なくてもいいんだよ」と言うことが不可欠な場面に遭遇することになる。しかし教師にとってそれは悩むことなしに言い得る言葉で

はない。

　その点について 2001 年の教育科学研究会大会で出会ったある教師は「子どもが学校に来てこそ成り立つ教師の仕事を自ら否定するような気がして，それはなかなか言い出せません」と語り，また別の教師は「その言葉は，わが子の再登校を願い教師の指導に期待している親の前で，教師である自分の無力を証明するようで言えませんでした」と苦悩を語っていた。「心の問題」に着目すればこのような矛盾に直面することが不可避であるからこそ，教育の専門家である教師にとって不登校児への対応がもっとも困難だと感じられたのであろう。

　さらにこの調査が重要な意味をもつのは 03 年政策が出される前の 2000 年当時，教師の多くがこれに似た困難を実感しながら「不登校児の指導に自信がない」と答えていた事実である。その自信の揺らぎには不登校児の気持ちを理解することの難しさや，不登校児に働きかける教師としてのあり方への戸惑いが現れていた。つまり「指導」し「教える」という教育的なかかわりだけでは越えることができない「心の問題」に直面するがゆえの悩みであった。

　ところが今日，不登校児の数を減らす数値目標に追い立てられるなかで，不登校児に働きかける教師たちの思いには大きな変化が現れている。それは不登校児自身が内的葛藤を克服するのを支える方向にではなく，欠席日数を減らし不登校の数を減らす目標に沿って，不登校児本人を励ますためのあらゆる方策の駆使という方向に変わってきたのである。放課後，教師と一緒に校門まで来たり，公共機関の建物まで来て教師と握手をしたり，ケータイのメールに返事をすれば出席扱いにするなど，その方策は安易で多様である。だが数値目標達成に向けた「努力の成果」は，最近 3 年間の「不登校の減少」という数字になって現れており，教師たちの「努力」は「成功」したかのように見える。

　しかしその成果は，教師の「教育的苦悩」を根本的に軽減するものとはなり得ていない。なぜなら数減らしの対象にされ，矛盾を深めさせられた子どもたちのなかには，あたかも校内暴力の鎮圧がいじめ・自殺の急増を生み出した 1980 年代の現象にも似て，形を変えて苦悩が噴出し，新たな社会問題に転化する事例も現われているからである。たとえば苦しみや不安に対する周囲の無

理解と圧力にキレて，親や教師あるいは級友に対して暴力を振るう復讐的反抗の出現，そしてまた増えつつある自傷行為や子どもの突発的な自殺などである。つまり管理された教師たちの「努力」による不登校の減少という「成功」物語には，子どもと教師により深い苦悩をもたらす矛盾が内包されていることに注目すべきなのである。

注
(1)「朝日新聞」2004 年 12 月 11 日。
(2) 福地保馬「健康問題から見た教員の労働負担と課題」民衆教育研究所編『人間と教育』第 44 号，旬報社，2004 年 9 月。
(3)「毎日新聞」2002 年 11 月 20 日。
(4) 東神大「強まる教職員の管理統制」部落問題研究所編『人権と部落問題』第 735 号，2005 年 9 月，同。
(5) 中島一憲「教師の悩みとメンタルケアー」民衆教育研究所編『人間と教育』第 31 号，2001 年 12 月，旬報社。
(6)「読売新聞」2003 年 1 月 14 日。
(7)「学校カウンセラー・孤立と失望の理由」朝日新聞社編『アエラ』2005 年 6 月 6 日，同。
(8) 小嶋秀夫「教師の悩み」『教職研修』第 30 巻第 3 号，2001 年 11 月，教育開発研究所。

第4章　教師と地域社会

境野　健児

第1節　教師・学校と地域社会のかかわり

　日本の教師と地域社会とのつながりは，戦前から1970年代ごろにわたって強いものがあった。義務教育制度発足時には，学校の敷地・建物，運営費，教師給与に至るまで，地域社会によるまとまりによって設置され，維持されてきた。中学校や高校の建設に関しても，地域社会の人々の教育への思いが刻印されているといってよいであろう。学校の設置主体は行政であっても，地域住民で建設し，その後も維持してきた歴史的経緯により，地域住民に「地域の学校」の意識を醸成させることになったのである。

　学校は物質的なことだけでなく，地域社会の生活にも深い関係を維持してきた。農村の学校ならどこでも地域社会の農業の営みに合わせて，農繁休暇やイナゴ取り行事などを設けていた。現在においても，地区住民による教師の歓迎会や送別会，転勤の場合は転勤先まで教師を送るというしきたりや，伝統行事のお祝いの席に教師を招くことが慣例となっている地域社会もある。こうした営みは，学校が「地域の学校」であることを如実に示している。

　また，教師も「村の教師」となって，地域社会の生活・文化の向上と深くかかわっていた。学校は地域社会の文化センターともいわれた。学校施設が地域社会の文化行事に使用されるだけではなく，広い知識をもつ教師に期待が寄せられていた。政治，農業や環境など日本の課題や地域社会の課題に応じて，学習・文化・交流活動を通じて地域住民と結びあう事例にはこと欠かないほど，

教師は地域社会との深いつながりをもってきた。

　日本の教師は，以上のように教師という職業が生まれて以降，戦前戦後にわたって長く地域社会との関係を強く結んできた。もちろん，その内容は学校と地域社会との関係も含みながら，時代を反映している。戦前から戦後への転換のもとで，教師は教育の民主化や地域社会の民主化という課題に積極的にかかわるようになった。高度経済成長政策以降は，人づくり政策のもとで学校も教師も子どもが地域社会を離れることを「良し」として，その奨励にあたった。また，地域社会と教師を疎遠化する学校統合が激しい勢いで行われた。他方では，地域社会の崩壊が進むなかで地域社会の暮らしと文化を守る地域づくりや，教育の内容と方法を地域に根ざす実践が意識的に追求され，教師と地域社会とのつながりは，教師の教育意識によって支えられる時代となってきたのである。

　その後，高校への進学競争が激化するなかで，次第に「暗記し覚える学力」が重視されるようになり，教師と地域社会との関係の希薄化が進んだ。地域社会との関係は，学校長などの管理職がもっぱら対応し，教師は学校教育計画の遂行者となり，保護者以外の地域住民と交わることが少なくなってきた。あっても，子どもの問題行動の深刻さのなかで，学校のみでは対処できないときに地域社会との関係を結ぶという，消極的な関係であった。学校も教師も，子どもの生活の場である地域住民の生活，文化などへの視野をもつ必要がないほど，効率かつ能率的な学校経営を追求するようになってきたといえるであろう。

第2節　学校を地域社会に開く多様な試み

　子どもを育てる営みは学校だけで行われるものではないのに，教育の社会的責務が問われるなかで，学校がその責任を次第に背負うような風潮が強まり，学校は次第に閉鎖的となっていった。1990年代以降，「子どもの荒れ」などが広がりかつ深刻化するなかで教育・学校への信頼性が揺らぎ，開かれた学校づくりが提唱されるようになった。学校週五日制も始まり，子ども自身の自己形成空間を確保することや学校・家庭・地域社会との連携・協力の必要性，地域

住民や父母の願いを受けとめることで，教育・学校の信頼性を高める方策など，新しい関係づくりが教育改革の課題として提起されたのであった。

　開かれた学校づくりの展開は以下3つの方向で展開された。1つは，学校長への諮問に応える学校評議員制や子ども，父母や地域住民の学校参加を保障する学校評議会を設置し，地域住民等の意思を学校教育に反映させることを目的にすえる制度的な試みである。1つは，教室や図書館などの地域開放や複合型学校建築による地域コミュニティ施設としての学校というように学校建設の面において地域社会の学校が生まれている。その結果として，学校を舞台に地域住民と子どもとの世代間交流，学校が広場となり教師との交流の機会が広がっている。1つは，学校が地域社会において教育的な価値あるものを，子どもの学びと育ちに活かしていく試みである。授業実践における地域との連携や教材化，「総合的な学習の時間」を活用した地域環境づくり，農業，伝統芸能などの地域に根ざしている生活・文化の学習活動，あるいは地元生産物を活用した学校給食などが展開されている。こうした展開のもとで，学校・教師と地域住民との新たな交わりの契機が生まれている。教師からみれば，教師と子どもの関係のなかに地域住民の声や意向が加わるのであるから，ある面では荷が重く，気を使うことになる。だが，そうした取組みを実践している教師の生き生きした姿をみると，学校や教師に新たなエネルギーを与えるものになっているように思える。以下，3つ目の教育内容・方法と地域社会とのかかわりをみておくことにする。

　学校教育への地域住民の参加は，暗記する学びから子どもに経験による学びの世界を提供する機会となる。農業，生活文化，伝統行事などに込められている学びの価値を教師が掴んでも，直接に子どもに伝えることはできない。その価値を伝えられる地域住民に参加を依頼し，子どもに伝えてもらう試みが広がっている。こうして，教師の指導性のもとで，子どもの学びの世界を豊かに広げる可能性が高まっている。重要なことは子どもが学ぶだけでなく，教師も学ぶことができ，教職の専門性を深め，高めることになることである。他方で，地域住民にとって学校教育への参加は，ごく当たり前に営んできた仕事や地域

生活，文化が，子どもに伝える価値のあるものと評価されるという機会ともなり，学校と地域社会の双方に意味をもつ関係が生まれているのである。

　教師・学校は，子どもの学びにとって価値あるものを地域の暮らしの内容や暮らしかたに発見し，教師・学校と地域社会を教育的に結びつけることができる。ここでは，地域に根づく伝統芸能を子どもに取り組ませた実践と有機農業による食材を利用した学校給食の実践を取り上げてみることにしよう。

第3節　地域社会に伝わる伝統芸能と結ぶ

　学校では，「総合的な学習の時間」などで，知識を覚えることの学びからモノや人にかかわる経験を通じて豊かな学びを創造するために，学校を地域社会に開き，地域文化に着目する場合が少なくない。伝統産業における職人の技に学ぶこと，藁細工などのわら文化に学ぶこと，伝統行事やその際の伝統芸能を学ぶことなど，実に多彩な教育活動が展開されている。子どもと地域文化のこうした出会いは，実は教師と地域文化との出会いでもある。教師の，子どもに伝えたいという願いがなくしてはできないことである。学校教育計画に従って形式的に取り組む事例もこと欠かないが，それは意味のないことといえよう。したがって，子どもが地域文化の学習活動に取り組むにあたっては，実際にかかわる教師の地域文化へのまなざしが大きな意味をもつ。教師の地域文化への理解とそれを子どもに伝えることへの教育的関心と理解があって可能なのである。

　ここでは地域社会で行われている農村歌舞伎を教育活動に活かした例をみておくことにする[1]。農村歌舞伎は地芝居ともいわれるが，古い時代に旅役者が農閑期に農村で演じてきたものが，いつしか役者が定住し，または農民が習得して定着したものである。農業のかたわらの娯楽であった。こうした地芝居は多くのところで途絶えたが，継続したり，あるいは復活させたりして，継続して展開している地域がある。こうした地域社会の伝統文化として定着している農村歌舞伎とそれを支える住民の力を借りて，学校で教師の指導のもとで，子

ども歌舞伎の活動が展開されている。なお，子ども歌舞伎が行われているのは全国的には 12 〜 13 カ所といわれているように，貴重な試みとなっている。

　山形県小国町にある O 小学校は，生徒数が 30 数名という小規模校である。この学校では，「総合的な学習の時間」が設けられる以前の 1988 年度から，地域社会に伝わる農村歌舞伎に着目し，「ふるさと学習」の時間を設けてきた。その意図は，表現することの喜びや魅力をもたせ，子どもの表現力を高めたいということからであった。

　具体的には，4 年生からの 3 年間にわたる学習となっている。4 年次は年間 2 時間程度で歌舞伎への導入的な学習，5 年次は演じる役割，6 年次は歌舞伎保存会のメンバーとともに 5 年生の指導にあたっている。現在は，毎年 105 時間ある「総合的な学習の時間」のうち 50 時間程度を歌舞伎の習得に当てている。これだけでは，練習が不十分ということで，とくに公演前には放課後の練習時間を確保し，特訓している。

　5 年生は農村歌舞伎の練習だけではなく，江戸時代から伝わっている歌舞伎の歴史を学習し，地域社会にある農村歌舞伎の資料館の見学，歌舞伎ビデオなどの鑑賞など総合的な学習活動に取り組んでいる。教師は農村歌舞伎に関する上記の指導はできないので，後で述べるように保存会の古老に指導を依頼している。こうした学習と合わせて，歌舞伎練習は年間を通して行われる。最初に，配役を決め，台本の読み合わせをし，セリフを覚える。台本読みも，物語に合わせて「高く，低く」，「上がる，下がる」など歌舞伎の言い回しなどを習得していくのである。具体的に指導するのは農村歌舞伎の現役の役者である。

　こうした歌舞伎を学び，演じることで，子どもは「演じることで自信につながっている」し，自分の役割を担うことで「自分を思いきり発揮できる場になった」と，教師が評価しているように，一人ひとりの出番と役割を通じて成長をしている。したがって，この学校では歌舞伎公演が，子どもにとっても「待たれ，待ち焦がれる」ものになっている。歌舞伎の公演終了後，5 年生は文集委員を選び，教師の指導のもとで，『THE ☆ 歌舞伎』の発行を毎年続けている。子どもの演技にかける思いや難しさなど，また指導者である古老と子ども同士

のかかわりが実に丁寧に綴られている。「むずかしい所はうなずく所」、「注意されるところは気絶して薄目をする所です（まばたきをしないように注意されるとのこと——筆者注）」などと，歌舞伎の表現内容の苦悩や達成感が具体的に書かれている。また，カツラが頭にぴたりと入るように髪を切らない努力や，具体的な身振り・手振り，役同士の掛け合いなど，実に具体的で子どもの歌舞伎への意欲的な取組みが伝わってくる。作文だけではなく，演技する自分を表現する版画づくりにも全員が取り組む。たとえば「黒子役」の版画もある。こうした経験を客観化して，表現し，子ども自身が自分を見つめる機会をもてる総合的な学習となっている。

　子ども歌舞伎を指導しているのが歌舞伎保存会である。農民の娯楽として江戸時代の末期に地域社会に定着し，1937年以降戦争で中断され，戦後初期に復活したものの高度経済成長政策のもとで途絶えたが，1985年に町の「地域づくり」の課題として復活させ，現在保存会で支えている。保存会は集落の全戸（38世帯）で構成され，お金を出しあって維持している。そのうちで，歌舞伎に直接かかわるのは役者，裏方，化粧着付けなどで20名程度。年齢は若い人から70代後半と幅広く，全員が歌舞伎以外の仕事をもっている。若者が参加しはじめたのは8年ほど前からで，「やはり演じる充実感，喝采を浴びる喜びなどが，たまらない魅力」だと述べている。どこの地域社会でも農業や暮らしでのつながりが希薄となっているなかで，歌舞伎を維持し継続することで地域社会の世代間交流と協力を創造している。地域社会を活性化させている文化による地域づくりである。

　子ども歌舞伎の実践は，伝統芸能に着目した地域社会の文化と自治を維持している地域づくりに支えられている。実は，この小学校の体育館は，玄関口は木づくりで民家風の屋根，窓の形も菱形，舞台も歌舞伎の演舞場のような雰囲気をもっている。

　歌舞伎保存会の古老は手弁当で学校に行き，伝承活動を行っているが，子どもとの交流が楽しいし，生き甲斐を感じるという。学校が地域社会に開くことで，歌舞伎を通じて子どもの学びの機会を豊かにつくり出しているばかりでな

く，地域の自治と文化を励ますことにもなっている。

　地域社会にある伝統文化に着目し，それを支える文化と自治の経験を子どもの学びにまで組織化するという教師・学校の教育価値の自覚に，学校を開くことの教育的な意図を読むことができる。

第4節　地場産給食で地域に開く

　最近は，地元で生産された農作物を地元で消費する「地産地消」が食糧自給率の低下の影響もあって各地で提唱され，学校給食にも地元食材の利用促進が積極的に図られている。1980年代以降における，食の内容を豊かにし健康な体を育むために，安心・安全な地場産の食材を学校給食に活用する試みも注目に値する。

　地場産の給食で大切なことは，食材を安定して確保することである。したがって，食材の供給量が安定的で，かつ食材の搬入や食材の要請に臨機応変に対応ができるといった生産者側の協力が欠かせない。地場産給食は単独調理でもセンター方式でも行われているし，また学校ごとや市町村内の学校全部でというように，方式や規模も多様である。学校を地域社会に開くことで，学校が主体となって地場産給食を実施している事例から取り上げてみたい。

　給食に地場産の食材が使われている学校では，概して安全で安心な有機農産物の生産者との関係が多い。というのも生産者が消費者向けに「安心・安全な食べもの」を提供しているのに地元の学校では別の生産物を子どもに食べさせるのはおかしな話である。つまり，自然にやさしい農業のもつ価値を外に向けるだけではなく，地元にもということで有機農業による学校給食が，教育委員会・学校・教師の支持で実現しているのである。

　福島県・熱塩加納村は「有機農業の里」をキャッチフレーズに長い間地域づくりに取り組んできている。父母や地域生産者が給食の食材を届ける会を組織して，給食を支えている[(2)]。生徒数が100名ほどと少ないので，野菜を給食用にと作付けするよりも，自家用の野菜等を多めに作付けし，それを給食に供給

するという実に緩やかなやり方を維持している。ここの学校給食は，家庭の子育ての延長上に，住民の協同による給食が実施されているようなのびやかさがある。この学校の地元産自給率は野菜，卵をはじめとして地域社会で対応できるものは対応することにし，冬場は農産物ができないものもあるが，2003年度の場合米は100％，野菜類は99.5％となっている。

　この地場産給食は，高齢者を中心とする生産者グループによって支えられている。生産物の単価も市場価格とは別に年間を通して同じ価格とし，かつグループ内で学校の求めに応じて出荷計画を作成して対応している。しかし，農作物は天候によって出来不出来もあり，また収穫がずれることもあるので，グループ内で補いあい学校給食を維持している。また，肥料等の栽培基準を設け，安全・安心な野菜づくりを行っていることも注目できる。

　こうした学校給食は，地域住民の願いもさることながら，学校・教師の理解と協力がなければ進まない。地場産の食材の使用は，栄養教諭・調理員の負担を大きくするので特段の理解が必要であるし，教師も日常的な給食指導では食材のもつ意味，つまり食材に込められている生産者の思いへの理解が必要とされている。それは，生産者への感謝だけではなく，環境と命を大切にする有機農業への深い理解が求められているのである。この学校では，低農薬の米づくりに田植えから稲刈りまで本格的に取り組んでいる。その指導者は地域の有機農業の生産者であり，指導者である。学ぶのは子どもと教師である。教師は，給食の食材の意味を通じて子どもの健康，地域環境などの現代的な課題を深めるなど教師の専門性を高める契機ともなっている。この学校に赴任すると多くの教師が家庭にも安全な食材を求めるようになるという。

　この学校では，毎日使用した食材については生産者名を入れた「今日のメニュー」の展示，あるいは給食時間に生産者の紹介が行われている。給食を通じて子どもと生産者との顔の見える関係が生まれているのである。子どもは給食費で育てられているのではなく，地域社会の生産者に育てられているといっても過言ではないであろう。他方で，生産者は，「子どもに感謝される」こと，「声をかけてもらえる」ことがたいへん嬉しいといい，やり甲斐につながると

いう。地場産給食は，生産者の出番と役割の機会を生み出しているといえよう。農の営みへの評価や自分のもつ農業技術への評価によって，農業者や高齢者の生き甲斐づくりにもなっている。このように，食による学校を開く営みと教師の指導によって，子どもを育てる身体的・文化的土壌を豊かにするばかりでなく，生産者に役割と出番の機会を作り，地域社会を活性化させる地域づくりにもつながっている。

第5節　地域につながることでみえること

　以上の2つの事例は，学校を地域社会に開くことを通じて，教師の指導のもとで地域住民の文化や生産と自治から，子どもの学びの豊かさをつくり出すことができることを教えている。こうしたことを支えているのが，地域社会の生活・生産・文化のもつ価値と自治が，子どもを育てる力をもつという学校や教師の認識である。さらに，地域の価値を重視する実践を通じて，教師も発見的な学びに出会うことができ，教師の専門性は広まり深まっていくことができるのである。
　他方で，学校を開くことで，地域社会で展開している経済，環境，文化などの地域づくりを学校教育に招きいれることは，子どもの学びを豊かにするだけではなく，地域住民と学校の連携や住民同士および世代間のまじわりを一層発展させる可能性が生まれている。
　これは物質的かつ精神的に支え，支えられるという従来の学校と地域社会の関係から，学校・教師が教育活動の必要性から地域社会の価値に注目することによって，新しい人々の関係を重層的に創り出し，新しい地域生活空間を作り出す可能性をもつといえる。
　地域社会とつながる教育の営みから，子どもの学びを豊かにし，かつ地域づくりにつながるという相乗的な営みを一層発展的に展開するために，教師に期待されていることは大きいといえよう。

注

(1) 境野健児「『子ども歌舞伎』と地域の復活」農山漁村文化協会編『食農教育』第39号，2005年3月。

(2) 境野健児「安全な学校給食と有機農業による地域づくり」日本農業法学会編『農業法研究』第37号，同，2002年5月。

第5章　教育課程づくり・学校づくり

植田　健男

　教師をめざす者にとってもっとも基本的な願いは，どの子もわかる授業，子どもたちを惹きつけてやまない良い授業ができるようになりたい，ということに尽きるのではないだろうか。いわゆる「授業づくり」に最大の関心が向けられるのは，現職の教師もまた同様である[1]。

　授業が，学校における教育活動の中心をなすものであることは間違いないし，教師の仕事のなかで授業がもっとも大きな位置を占めているのも間違いがない。しかし，教師に求められる力量は，狭い意味での「授業づくり」だけに終わるものではない。先の願いが，子どもたちのためのものなのであれば，教師の努力が自らの授業技術や方法のみに向けられる状態で，本当に，子どもたちの学びや育ちを保障することができるのか，彼らを守ることができるのかが問われる必要があろう。

　本章では，ともすれば教師の意識から抜け落ちがちな教育課程づくりと学校づくりの意義と課題，相互の関連性について述べることとしたい。

第1節　学校づくりとは何か

1　学校とはどういう場なのか

　「教育基本法」(1947年制定)は，第1条で教育の目的が「人格の完成」にあることを明記している。私たちは，生物としての「ヒト」に生まれて「人間」へと育っていく道筋を歩んでいくが，それは，「人間としてひとり立ち」していく「人間的な自立」の過程といってもよい。私たちは，「発達の可能態」と

もいうべき存在として生まれてくるが，放っておいても自ずから発達を全うできき，人間としての特質を開花していけるわけではない。身に宿された発達の可能性を，自覚的な事物の学習によって現実のものに開花させていくことに人間の特質があるし，ヒトとして生まれたすべての者が，学習によって人間へと成長発達していく権利を社会全体が保障しなければならないのである。学習権保障の核心はそこに存する。

　子ども・青年たちにとっての学習の場は学校だけとはかぎらないが，公教育学校は，子どもたちの成長・発達を援助するための意図的・組織的な教育活動を展開する場として，人間社会がつくり出したものである。教育は，「不当な支配に服することなく，国民全体に対して直接に責任を負つて行われるべきものである」(教育基本法第 10 条 1 項) のである。

　学校における教科と教科外にわたる教育活動の全体を通じて，子どもたちの人間的自立を援助するのが学校という場であり，それを自らの責務として担うのが専門職としての教師 (集団) なのである。そうした教育活動の全体性を考えたとき，それは，けっして一人ひとりの教師のなかだけで自己完結するものでないことは明らかであろう。

2　「学校づくり」とは

　はたして，現実の学校がそうした教育活動を展開しえているといえるかどうかは，おおいに問われるところである。私たちは，公の教育を行う機関である学校が，そうした本来的な機能や役割，そして責務を十分に果たすことをめざして，常に，改善の努力をしなければならないし，もしも，学校がそうなっていないのであれば，学校をつくり変えていくことが必要である。

　また，現に学校に来ている，来ることができている子どもたちだけを対象とするのではなく，その学校が引き受けているすべての子ども・青年たちが学びの主人公となれるように，学校を学びと安心の場に変えることが求められている。今ある学校を，こうした意味での本来の学校たらしめる意識的な取組みを"学校づくり"と考えてもよいであろう。

少しでも，今の学校をより良い状態へとつくり変えていくことは大事であるが，「開かれた学校づくり」「特色ある学校づくり」はもとより，「新しい信頼される学校づくり」など教育政策当事者が「学校づくり」という言葉を国策として用いるようになっている今日，部分的，断片的な改善をもって「学校づくり」と呼ぶのは混乱を拡大することになりかねない。

今日，あらためて憲法・教育基本法がめざす教育，とくに，教育基本法第1条にいう「教育の目的」の実現を求め，それに際して第10条にいう「教育の直接責任制」を担保する取組みを念頭において，「学校づくり」という言葉をとらえ直す必要があろう。

第2節　学校づくりと教育課程

1　学校づくりの要件としての教育課程づくり

当然ながら，上記のような学校づくりを進めていくためには，行き当たりばったりでは事がうまく進む保障はない。本来の教育の目的を達成するためには，まずは，いま学校や子どもたちがどうなっているのか，その実態の確認を出発点として，どのような学校につくり変えていくのか，学校づくりの羅針盤や設計図を描くことが大切である。実は，それを描き出し（計画し），実践し，評価していくのが教育課程づくりなのである。

「教育課程編成」という時，多くの教師がまず頭に思い浮かべるのは，教育目標，教育内容，そして授業時数などであろうが，本来の意味での教育課程とは，教科・教科外にわたる教育活動の全体計画をさしており，それは子どもや地域・学校の実態に応じて，一つひとつの学校においてつくられるべきものである。

こうした意味での教育課程づくりがともなわない学校づくりは，たとえ，学校を少しでも良くしたいという善意に発するものであったとしても，学校の確かな未来を築き上げていくうえで困難を抱えざるをえないであろう。また，もしもその努力がうまく実らなかった場合，はたしてどこに問題があったのか，

どこに立ち帰ればよいのかも定かではない。学校づくりを進めていくうえで試行錯誤は避けられないとしても、できるかぎり確かな足場を築きながら、前へと進んでいきたいものである。

　子どもたちの実態から出発して学校の教育課題を明確化し、それに対する取組みの基本方針を学校教育目標としてつくり上げていくことが必要である。一人ひとりの教師は、教育課程づくりのなかで確認された学校全体の教育活動の見通しのもとに指導計画を作成し、自らが担当する授業づくり・学級づくりを進めることになるが、それらは学校づくりと統一的に進められ、実践のなかで検証されることによってその真価が発揮されるのである。「三づくりの実践的統一」とは、こうした意味において用いられる言葉である。

2　学習指導要領と教育課程

　文部省（現文部科学省）自らも認めているように、学習指導要領はあくまでも「教育課程の基準」であって、それ以上のものではありえない。学習指導要領にも書かれているように、教育課程は、子どもや地域・学校の実態に応じて各学校においてつくられるべきものである以上、学習指導要領をそのまま引き写してみたところで、それでは学校の教育課程にはなりえないのである。

　事実、文部省自ら1951年版の「学習指導要領一般編（試案）」において、あるべき教育課程について積極的に提示していたことは、注目に値する[2]。

　しかし、1950年代の後半以降、文部省が「（試案）」という文字を削除し、さらに、わざわざ官報に告示することによって学習指導要領には「法的拘束力」があると主張するに至り、教育課程の「基準」にすぎないはずのものを教育現場に対して権力的に押しつけ始めた。また、学習指導要領が教科書検定の基準として運用されることにより、教科書の中身が統制され、さらに、検定教科書の使用が強制されることにより、学校で教えられる教育内容そのものが権力的に統制されていった。以来、半世紀に及ぶ歴史のなかで、本来の学校の教育課程のあり方は大きく歪められ、あたかも「学習指導要領＝教育課程」であるかのような理解と実態が広げられていった。その結果、本来の意味での教育課程

が一つひとつの学校に存在しない，あるいは，教育課程の空洞化・貧困化といってもよいような状態がつくり出されてしまったのである。

今日，学校づくりを進めるためには，まずは，これまで学校がおかれてきたこうした問題状況を克服していくことが必要であり，あらためて一つひとつの学校に本来の意味での教育課程を再生することが求められている。学校において実現すべき教育活動の内容を豊かに描き出すのと同時に，教育活動の全体計画をどのようにして実現していくのか，そのための組織と運営のあり方についても考えなければならない。これらをあわせて，学校の教育計画と呼んでもよいであろう。一つひとつの学校が，けっして，どこかの学校の物真似ではなく，文字通り「自前」の教育計画をつくり上げていくことが必要とされている。

第3節　学校づくり・教育課程づくりの課題

1　学校づくり・教育課程づくりの担い手

人間の成長発達を保障するには，専門的な働きかけや判断が必要とされる。学校には教師をはじめとして，そうした教育の専門性を備えた教職員が十分な数だけ配置される必要がある。父母の願いに応え，子どもの成長・発達に責任を負うのが教職員であるが，教職員が負うべき責任の中身は，本来，教育課程のなかに示される必要がある。つまり，教職員は，その学校の教育課程づくりとそれに基づいた教育実践について教育責任を負うのである。それは，単なる「説明責任」などに矮小化されるべきものではない。

しかし，教職員のみが教育課程づくりや学校づくりを担い，一手に引き受けるわけではない。1951年版の学習指導要領も，「教育課程の構成は，本来，教師と児童・生徒によって作られる。……教師は校長の指導のもとに，教育長，指導主事，種々の教科の専門家，児童心理や青年心理の専門家，評価の専門家，さらに両親や地域社会の人々に直接間接に援助されて，児童・生徒とともに学校における実際的な教育課程をつくらなければならない」としていた。

これからの社会の形成者である子ども・青年たちの人間的自立を援助するのは、ありとあらゆる場において追求されなければならないことであり、それぞれの場で教育の主権者である国民がこの過程にかかわりをもっている。そして、人間の発達保障を担う場である学校をつくり上げていくのも国民である。教職員のみでなく、父母や地域住民、そして、子ども・青年たちもまた学校づくりの重要な担い手であり、教育行政当局は、そのための条件整備に責任を負わなければならない。一つひとつの学校の教育関係当事者こそが、学校づくりの担い手として位置づけられる必要がある[3]。

近年、「子どもの権利条約」(1989年11月20日国連採択、1994年5月22日発効)により、子どもの意見表明権が注目されるようになっているが、子どもたちばかりでなく、父母の意見表明にも焦点を当ててしかるべきであろう。子どもたちが、どのような学校のあり方や教育を望んでいるのかを確かめ、それに応えることが大事であるし、同時に、父母や地域の人たちが今の学校をどのように見ており、学校に何を期待しているのかを確かめることが学校づくりの出発点となるであろう。

設計図・羅針盤としての教育課程づくりと、それを基盤とした学校づくりというプロセスを通して、教育関係当事者の間で教育をめぐる合意形成を進め、「教育における共同」を実現していくことが求められている。

2 学校づくり・教育課程づくりにおける評価

しかし、近年、教育関係当事者を学校の「内」と「外」とに分け、両者をあたかも対立的な関係として描き出し、引き裂くような見方が広げられていることも事実である。たとえば、日本ではアカウンタビリティ (accountability) という言葉に「説明責任」という日本語が充てられ、学校に父母や地域住民から何かクレームが寄せられたときに、ちゃんと「説明」する責任を果たさなければならない、などといわれそのための膨大な資料作成の作業が求められるようになっている。子どもたちの学業成績の評価に「絶対評価」なるものを導入する際にも、同じことが説かれた。そこには学校の「外」から文句をつけてくる父

第5章　教育課程づくり・学校づくり　　**195**

図 3.5.1　教育課程づくりの関連構造（試案）

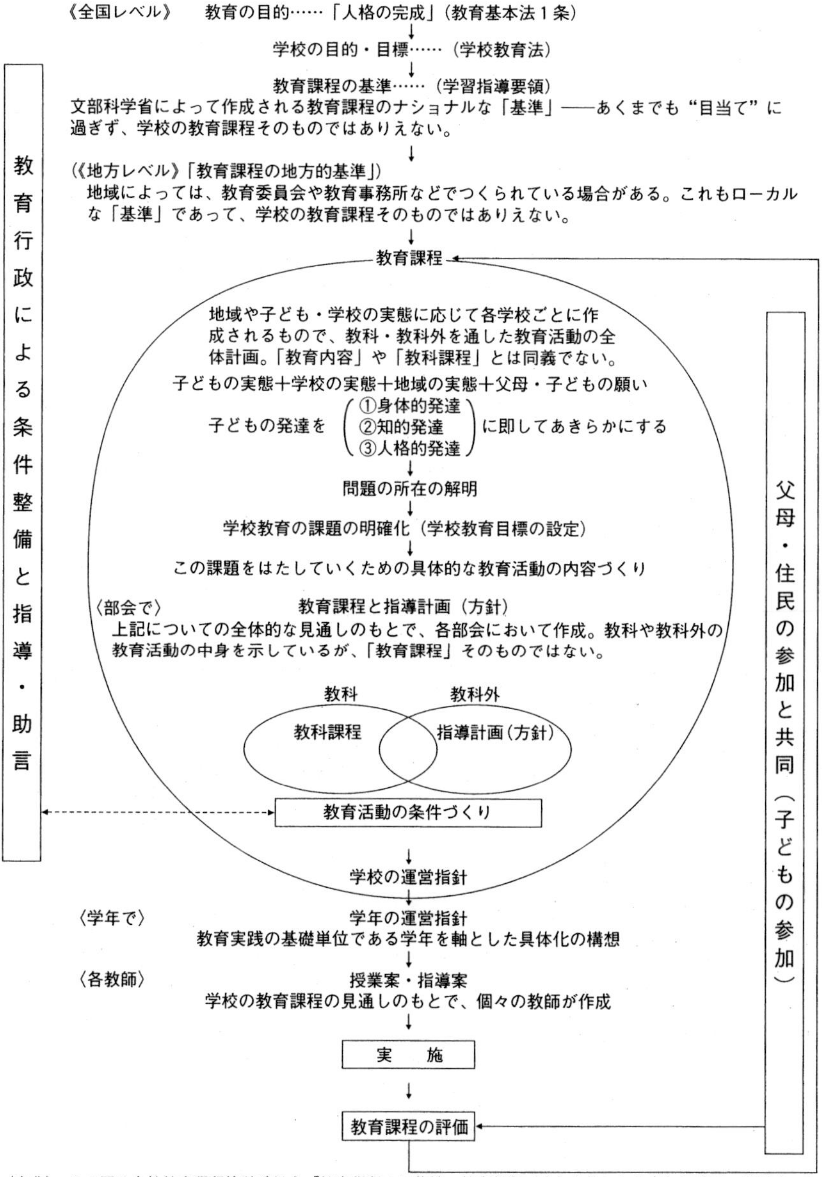

《全国レベル》　教育の目的……「人格の完成」（教育基本法1条）

　　　　　　　　　学校の目的・目標……（学校教育法）

　　　　　　　　　　教育課程の基準……（学習指導要領）
　　文部科学省によって作成される教育課程のナショナルな「基準」――あくまでも"目当て"に
　　過ぎず、学校の教育課程そのものではありえない。

《地方レベル》「教育課程の地方的基準」
　　地域によっては、教育委員会や教育事務所などでつくられている場合がある。これもローカ
　　ルな「基準」であって、学校の教育課程そのものではありえない。

　　　　　　　　　　　　　　教育課程

（大きな円の中）
地域や子ども・学校の実態に応じて各学校ごとに作成されるもので、教科・教科外を通した教育活動の全体計画。「教育内容」や「教科課程」とは同義でない。

子どもの実態＋学校の実態＋地域の実態＋父母・子どもの願い

子どもの発達を　①身体的発達
　　　　　　　　②知的発達　　に即してあきらかにする
　　　　　　　　③人格的発達

　　　　　　　　↓
　　　　問題の所在の解明
　　　　　　　　↓
　　学校教育の課題の明確化（学校教育目標の設定）
　　　　　　　　↓
　この課題をはたしていくための具体的な教育活動の内容づくり

〈部会で〉　　　　教育課程と指導計画（方針）
　上記についての全体的な見通しのもとで、各部会において作成。教科や教科外の教育活動の中身を示しているが、「教育課程」そのものではない。

　　　　　　教科　　　教科外
　　　　　教科課程　　指導計画（方針）

　　　　　　教育活動の条件づくり
　　　　　　　　↓
　　　　　　学校の運営指針
　　　　　　　　↓
〈学年で〉　　学年の運営指針
　　　教育実践の基礎単位である学年を軸とした具体化の構想
　　　　　　　　↓
〈各教師〉　　授業案・指導案
　　　学校の教育課程の見通しのもとで、個々の教師が作成
　　　　　　　　↓
　　　　　　　実　施
　　　　　　　　↓
　　　　　　教育課程の評価

（左側縦書き）教育行政による条件整備と指導・助言

（右側縦書き）父母・住民の参加と共同（子どもの参加）

（出典）この図は全教教育課程検討委員会『教育課程の可能性――教育課程づくりを柱にした参加と共同の学校を――』（2000年10月）45頁、および植田健男「子どもの実態に向かいあう学校づくり」（日本共産党中央委員会編『前衛』No.751，2002年4月）137頁に加筆修正を行なったものである。

母・地域住民と，それに対して学校の「内」にあって抗弁する教師・校長という対抗図式が下敷きにされている。

　教育課程を通して，学校が社会に対して負うべき責任の中身を明確にし，それに基づいて教育を進めることが求められているのは確かである。それは冒頭で述べた「教育の直接責任制」の原理からしても明らかである。しかし，その教育課程が教師たちだけではなく，一つひとつの学校における教育関係当事者たちの共同のもとでつくり出されるものであれば，そこにあるのは，「外」から「攻める者」と「内」にあって「守る者」という構図ではなく，ともに教育の内実をつくり出し，自らの学校の教育に責任を負い合う関係であるはずである。

　教育の営みにおいても，本来の意味での評価が必要とされるが，それは，まさに「教育的評価」でなければ意味をなさない。その学校でつくられた教育課程に基づいて，どのような教育活動が展開できたのかを正当に評価することができるのは，やはり，その学校に責任を負う教育関係当事者たちなのである。評価の基準はあてがいぶちのものであってはならず，自らが設定した目標と課題に基づいて評価がなされ，その評価結果に基づいて，次の一歩をどう踏み出していくのかを決め，学校づくりを進めていくのもまた自分たちなのである。

　いま，政策的に「教職員評価」が全国各地で学校現場に降ろされ，急速に広げられてきているが，それらのほとんどは，本来，学校全体として，あるいは分掌として責任を負うべき事項までも教師個々人への評価に転嫁するなど，重大な問題点をもっている。

　そもそも前述のような教育的な関係が成立していなければ，教育的な評価は実現不可能である。教職員を分断し，他者からの「監視・統制」の眼差しのなかで，ただただ教職員を萎縮させてしまうような「評価」は，かえって教職員の仕事の質や達成水準を引き下げてしまうだけの結果しか生み出さないであろう。

　ともすれば教育の論理から離れたところで「評価」の問題が語られ，まったく違った意味を与えられかねない状況にあるだけに，なおさら本来の教育課程づくりや学校づくりとのかかわりにおいて，いま提起されているのはどういう

ことなのかを冷静に受けとめ、学校や教育を良くするような評価のあり方を考えることが必要とされている。

あれほど願ってやまぬ授業力量の向上も、個々の教師がいきいきと力量を発揮できるような基本的な教育関係が築かれ、学校全体としての教育活動の見通しがあって実現されるのであり、そのことによってはじめて良い授業として効果をもち、子どもたちの人間的な自立を援助することができるのである。

《付記》本章は、全日本教職員組合「学校づくり・教育課程」検討委員会『教育課程づくりを軸とした学校づくりを―参加と共同による開かれた学校への道すじ―』(2004年10月) の筆者の執筆部分に大幅に加筆修正を加えたものである。

注
(1) この点については、植田健男「『教育における共同』を担う教師論を―教師は教えることの『業師』か―」(日本生活教育連盟『生活教育』第617号、星林社、2000年3月) のなかで述べている。
(2) 戦後、最初に「学習指導要領（試案）」が出されたのは1947年であるが、そこでは教育課程という言葉は用いられておらず、1951年版からこの言葉が用いられている。こうした経緯については、平原春好『日本の教育課程〈第二版〉』(国土社、1980年) を参照のこと。
(3) 教育課程を教育関係当事者の共同によってつくりだし、一種の文化的な財産として地域のなかで共同所有することこそ、地域教育経営の核心部分であると考えられる。詳しくは、植田健男「カリキュラムの地域的共同所有」(梅原利夫編『教育への挑戦2 カリキュラムをつくりかえる』国土社、1995年) を参照されたい。

第6章　教育の公共性と教師の自由の論理の再構成

佐貫　浩

第1節　課題設定

　教育の自由の論理は，日本においては，戦後の憲法・教育基本法体制において，実定法の論理として明確に位置づけられるに至った。歴史的に見れば，教育の自由の論理は，国家権力と国民的な公教育の関係を律する基本原則として確立されてきたものであった。いまその教育の自由の論理が揺らいでいる。さらにその教育の自由と結びついた教師の自由が揺らいでいる。それはどうしてなのだろうか。もはや自明の理となりつつあるかに見えた教育の自由の論理，教師の自由の論理が，なぜ今の段階で，無視され，批判され，侵され，そしてその事態に対して，大きな国民的反撃や批判が起こってこないのだろうか。

　その背景の1つには，そもそも教育の自由と教師の自由は，けっして絶対的な自由ではなく，子どもの発達権・学習権を実現するための不可欠の条件であるということが深く結びついている。2つには，そもそも教育は，国民そのものに属するという原理のうえに成り立っているということがある。実際の学校教育がもしこの国民の意思とずれるようなことがあれば，学校がいくら自由を主張しても，国民から支持されることはないだろう。今日の教育の自由の揺らぎは，学校教育およびその中心的な担い手としての教師と，子どもと，親を中心とする国民と，そして国家権力との四者の関係をめぐる力学の大きな変化によって引き起こされていると考える必要があろう。

　その第1は，教育の公共性の構図の変化である。国家権力と学校教育とが対抗し，教育の自由を国家が侵犯しようとしているという単純な構図だけで，教

育の自由の必要を訴えることでは，今日，説得力を欠くであろう。むしろ市場を介して，親と学校とが直接対峙しているという感覚が広がっている。もしそういう認識の構図が広まっているとすれば，本来教育の主体である親・住民に対して教師や学校が教育の自由，教師の自由を主張するということは，親の側から見れば，なかなか受け入れがたいことではないか。

第2に，戦後の公教育の展開のなかで，日本の教師の自由，学校の自由が背負ってきた歴史的特質がある。それは，国家による教育への不当な支配を主として教職員組合の結集力によって拒否し，戦後の教育の自由を守ってきたという歴史と不可分に結びついている。国民と親との結びつき，また学校と地域との結びつきは，時々の教育実践や，あるいは教職員組合運動の国民的基盤を組織するための努力によって取り組まれてきたものの，今日に至るまでそれは不安定な状況にある。もし教師の側のこの点での努力が後退すれば，ただちに，学校と親・地域との関係が揺らいでしまうような構造的な脆弱さを教師の自由論はかかえているのである。

第3に，教育ははたして国家とどういう関係にあるべきかという問題が今回の揺らぎの背景にある。ナショナリズムが強まるとき，国家による国民統合の教育がその教育内容への統制に至るとしても，ナショナリズムをあおられた国民意識の側からは，そのような干渉が支持される可能性が高くなる。その点で教育の自由が，国家との関係を絶つこととして把握されるならば，これまた国民にとっての教育の自由は，必要ないもの，むしろ教育の責務を拒否するものと把握されるかもしれない。とするならば，教育の自由は，その自由を通して，国家のあり様をとらえ，国家の民主的な展開を促進する理念をともなったものであることを明確にしなければならない。

およそこれらの点において，教育の自由の揺らぎが生まれてきた背景を明らかにし，今日求められている教育の自由の構造を探求することが，本章の課題である。

第2節　公共性の構図の変化と教育の自由

1　公共性の対抗構図の変化

　戦後の公教育の公共性をめぐる基本構図は，1960年代からの教科書裁判で論争されたように，「国家の教育権論」対「国民の教育権論」という構図をもっていた。もちろん憲法・教育基本法を前提とするかぎり，国家が教育をする本源的な権利をもつという論理はたてようがなく，その点では「国家の教育権説」は，議会制民主主義を介して国民から負託された政府が子どもの権利を実現するための教育内容を決定する権限を有するという「国家の教育権限説」というべき性格をもっていた。

　それに対する「国民の教育権論」は，子どもの学習権を基本としつつ，その保障に第一次的な責任を負うものとして親の自然権を措定し，その親の信託を受けた専門職としての教師と親との協同によって，公教育が担われるべきものであるとした。そして国家と教育行政は，そのような教育の自由を尊重し，その条件整備の責任を負い，教育の内的事項への「不当な支配」を行ってはならないとした。そしてその論理は，憲法・教育基本法によって，今日の日本の教育法体系として採用されたものであるとした[1]。

　家永三郎教授により提起された教科書裁判は，長期にわたるこの2つの権利論の正面からの対決の過程であった。ここではそのことを確認するに止めて，両者の論争過程には立ち入らない。

　公教育の現実における変化が，教育の公共性に関する新しい国民の関心を生み出していった。それは，1960年代の競争の教育の進展を背景にし，とくに1980年代の公教育への信頼の揺らぎを直接の背景とした変化であった。

　第1に，すでに1970年代のはじめには，全国教育研究所連盟の調査で，生徒の半数近くが授業への「落ちこぼれ」状態にあることが，指摘されていた[2]。このころ形成されていった企業社会という日本独特の競争社会において，その

もっとも重要な競争の過程となった学校は，多くの国民にとって，わが子が日本社会で生き残り，勝ち進んでいくための重要なコースとして，高い受験学力を獲得させるべき責務をもったものとして，把握されることになった。戦争への反省を踏まえて，国家が教育内容に干渉してはならず，教育の価値は国民の教育の自由によって決定されなければならないという国民の教育権理論がもっともその中心として主張した論理への関心は，次第にこの競争に勝ち抜くプロセスとしての学校観の広がりのなかで，低下していったと考えられる。

　第2に，より直接的には，1980年前後の公立中学校での校内暴力の広がりが，公教育（とくに公立中学）への不信を急速に高めた。そして都市部では，私立中学への進学熱を呼び起こした。それは，学校選択を通して公立学校への拒否を示す行動でもあった。当時学校改革を議論した臨時教育審議会は，学校選択論を取り上げ，公教育の市場的公共性論を展開した。フリードマンの「選択の自由」[3]の論理などが紹介された。しかし，当時は，いまだ日本社会の経済的国際競争力は高く，公教育の達成についても基本的に成功感があり，公教育に対する市場論的，新自由主義的な根本的改革要求は具体化されなかった。しかし教育の公共性についての観念は大きく変化し，学校選択への要求が急速に強まっていった。

　第3に，これらの変化を一挙に教育制度の急速な転換へと展開させたのは，1990年代後半からの新自由主義教育改革であった。その改革は，①それまでの国家が画一的な基準を設定し，すべての子どものための公教育を平等に保障するシステムを，個性化と多様化という論理によって差別化し格差化する公教育の改編を進め，②公立学校の学校選択制を導入し，③学力テストなどによって市場的な学校間競争を組織し，④その競争にどれだけ貢献したかで，教師を評価しその給与や待遇を決定する評価システムを導入した。そしてそういう市場的な評価システムによって，公教育はそのサービスの受け手である親や子どもの要求にあったものへと効率的に改編されていくとされたのである。したがって，そこで行われる評価は，根本的には消費者でありまた教育の主権者である国民自身による評価であり，教育の公共性を成り立たせる基本的な方法であ

ると位置づけられることになった。

2 市場的公共性論と国家的公共性論（統制論）との新たな結合

　そのような展開の結果，今日の新自由主義教育改革のなかで，教育の公共性を説明する政策側の論理は，この市場的公共性論へと組み替えられていった。しかし単純ではない。

　第1に，この市場的公共性論は，実は，議会制民主主義による公教育のコントロール論をともなっている。国家的公共性論もまた，国家の教育への関与を正当化するために議会制民主主義による教育統制という論理をもっていた。家永教科書訴訟に対して被告としての国側が絶えず持ち出してきたのが，この論理であった[4]。もちろんその論理は，「教育基本法」（以下，教基法）に明記された「不当な支配」禁止の論理を意識して，相当に抑制されたかたちではあったが，国・文部省は，議会制民主主義を介して成立した政府が教育内容を決定するのは当然であるとの論理を繰り返し主張してきた。2004年6月に政府与党が提出した教基法改正への「中間報告」には，教基法第10条の「不当な支配」規定をほとんど無意味にする条文案が書き込まれている[5]。さらに重要なことは，いわゆる規制緩和のもとで，教育をめぐる権限が文科省から，自治体レベルへと委譲される流れのなかで，自治体の政治権力，教育行政が，教育の内的事項にかかわる事項を，一方的に決定し，実施する事態が出現している。東京都の国旗・国歌の強制や，品川区にみられるように小中一貫校の設置，その教科の決定とカリキュラム内容の決定等々が，教育委員会の一方的な判断によって次々と進められる事態が生まれている。2000年以降の新自由主義的教育改革においては，住民の意思を汲み取った自治体による教育改革こそが正統性をもち，それに従って業績を上げることが，公教育に責任を負う教師の責務であるという論理によって，教基法の「不当な支配」の禁止という規範が無視され，政治権力による教育の内的事項の関与・決定がまかり通っているのである[6]。

　イギリスの教育改革を見るとき，教育権限の規制緩和は，学校の権限の強化をもたらしており，学校の自由が格段に強められている。しかも学校は学校理

事会（ガバナーシステム）によって，親・住民の参加によって運営され，人事や予算権，カリキュラムの具体化も基本的には個別学校の自由によって決定される[7]。それと大きく異なって，日本の市場的公共性論は，同時に，政治権力による教育内容のコントロール，政治権力による学校統制という論理を併せ持ったかたちで，推進されつつあることを見ておかなければならない。

　第2に，そのことと関連して，学校に持ち込まれる評価の論理が，これまた，直接に，教師統制として機能する構造をもっている。新しい公共管理（NPM，ニュー・パブリック・マネジメント）といわれる学校管理においては，教育改革の目標（ミッション）は自治体の教育行政や校長が決定し，教師に対する評価は，そのミッションの実現にどれだけ成果をあげたかという評価基準によって行われようとしている。具体的には，①行政と教育委員会による自治体教育改革の基本方向の決定（具体的には東京都の教育改革方針，あるいは品川区の教育改革方針の決定），②教育委員会による校長の学校方針のコントロールと評価（教育委員会による学校目標の評価，その評価による差別的な予算配分），③校長による教師への人事考課制度（個人の目標の提出，校長の決定した学校目標への寄与度の査定，年度末における評価，その評価に基づく給与や昇進の査定）というような目標管理，教員評価システムが整備されつつある[8]。

　その結果，本来，規制緩和と市場的公共性というものが持ち出されてきた理由であった，市場的競争，官僚的統制の廃止，消費者の選択を介した消費者主権，等々の論理自体が否定されて，むしろ，教育委員会→校長→教師という縦の官僚的なコントロールが一層強化されるという異常事態が生まれているのである。

　第3に，したがって日本の今日の新自由主義的な教育改革手法の特徴は，以上にみてきたような国家的，あるいは自治体政治権力による一方的な教育改編計画を，評価システムでもって教育関係者に忠実に取り組ませ，その達成結果を学校選択制によって市場的競争にさらし，この教育改革が消費者の声に応える市場的システムのいわばスクリーニングを受けることで，教育の公共性が実現されていると証明しようというものとなっているのである。

3 新自由主義的公共性論を支える価値内容

　今まで、今日の新自由主義的な教育改革の公共性論を支える形式的、制度的な論理を見てきた。しかしそれに加えて、これらの教育改革を支える価値的な側面をも見ておく必要がある。

　第1には、市場的システムによる学力評価、学力推進システムへの社会的支持がある。すでに文科省の調査によると、ほとんどの全都道府県での学力テストが実施される状態にある[9]。またOECDの国際学力調査結果などを利用した学力低下キャンペーンが展開され、学力テストによる競争圧力の強化という方向へ世論が向けられようとしている。国家的な学力水準の決定、その水準によって学校の達成度を点検・評価するナショナルテストの実施、その結果による学校評価、そして親による学校選択という市場的公共性論が、ほぼ全体的な枠組みを制度化し、強力に展開していくことが予想される。ここではこのようにして市場的なシステムによって評価された学力の向上が、公教育の最大のミッションであるとされ、教育の公共性が実証されていくこととなる。

　第2は、急速に強まりつつあるナショナリズムの問題がある。新しい歴史教科書をつくる会（「つくる会」）教科書の採択をめぐる激しい攻防が繰り広げられている。それは、日本の侵略戦争を「自存・自衛」の戦争と評価した記述をもつ教科書が、部分的にせよ親・住民によって受け入れられるかどうかをめぐる非常に重大な対決となっている。いま、公教育の価値内容をめぐって、その「不当な支配」禁止の焦点は、国旗・国歌の強制を許すかどうかにおかれている状況があるが、「つくる会」教科書問題は、その焦点と深く重なる。先に見たように、戦後の公教育の公共性問題の価値的焦点は、国家による戦争動員という国民の思想統制、思想動員を許してはならないという点にあったが、いま、逆に、「つくる会」をはじめとする保守勢力は、ナショナリズムを高めることこそが公教育の責務であると攻勢をかけ、教育内容を国家的統合の目的にそって再編すること、そのために教育内容への一定の国家統制を行うことこそが必要なのだと認めさせようとしているのである。

すでに教基法と憲法の改編を現実的な政治プログラムに組み込んだ彼らの攻勢は，憲法・教育基本法の枠組みを超えて，国民の支持を獲得するためのナショナリズムの価値と国家的統制制度を結びあわせるかたちで，進行しつつある。この事態に教育の公共性をいかにして憲法・教育基本法の理念に依拠しつつ，新たに展開していくのかが問われている。

第3節　公共性の再構築と教育の自由の再構成

1　教師の願いとしての教育の公共性の実現問題とは

　教師にとっての学校教育の公共性問題とは何か。ともすれば今日，この公共性という概念は，教師にとっては，教師を管理し，教師の自由を奪うニュアンスをともなっていると感じられているのではないか。いま，子どもとぎりぎりのところで格闘している教師にとって，もっともつらいことは，自分の努力を誰が支え，応援してくれているのか，そのつながりが見えないことではないか。自分の仕事の公共性を証明する筋道が自分の前には，①「NPMにしたがった教育委員会や校長の上からのミッションを効率的にこなすことで，上からの公共性の強制に応じる」か，②「市場的公共性のルートで学力テストでいい成績を上げて『親＝世間』の期待に応えるか」の2つしかないように見えていることであろう。自分の子どもとの格闘を，「NPM」でも「学力テスト成績の向上」に一面化するのでもなく，どうしても取り組まなければこの子どもが力強く生きていけないと思う課題と取り組むことを，学校の合意にも計画にもし，親の願いに応える仕事でもあるとして親や住民の合意を受けて，実践を進めていくルートがどうやったら開かれるのだろうか。このようなルートを開き，自分の子どもに対する専門的な努力が，同時に公教育の公共性を担う重要な力量として働くような筋道を切り開きたいというこのうち（教師）からの思いを，外の世界の願いとつなぐルートを拓くことこそ，公共性問題への教師の願いではないか。しかしそういう教師の願いの側からこの公共性問題が解かれていか

ないことに，教師は大きな無念と不安を感じているのではないだろうか。

しかしなぜこのような事態に立ち至ってしまったのだろうか。すでに述べたように，1960年代からの競争的教育のもとで学校教育の矛盾が深まるなか，それに対する教育改革のイニシャティブを国民の教育権理論の側でとることができず，公立学校への不安と不信が拡大され，学校選択という形へと国民の要求が政策的に誘導されていったとみることができる。国民の教育権理論への信頼は教師および教職員組合運動への信頼と一体のものであったが，教育矛盾が拡大するなかでは，そういう教師への信頼のみによって学校教育への親の信頼を確保することが難しくなってきた。また，真の教育改革をめざす多くの努力が教師の側から試みられたにもかかわらず，教育政策はそういう動きを封じ，抑圧し，あわせて教育条件整備の貧困を放置し，教師と学校の力量をむしろ奪っていったというべきであろう。さらに，そういう中では，親が学校づくりに参加し，親・住民自身が学校教育の直接の担い手になることによって，新たな教育の公共性を立ち上げることが不可欠であったが，教育政策はその点を一貫して拒否し，教育への参加は制度化されなかった。

2 公共性を求める教育の価値内容についての新たな合意の形成を

先に見たように，市場的な学力テストによる学力向上と，新たなナショナリズムの推進という教育政策の動向が，顕著になってきている。教育の公共性のあり方は，その制度システムをめぐって激しい論争が展開されているとともに，そのシステムによって実現されようとしている教育価値内容についても，きびしい論争のなかにある。

ここで留意すべきは，教育の公共性をめぐる論争は，その価値内容をめぐる論争に大きく規定されているという構造を見ておくことである。学力テストなどの市場的システムで評価される学力とその向上を公教育の中心的な課題と把握するならば，今日の市場的な学力競争システムは，まさに公教育の公共性を実現するもっとも有効なシステムとして，多くの親から承認されるだろう。しかし，受験学力の歪み，学習意欲の低下，学力の階層格差の拡大，子ども・青

年の学習意欲の喪失などのより根源的な事態に今日の教育の危機の様相を捉え，その克服に公教育改革の焦点的課題があるとの認識を教師と親とが共有するならば，異なった公教育の重点が見えてくるだろう。

　また国旗・国歌をめぐる政治権力の反教育的な介入に，生徒の内心の自由が踏みにじられ，学校の教育の論理が踏みにじられつつあることを知るならば，国家が公教育に「不当な支配」を及ぼすことの重大な弊害を，思い起こすであろう。

　教育の公共性は，制度のあり方であると同時に，そのもとで実現されるべき教育の価値をめぐる切実な願いによって支えられなければならない。いやその切実な願いを，日々新たに作り出すことによって，教育の公共性の内実が日々確認され，その願いを実現するシステムが制度化されていくのである。もし今日の公教育の公共性がゆがめられているとすれば，それに対する抵抗の運動は，なによりも今求められている教育の価値内容についての新たな合意をこそ，その運動の土台に深く作り上げていかなければならない。学力問題といい，ナショナリズムの危険な拡大といい，いまそのことをめぐって，本格的な批判が展開されなければならないのである。

　国民の教育の自由とは，なによりも子どもの実態を中心において，親と教師と地域が，いま子どもに必要な教育のあり様を，自分たちの手で探求し決定していくことである。教育の自由の核心はそこにこそある。教育の公共性の内実を絶えず生み出しそれを公教育の課題として押し出していく場，教育の公共性を直接に担う細胞ともいうべき基礎単位は，学校におけるこの親と教師と住民の協同をおいてほかにない。そのような公教育の方向をめぐる合意，教育の公共性の価値内容を日々再生産し続ける営みが断たれるとき，市場的な公共性以外に親が頼ることができるものがなくなるのである。

　そう考えてみるならば，教師の自由は，親と住民と教師の協同を作り上げていく教師の活動の自由として，親・住民からも期待され，尊重されるものとなろう。教育の公共性が成立するもっとも核心に，教師の責任と力量が位置づくことになろう。教師の専門的自由なくしては，この教育の公共性の基盤としての協同が豊かに展開できなくなるだろう。そういう意味において，教育の公共

性のなかに教師の自由を再把握すること，常に意識的に再把握することによってこそ，教師の自由は豊かに展開していくことができるであろう。

　市場的公共性という仕組みによって，学校教育が学力テストのための教育へと歪められ，あるいはNPMによって，上からの官僚的権力的な支配に教師が服従させられようとし，教師の自由が抑圧される構造になっているのは，教師の自由と教育の公共性とが本来対立するからではない。教育の公共性の内実は，子どもの現実，子どもの発達課題に即して，常に再発見していくべきもの，親と教師と住民と子どもの間で絶えずその価値内容を創造・発展させていくべきものであって，教育の自由は，まさにそういう教育価値創造の営みが国家権力の不当な干渉によって歪められてはならないことを主張するものである。そしてその日常的な小単位の教育の協同のなかで，教師の自由がその公共的な教育価値の発見を促進する力として働くことにおいて，教師の自由は教育の自由を担う重要な原理として，親，住民からも承認され，期待されるのである。本来，このような点で，教育の公共性にとって教師の自由は不可欠のものである。

　しかし，なぜ，それとは異なったかたちで，教育の公共性が主張され，制度化されるのであろうか。それは，この小単位の教育の協同において，教育の公共性の内実が再生産されるというサイクルが弱体化され，抑圧されているからにほかならない。そしてそういう協同の場から，親も地域も排除されてしまっているからである。教師の自由と親や住民の教育への願いとが協同し合う場が奪われ，教育の公共性の内実を作り出す教育の自由のシステムが機能不全に陥っているからではないか。だから，市場的公共性によって，親が公教育としての学校に，賛成や反対の意思表示をできるという選択システムに，親はかすかな期待を寄せざるをえないのではないか。自治体によって強力な改革の手が「閉鎖的」な学校に及ぼされるというNPMの導入に一定の期待を寄せているのではないか。

　教師の自由を教育の自由のなかに再把握するためには，いま一度，この公共性の内実を日々の子どもと学校の現状から創造していく協同を再発動させること，そしてそのなかで，教師の自由が，親・住民を中核とする国民の教育の自

由を担う役割をリアルに実証することが不可欠ではないかと考えるのである。
（教師の自由については，その具体的なありよう，参加論の必要性，制度的な具体化，等々をさらに展開すべきであるが，紙数の制限もあり，ここではその原理的な原点を指摘するにとどめざるをえないことを断っておく。）

注

(1) 堀尾輝久『人権としての教育』（同時代ライブラリー）岩波書店，1991年，および，堀尾輝久『新版　教育の自由と権利』青木書店，2002年，参照。

(2) 1971年6月2日，全国教育研究所連盟が「義務教育改善に関する意見調査」発表。そのなかで，約半数の子どもが授業についていけない状況が報告された。

(3) M&R.フリードマン，西山千明訳『選択の自由』日本経済新聞社，2002年。

(4) 政府・文部省は，一貫して，国家の教育への関与を正当化するために議会制民主主義による教育統制という論理を主張してきた。家永教科書訴訟に対して被告としての国側が持ち出してきたのが，次のような論理であった。「現代において，公教育は国政の一環として行われるものであるから，公教育についても民主主義の原理が妥当し，議会制民主主義をとる日本においては国民の総意は法律に反映される建前になっており，憲法第26条1項も『法律の定めるところにより』と規定しているから，法律の定めるところにより国が教育内容に関与することは認められている……」（教科書裁判東京地裁判決—杉本判決より）。

(5) 政府与党が提出した教基法改正への中間報告（「教育基本法に盛り込むべき項目と内容について（中間報告）」2004年6月）には，教基法第10条の「不当な支配」禁止規定をほとんど無意味にする条文案が書き込まれている。具体的には，教育行政について，「教育行政は，不当な支配に服することなく，国，地方公共団体の相互の役割分担と連携協力の下に行われること」とされている。これでは，国家及び教育行政が不当な支配を及ぼすことへの禁止は，まったく問題にされなくなってしまう。

(6) 佐貫浩「ニュー・パブリック・マネージメント（NPM）批判」民主教育研究所編『人間と教育』第41号，2004年3月，旬報社，参照。

(7) 佐貫浩『イギリスの教育改革と日本』高文研，2002年，参照。

(8) そのような学校管理を提起した文書として，『都立学校におけるマネジメントサイクルの導入に向けて』（東京都教育委員会，2002年11月）をあげることができる。

(9) 文科省の調査によると，2004年段階で，富山，愛媛，三重の各県と横浜市を除くすべての都道府県と政令指定都市（合計56自治体）で，学力テストが実施された。そのうち46自治体が2002年度以降に開始している。横浜市は，2005年度から市主催テストを実施する予定。「朝日新聞」（2005年5月1日付）による。

第7章　非行問題と学校・教師

小島　喜孝

第1節　非行問題とは何か

　ひとくちに非行問題といっても，その内容，イメージは実に多様である。「ガキのころはワルだった」と自ら語ったりする軽い調子の非行＝「ワル」もあれば，いまなお記憶に生々しい神戸連続児童殺傷事件や佐世保小六女児殺人事件という深刻な非行問題もある。また，非行に類するものに不良行為あるいは問題行動といったよび方もある。これら言葉としても多様に表現される「非行問題」ではあるが，それは私たちの社会のなかにいる子どもたちの社会規範からの「逸脱」や社会生活への「不適応」といった，漠然とした社会通念としての「非行観」を基礎としている。

　ところが，非行問題を「逸脱」や「不適応」といった非行観を基礎に考えると，実は大事な問題を見落とすことにもなりかねない。すなわち，非行イコール悪というステレオタイプの発想・思考様式にからめとられて，非行の彼・彼女らを対岸におきそれを善たるこちら側が問題視する，という構図になりがちである。そのような構図では非行を現象的な次元でしかみることができず，非行の内側にひそむ「善」なる側への訴えや「善」なる通念への問い返しという価値をとらえることを妨げる。こうして非行の克服に必要な彼我のコミュニケーションが成立せず，ひいては彼我の相互理解による質的に進んだ次元での両者の学び・成長発達にブロックがかかることになる。

　たしかに，社会を善悪という規範で区分すること自体は道徳や法の前提でもある。非行問題に対する社会的な扱い・制度においても，非行の「矯正」「保

護」という観念はそれなりの善悪区分を基礎としている。ひらたくいえば，非行少年が「まともになる」という感覚なり表現は日常お互いのコミュニケーションとして通用する。だが，他方で「子どもは大人の鑑」という側面，言いかえれば非行の周辺に位置する大人・子ども社会の側の問題の改善・進歩も重要な課題である。このように，非行問題とは，非行それ自体の克服の課題と非行を生み出し追いやる側にある問題の克服という二つの課題を表裏の関係として併せもつ問題である。

　これは，麦島文夫による非行問題のとらえ方の私なりの解釈と重なる。麦島は，「非行」「非行問題」は「相互非行状況」として把握される必要があるとして，「非行問題」とは「子どもが自分の行為をワルと知りながら，その自分の実行にとまどい，つまずいていると同時に，大人の側がその子どもとの対応にとまどい，つまずいているという相互の状況になった場合」とみなせるという[1]。ここでいわれる大人の側とは，非行の周辺にある子ども，親，教師，地域社会，一般社会といい換えることができる。

　本章もまた，非行を善悪あるいは彼我という二項対立的にある特定の行為や子どもの問題とみるだけでは見えてこない社会全体の問題としてもとらえる。すなわち，非行を侵害性と自損性の二つの要素の重ね合わせだとみれば[2]，侵害性にのみ注目するといわゆる「厳罰化」風潮を助長する。非行と社会の関係は，非行が他者の利益を損なう侵害性をもつことによるだけではなく，非行による社会的孤立という場面および非行に至るまでの被虐待や学業不振による差別ないし人格存在の軽視という追い込まれた状況にともなう自損性にどれだけ社会が目を向けるか，内省は非行少年と社会の双方に必要ではないか，という課題が重要となる。

第2節　非行をめぐる定義

　非行の中身についての社会的イメージは多様である。そこで「少年法」や「児童福祉法」において，社会制度が少年の非行問題を対象とするときの定義

をみておきたい。

　少年法は直接「非行」を定義していないが，法の目的に「この法律は，少年の健全育成を期し，非行のある少年に対して性格の矯正および環境の調整に関する保護処分を行う……」(第１条) とし，「非行少年」に対する保護処分制度を規律する (少年法はこの目的のほかに，少年及び少年の福祉を害する成人の刑事事件に関する特別措置も規定)。社会には多様な観念の非行があるとしても，少年法制としては「非行のある少年」の社会的扱いは家庭裁判所 (以下，家裁) の決定によらなければならないとする家裁全件送致主義原則をとり，家裁の「審判に付すべき少年」を次のような３つのカテゴリーに限定して保護処分制度の対象とする (第３条１項)。家裁の終局決定は，審判不開始，不処分，保護処分，検察官送致である。

　一　罪を犯した少年
　二　14歳に満たないで刑罰法令に触れる行為をした少年
　三　次に掲げる事由があって，その性格又は環境に照らして，将来，罪を犯し，又は刑罰法令に触れる行為をする虞のある少年
　　イ　保護者の正当な監督に服しない性癖のあること。
　　ロ　正当な理由がなく家庭に寄り附かないこと。
　　ハ　犯罪性のある人若しくは不道徳な人と交際し，又はいかがわしい場所に出入すること。
　　ニ　自己又は他人の徳性を害する行為をする性癖のあること。

　一，二，三各号がそれぞれ犯罪少年，触法少年，虞犯少年と区分される。

　少年法にいう少年とは20歳未満の者である (少女も少年法制では「少年」という) が，保護制度の対象とする非行少年を客観的に定義しようとするのは，これら少年に刑罰や保護処分という強制手段を加えることとするためである。このうち犯罪少年や触法少年は，犯罪や触法という行為や年齢によって客観的に区分できるのに対し，虞犯少年については三号のような主観的要素を基礎とすることになる。そこで保護処分という強制手段を加えるに足りうる客観性確保という観点から虞犯は司法領域からはずすべきという議論もある。だが他方で，

虞犯を司法からはずし警察や学校，補導センターなどの領域にゆだねられることによる少年の人権侵害のおそれもあり，犯罪に陥る前に少年を指導しておくことが少年の健全育成になるという観点から，要保護性の客観性を重視しつつ司法の対象としておくことが妥当とされる(3)。

　非行に類するものに不良行為があるが，これを法律上の概念として扱うのは児童福祉法である。同法44条は児童自立支援施設を「不良行為をなし，又はなすおそれのある児童および家庭環境その他環境上の理由により生活指導等を要する児童を入所させ，又は保護者の下から通わせて，個々の児童の状況に応じて必要な指導を行い，その自立を支援することを目的とする」と規定する。この不良行為の内容は境界不明瞭であるが，警察の街頭補導活動に際しても法的基準となる少年警察活動規則では非行少年（第2条5号）と区別して，不良行為少年を「非行少年には該当しないが，飲酒，喫煙，深夜はいかいその他自己又は他人の徳性を害する行為（以下「不良行為」という。）をしている少年をいう」と定義している（同条6号）。また，警察統計では飲酒，喫煙，深夜はいかい，暴走行為，不良交友，その他とする（なお，不良行為補導の約9割は喫煙，深夜はいかいである）。

　このように，いわゆる広い意味での非行は，司法の対象とする犯罪・触法・虞犯という非行（少年法）と福祉および行政（警察）の対象とする不良行為（児童福祉法および少年警察活動規則）というかたちで相互に重なり合いながら少年の福祉と健全育成のための制度対象としていることになる。

　このように，非行の定義については単に社会通念ないし人々の感覚次元のみならず，社会制度上でも単一の外形的区分けの不明瞭さを含んだ多様性をもつものとなっている。ここに，非行問題がそのときどきの社会状況によっていくらでも多様かつ柔軟に問題視される宿命を背負う背景があるといえよう。そのなかで「厳罰化」風潮にはとくに注意を要する。「非行＝悪＝罰」の短絡的イメージが，弱肉強食の構造改革や憲法・教育基本法改正による新たな「戦争できる国家体制」を「善」（健全）と粉飾する社会秩序づくりに利用されかねない。

第3節 「厳罰化」と少年法制の保護原理

　神戸連続児童殺人事件のあった1990年代以降，いわゆる「非行に対する厳罰化」という風潮が直接には今日の少年法改正（2000年11月，2001年4月施行。さらに後述する新たな少年法改正の動向がある）の背景となっているのであるが，厳罰化風潮には，第1にそれが被害者支援あるいはその権利の制度化というまっとうな課題がセットにされ追い風として利用される問題がある。被害者支援・権利の制度化と非行少年の保護制度を区別しつつ双方を統一的に目的達成していく問題意識が必要である。第2に，人々に大きな衝撃を与える特異かつ重大な，「子ども理解」の困難をともなう少年事件を契機として，非行問題ないし非行少年全体に対する社会制度の理念・目的を保護・健全育成から厳罰・排除へと変質させていくおそれがあるという問題である。

　大事なことは，非行少年の保護手続・処遇はけっして罰・排除の論理が基本ではないということである。非行にかかわる社会制度は先に見たように少年法制と児童福祉法制があるが，少年法制の基本法である少年法の理念は健全育成であり，少年犯罪に対する社会的法的強制の処分もあくまで「保護処分」という概念である。虞犯という概念，したがって虞犯少年に対する社会的扱いも少年非行法制に特有の制度であって，成人事件に対する罪と罰の法制度にはない概念である。虞犯概念の設定は，少年が犯罪や触法行為に陥る前の段階でそうならないように保護しようとするものであって，犯罪行為そのものの時点で処罰手続が始まる成人の刑事事件制度とは決定的に異なる。

　さらに警察活動においてさえ，少年非行に関する活動の基本理念は少年の健全育成におかれている（前述の少年警察活動規則第1条は，「この規則は，少年の非行の防止及び保護を通じて少年の健全な育成を図るための警察活動（以下「少年警察活動」という。）に関し，必要な事項を定めるものとする」と規則の目的を規定する）。そしてさまざまな少年警察活動場面でも，少年あるいは少年非行に対する警察活動の扱いにおける固有な性質を定めてもいる。たとえば，同規則第3条は少年

警察活動にあたって配慮すべきことを次のように定める。
　第3条　少年警察活動を行うに際しては，次の各号に掲げる事項を基本とするものとする。
　　一　少年の健全な育成を期する精神をもって当たるとともに，その規範意識の向上及び立直りに資するよう配意すること。
　　二　少年の心理，生理その他の特性に関する深い理解をもって当たること。
　　三　少年の性行及び環境を深く洞察し，非行の原因の究明や犯罪被害等の状況の把握に努め，その非行の防止及び保護をする上で最も適切な処遇の方法を講ずるようにすること。
　　四　秘密の保持に留意して，少年その他の関係者が秘密の漏れることに不安を抱かないように配意すること。
　　五　少年の非行の防止及び保護に関する国際的動向に十分配慮すること。
　したがって，今日のいわゆる「厳罰化」政策に対しては，ごく一部の特異な事件を引き合いに出してことさら少年非行全体に対する現行の社会制度理念の基本を変質させることにならないように注意しなければならない。特異とはいえ個別事件の背景には子どもの置かれている今日的状況の反映という一般性があるとしても，問題は，特異性に対する保護のあり方として厳罰が妥当かどうか，むしろその種事件に関する保護の慎重さ丁寧さが，あるいはまたその種事件に潜む今日の子ども全体の状況理解の慎重さ丁寧さが必要だという問題として受け取るべきであろう。社会秩序防衛刑事政策の観点にしても，特異事件を根拠に「まっとうな人間による競争」という社会秩序原理を維持するため「まっとうでない者」を競争から排除するといった社会秩序でいいのか，が問題となる。むしろ維持されるべき社会秩序とは，憲法原理としての人権保障社会であるだろう。
　少年と成人の年齢区分に関して，現行少年法が20歳を採用した点も少年非行に対する現在の社会制度の本質を示すものである。旧少年法（大正12年施行）を現行少年法に全面改正（昭和24年）した際，対象年齢は18歳から現行の20歳に引き上げられた。それは刑事政策にとって一歩前進とされる一方根強

い反対論もあった。18歳19歳の年長少年は身体的にも精神的にも成人とほとんど変わりなく，犯行の凶悪さや知能的な点においても成人犯罪にひけをとらないなどから保護処分より刑罰が適当といった議論，あるいは刑罰の一般予防的効果や社会感情（応報感情）を考慮して刑罰を科すべきだという議論である。これに対し，終戦後の少年事件の激増・凶悪化は少年がそれだけ外部条件に影響されやすく深い悪性に根ざしたものではないのであるから，刑罰より保護処分のほうが効果的であるとされたのであった[4]。

　「子どもの権利条約」では，子どもを18歳未満としている。児童福祉法の児童も同様に18歳未満である。これらとの整合性という単純な議論としては少年法もそろそろ18歳未満に引き下げたらどうか，という考えもありうる。しかし，これも「厳罰化」の文脈で議論されると少年法制の基本理念にかかわってくる問題となる。むしろ保護法制としては，子どもの育ちにくさ，現代社会のなかで成長することの複雑さ困難さに目を向け，成人になることはそれだけ時間を要する時代だという認識が今日の現状に即している。

　このように，厳罰化は少年法制の本質としての保護原理を薄めたり廃棄するものであってはならない。そこで保護原理の廃棄ではない「厳罰化」を肯定する観念があるとすれば，それは非行に対する少年の責任を問うという文脈で社会的支持を受けやすい。

　しかしここでも注意を要する問題がある。少年法制の保護原理はそもそも少年の責任を軽んじたり甘やかしたりするものではない。成人の処罰に類する少年の保護処分は保護観察，児童自立支援施設等送致，少年院送致の三種類である。この保護処分の決定（成人の裁判にあたる審判。裁判と違って非公開）および決定に基づく処遇は少年にとっては法的強制である。少年の自由を制約するこの強制は，現に他人の利益を侵害したか，あるいは侵害する危険性の強い行為，つまり侵害原理を根拠としている。しかし，保護処分の執行である処遇はもとより，決定段階の審判でさえ裁判官による説諭を含めて少年保護の原理を基礎にする。家裁からの逆送（検察官に送致，刑事裁判）による少年刑務所送致ですら，保護処分の一環としての刑罰という見地から行われる。

佐世保の11歳女児同級生殺害事件(2004年6月)など,「非行の低年齢化」問題は厳罰化の追い風になっている。法制審議会は,14歳未満も少年院送致ができるように等の法務省からの少年法改正諮問に対し,さきにそれを是認する「家庭裁判所は,14歳に満たない少年については,特に必要と認める場合に限り,少年院送致の保護処分をすることができるものとすること。初等少年院及び医療少年院の被収容者年齢の下限を削除するものとすること」などと答申した(2005年2月9日)。現在は14歳未満少年の少年院送致はできない(少年院法第2条)。これを14歳未満少年の児童福祉法対応は原則として維持しつつ,「凶悪な事件を起こしたり,悪質な非行を繰り返すなど,深刻な問題を抱える少年については,早期に矯正教育を授けることがその健全な育成を図る上で必要かつ相当と認められる場合がある」「個々の少年が抱える問題に即して最も適切な処遇を選択できる仕組みとするため,……初等少年院及び……医療少年院について規定されている被収容者年齢の下限である14歳という年齢を削除することとする一方,……少年院に送致するのは,他の処分によっては保護処分の目的を達し得ない特別の必要性がある場合に限って例外的に許されるとするのが適当」とする(同日,法制審議会第144回会議議事録)。しかしここで注意すべきは,少年院送致保護処分年齢の下限を撤廃するにしても,なおその処分は個々の少年に即して保護処分の目的を達成するためであり,あくまで保護処分としての本質を失ってはいないということである。
　すなわち厳罰化にみえる保護処分の具体的な判断選択はありえても,理論的には,少年非行の社会制度対応は保護法制の本質である保護主義そのものを廃棄するものとはなっていない。しかも,厳罰化論の力点であるとみられる少年の責任の自覚は,保護処分決定・処遇の全過程ですでに保護の実質をなすものである。法務省でも,「被害者の視点を取り入れた教育」研究会を組織し,行刑施設(刑務所)や矯正施設(少年院)で加害者が自らの犯罪と向き合い被害者の心情を理解し誠意をもって対応していく指導を充実させる課題に取り組んでいる(法務省矯正局HP)。そもそも保護の目的は,環境という非行の外的条件に関する環境調整と非行の侵害性に対する責任の自覚・認識,自損性に対する自尊

感情回復を含む少年自身の内的成長であり，責任の問題はすでに現行法制のなかで重要な保護の実質をなしているのである(5)。

第4節　少年非行と学校教育

　少年非行と学校のかかわりは実態として非常に重要な場面である。学校内部の生活指導（生徒指導）とは別に，学校制度外部にある非行関係制度と学校教育のかかわりを考えてみたい。

　今日の少年法制に学校は制度的に直接介入しない。旧少年法においては，学校長による訓戒という保護処分もあった（第4条1項2号）。もちろん，保護制度のなかで教育機能は重要な保護の内実をなす。少年院は矯正施設であり，矯正教育が行われることになる。この矯正教育の内容として学齢児童・生徒には教科教育も行われる。

　児童福祉制度との関係においては，とくに児童自立支援施設における学校教育実施の問題がある。児童自立支援施設は，児童福祉法改正（1997年6月，同10年4月施行）により教護院から名称変更すると同時に，それまでの学校教育に準ずる教育をなすことからより積極的に，施設入所児童・生徒の学校教育（公教育）について施設長の就学させる義務として規定された（児童福祉法第48条）。また，施設における学科指導設備も一般の学校の設備基準に関する学校教育法上の規定が準用されることとなった（児童福祉施設最低基準第79条）。

　このことは入所児童・生徒の学習権保障にとって大きな前進である。法改正前は，教護院入所にともなって「就学猶予・免除」の認可を受けて学籍をはずされてしまうこともあった。そのため卒業認定されなかったり，卒業証書が交付されても番号が入っていないなど不利益扱いは重大な問題であった。原籍はそのままでも学校サイドで「外数扱い」とされ「成績評価」も入所後の学習は「オール1」としか評価されないことにもなった。

　法改正によって，児童自立支援施設も正規の学校教育が行われる場となった。しかし実態は各県教育委員会の運用次第で，全施設で実施されるまでにはなっ

ていない(2003年4月現在，全国57施設のうち29施設にとどまる。全国児童自立支援施設協議会調査)。施設における学校としての設置形態はほとんど分校(一部分教室)である。

施設での学校教育の位置づけや運営も，県教委の姿勢や施設実態によりばらつきがある。小林英義の調査によれば，新規採用教員がすぐに施設勤務とされたり，施設職員との連携がさほど思わしくなかったりすることがある。なかには，施設での学校教育の場を「○○温泉」(○は施設名)と施設職員から陰口されているような派遣されてきた教員側の実態もあるという(6)。施設入所児童のうちほとんどは中学生であることを考えれば，ここでの公教育保障は子どもの権利条約の見地からも引き続きとくに重要な課題である。

第5節　少年法制と教師

少年法制と教師の関係・役割について，非行の発見と審判過程の二つの場面を考えることとする。

まず発見について，少年法は「家庭裁判所の審判に付すべき少年を発見した者は，これを家庭裁判所に通告しなければならない」(第6条)とする。実情としては捜査機関(警察)が非行少年発見の中心的担い手であるが，人々誰もが一般人として通告義務をもつのであり，保護者や教師もこれにあたる。ただし警察官と保護者には虞犯の場合に少年を家裁もしくは児童相談所のどちらに通告するかの選択権がある(同条2項)。したがって学校教師の場合はまず警察官に連絡するか学校長から家裁に通告することとなる。家裁は触法少年あるいは14歳未満の虞犯少年については都道府県知事または児童相談所長から送致された場合のみ審判に付することになる(第3条2項。刑事免責年齢の14歳未満少年の場合の児童福祉機関先議原則)。通告は送致と異なり書面または口頭でもできるが，一般人や学校長などからの通告によりただちに審判となるのではなく，家裁が審判に付すべき理由があると思料した時はじめて手続として家裁の受理となる。

さらに，学校教師は家裁の審判に家裁の許可を得て同席できる（少年審判規則第29条）。だが，付添人になると単なる審判同席ではなく種々の権利をもつことができる。審判での付添人は成人裁判での弁護人に似ている。少年本人および保護者は付添人を選任することができ，付添人になる資格には制限がないが，弁護士以外の人を選任する場合は家裁の許可を要する（少年法第10条1項）。保護者自身も家裁の許可を受けてこの付添人になることができる[7]（同条2項）。

付添人の権利には，審判出席権（少年審判規則第25条），意見陳述権（同30条），抗告権（同32条），再抗告権（同35条），記録・証拠物閲覧権（同7条2項）などがある。付添人制度の趣旨は審判の適正手続監視および調査・審判への協力の両側面がある。協力とは少年の利益に即して，調査・審判の非行事実認定や要保護性の判断・選択が科学的かつ成長発達の筋道に沿ったものになるように支えることである。したがって学校教師として同席しかできない立場とは違い，付添人になることによって学校教師は少年を保護者とともにもっとも身近な大人として少年人格の可能性と事実に即した成長発達に寄与することができる。しかし残念なことに，家裁は本人や保護者の選任によって自動的に付添人になれる弁護士以外の付添人選任に消極的な現状にある。そこで，付添人になろうとする学校教師の努力が一層求められるとともに[8]，公的付添人制度が課題となる。この点，法制審議会答申（2005年2月9日）で家裁の職権によって弁護士を付添人に付す制度導入が付帯決議されたことは少年の人権保障から見て一つの前進といえる。

第6節　非行克服の支援

文科省は少年非行に関する学校と関係機関の連携を強化すべく，学校と関係機関との行動連携に関する研究会を設置した。その報告書（「学校と関係機関等との行動連携を一層推進するために」2004年3月）によれば，対応を個別具体的に行う，関係機関で個々の少年のケースごとにサポートチームをつくるという方針で，すでに自治体を指定した試行ではおおむね成果があがっているとの判断

をしている。サポートチームは学校，教育委員会，少年補導センター，警察（少年サポートセンター），保護観察所，児童相談所，精神保健福祉センター，保健所等，保護司（会）などその少年に即して関係する職員によって編成し，中心的役割も個別ケースごとに最適な機関が受け持つ。これまでの情報連携から行動連携に踏み込むというのが主眼であるが，あくまでもサポートにふさわしいものになることが期待される。教育改革の背景にある「問題少年に毅然とした態度を」（教育改革国民会議，2000年）とか「学校教育法」第26条改正（2001年）による出席停止措置強化の動向を重ねると，サポートが事実上管理的色彩をおびる危惧もないではない。そうならないためには，子どもの成長発達の専門機関である学校の役割がカギを握るだろう。

　最近，警察と教育委員会がそれぞれの情報を提供しあう協定を結ぶ動きが全国に広がっている。東京では都青少年育成総合対策推進本部が設置した非行防止・犯罪の被害防止教育の内容を考える委員会から，「非行防止教育及び被害防止教育に関する提言—子どもを被害者にも加害者にもしないために—」（2004年8月）が出された。そのなかで，「各教育委員会が学校管理運営規則に，問題を抱える児童・生徒の家庭に関する情報を収集し指導に当たる旨を示した条項を盛り込む」とある。この問題には，個人情報管理の問題とともに，学校・警察の連携のあり方を吟味すべき課題が含まれていよう。

　学校が子どもの成長発達の世界になるためには，個々の子どもの人格を大事にすることがその基底におかれる必要は言うまでもない。学校は，まずもって社会一般の非行観，非行少年観を整序する発信者でありたい。それは非行専門機関を請け負うことではない。安藤博のいう自己完結意識からネットワーク力へという「ネットワーク・マインド」はその手がかりであろう[9]。

　私たちの非行観，非行少年観そのものをつかみなおすうえで，ある女性法務教官の発言をかみしめたい。愛光女子学園（女子少年院，初等中等併設）の中学生卒業式，コーラスや飾り付けなど前日の準備で盛り上がるなか，ある少年（つまり少女）が気持ち不安定の様子，担任教官が面接したら，「私はあの子（被害者）が出られるはずの卒業式を奪ってしまった。あの子の人生を奪ってしまっ

たというのがやっとわかった」と話した。その話を聞いて，その女性法務教官は言う。「矯正教育で少年一人一人を大切にするということが，やっぱり大事なんだなということを自分では強く感じました。厳罰化の風潮もあり，社会の寛容度が低くなっているので，矯正教育で少年一人一人を大事にしますというと，加害者を甘やかすみたいだということで嫌う向きもあって，大分旗色の悪い部分もあるんですが，人間は大切にされて，生きている事に意味が見つけられない限り，他者の生きることの重さというのはわからないと思います。やはり生きることの意味が見つけられるように援助していく，当たり前の生活を大事にして，生活を楽しむという事を援助することが，私たち法務教官の仕事なんだろうというふうに改めて思って，できるだけそういうふうにやっていきたいと思っています」[10]。

　少年非行，犯罪の侵害性についてきちんと見据え，ときには保護処分としての刑罰も保護となるのだということをも視野に入れつつ，自己肯定感を閉ざされた少年の自損性に温もりをそそぐ，そしてそのことは現象として非行に至った少年を対岸におくのではなく，すべての子どもたちの問題として，いな，大人たち私たちの問題でもあると考えるとき，社会は短絡的な善悪二項対立社会から成熟し，非行があっても非行克服可能な社会になっていくであろう。

注
(1) 麦島文夫『非行の原因』（シリーズ人間の発達2）東京大学出版会，1990年，3頁。
(2) 澤登俊雄『少年法入門』有斐閣，1994年，4頁。
(3) 同前書，44頁。
(4) 澤登俊雄・兼頭吉市ほか『展望少年法』敬文堂，1968年，23, 34頁。
(5) 澤登，前掲書，2～5頁，参照。
(6) 小林英義・小木曽宏編著『児童自立支援施設の可能性』ミネルヴァ書房，2004年，99～103頁。
(7) 保護者が付添人になることは，一般論として非行少年の成育歴等当該少年を正確に理解する上で最も身近な存在として重要であり，また審判という特異な場面に立たされる少年の心理的な支えとしての役割が期待されるし，少年が「親からも見放された」という気持ちをもたないで自分に向き合うことができるなど，付添人制度の趣旨に合致している。しかし親による虐待が非行の背景にある場合など，親子関係に深い心理的屈折が

重大に関わっているようなケースでは,審判の場に親がいることがかえって少年の心の内にある真実に向き合い表現することに影響を与えかねず,むしろ第三者の付添人のほうが適切な場合もありうるので,判断は慎重を要する。

(8) たとえば,大東学園高校元教員丸山慶喜氏の体験記「付添人依頼を受けて・はじめての『体験』―やはり子どもは発達可能体―」NPO非行克服センター『OJDサポート通信』第7号,2005年3月15日。

(9) 安藤博『子どもの危機にどう向き合うか』信山社,2004年,109〜115頁。ほかに,山縣文治監修『子どもを支える相談ネットワーク』ミネルヴァ書房,2001年,も参照。

(10) 金子陽子「矯正処遇における現状」『犯罪被害者にかかわる諸問題』(講演集) 財団法人矯正協会,2004年,180〜182頁。同旨,石井小夜子(弁護士)『少年犯罪と向き合う』岩波書店,2001年,4頁,参照。

第4部　教職の国際動向

第1章 アメリカ

添田 久美子

第1節 教育制度と免許状制度の概要

　アメリカでは教育については基本的に州の専管事項とされており，とくに初等・中等教育は州のもとに設けられている学区 (school district) に権限の多くが委譲されている。そのため，12年間の小学校から総合制ハイスクールに至る制度は全米で共通するものの，義務教育の年限や開始年齢，学校段階の区切り

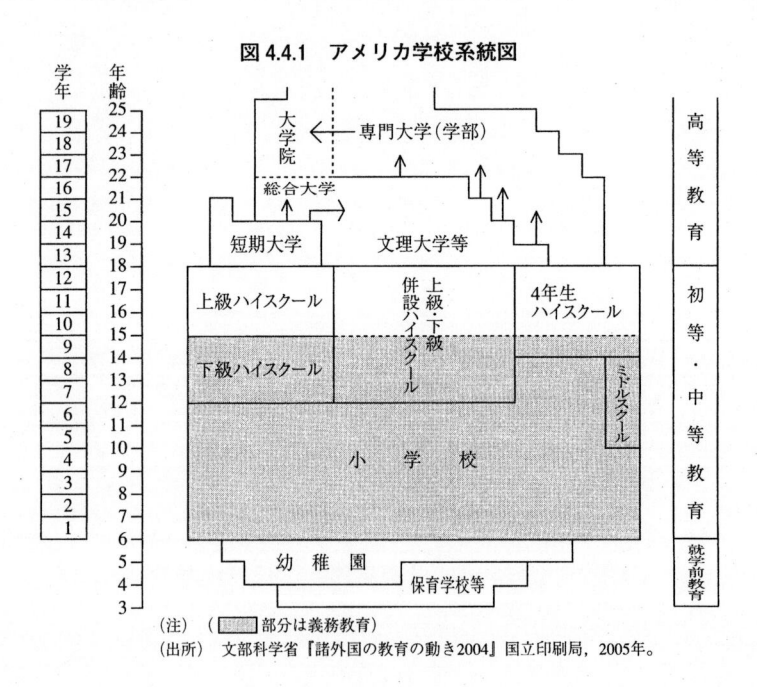

図4.4.1　アメリカ学校系統図

（注）（▨）部分は義務教育。
（出所）文部科学省『諸外国の教育の動き2004』国立印刷局，2005年。

については州あるいは学区によって異なる。

　現在もっとも一般的な制度は，7歳で入学し（6歳入学が可能の場合が多い），小学校（elementary school），ミドル・スクール（middle school），ハイスクール（high school）と進む5・3・4制，あるいは4・4・4制で，義務教育年限は9年または10年，16歳で修了するというものである。義務教育はハイスクールの途中で修了することになるが，ハイスクールを修了することがほとんどの場合就職要件となっているため，生徒はハイスクール修了をめざす。小学校は学級担任制，中等教育機関では教科担任制が一般的である。

　教育内容・方法についても全米で統一したものはなく，ほとんどの州は教科ごとに指導内容や知識・技能について到達水準等を示しているが，時間数や教科書に関する規定はない。近年ほとんどの州で「州内統一学力テスト」を実施している。

　教員免許状に関する権限についても基本的に州にある。各州は大学に対する設置認可と初等・中等教育レベルの教育機関の教員免許資格交付についての権限を有する。1980年以前は多くの州で中等教育に関する免許状において科目別の指定がなされていなかったり，免許状の要件としての履修内容が示されていなかったりしたが，現在ではほとんどの州が，学士取得，一般教育・教科専門科目・教職専門科目における必修科目，教育実習などを設定している。免許状には小学校教師用のものと中等教育機関の教師用のものがあるが，中等教育機関用のものでは教科の区分はある。その基準は州によって異なりきわめて多様である。

　大学は州から課程認定を受けていることが一般的であり，州間の互換性を図るためもあって，全米規模の非営利団体[1]による資格認定を得ているところも多い。また，養成プログラムを受講するにあたっては，学生が達成すべき一般教育科目・単位数，GPAの最低基準などを設定している大学がほとんどである。読み書き算などに関する基礎試験の合格がプログラム入学の要件とされている州もある[2]。

　さらに，大学における養成課程を修了した後，州は免許交付に際して，基礎

表 4.1.1　現職教師の学位取得状況

	学士以下	学士	修士または6年制コース	博士
%	0	43	56	1

表 4.1.2　担当学年・科目の適合性

	大学での専攻科目・学年のみ担当	専攻外の科目や学年を担当しているもの			小学校における適合者	中等教育機関における適合者
		担当授業時間の50%以下	担当授業時間の50%以上	担当授業時間のすべて		
%	81	7	5	6	86	77

学力,科目ごとの専門知識,教授法など,なんらかの筆記試験を課しているのが一般的である[3]。また大部分の州で数年ごとに免許状を更新するシステムをとっている。

このように一見すると日本よりきびしい要件が課せられているようにも見えるアメリカであるが,ブッシュ大統領による今回の改革が「すべての教師が担当教科においてすぐれた資格 (highly qualified) をもつ」ことをめざしている背景には,どのような現実があるのであろうか。

第2節　教師の資格についての現実

2001年に実施されたNEAの調査[4]では,公立学校の教師(初等・中等レベル)について次のような実態が明らかにされている。

NEAが調査を始めた1961年から現在までを比較すると,学位については,61年当時は15%もいた学士以下の教師が0%となり,修士以上のものが2倍以上(61年当時23%)と大幅な改善がみられる。しかし,担当学年・科目の適合性については,1961年の69%からは改善されたとはいえ,1976年以降80%前半の数値で推移しており,改善はみられない。

また,アメリカにおける教育専門誌の1つである『エデュケーション・ウィーク』誌による調査では,「生徒が少なくとも1科目は該当科目の免許を持たない教師の授業を受けている」中等学校は全体の17%あり,地域によって状

況は異なるが，貧困な家庭の多い地区では26％（貧困な家庭の少ない地区13％）に上っていると報告している[5]。

こうした状況は，慢性的な教員不足から免許を持たない者を雇用してきたこれまでの経緯や1980年以前の不備な免許状制度に起因するものであるが，80年以降，教師の資質向上は常にアメリカの教育改革の重要課題としてあげられ続けている。

第3節　教育改革と教師の資質向上

1980年以降出された報告書のなかで，その後の教師にかかわる改革を方向づけたのは，「備えある国家」[6]であるといえよう。同報告は「全米教職基準委員会 (National Board for Professional Teaching) の創設」，「学士号の取得要求」，「上級免許状の創設」とそれに連動した「給与体系の整備」，「大学院レベルでの教員養成」などを勧告した。90年代には先述したように，養成課程への入学認定の要件，免許状取得必修としての一般教育・教科専門教育・教職専門教育の科目・単位の指定，実習などの実践経験についての要件，免許状交付に際しての試験などを規定する州が増加した。

では，現在の改革はいかなる方向をめざしているのであろう。アメリカは1998年に「高等教育法」[7]の改正を行った。同法は高等教育の費用を手ごろなものにするとともに，奨学金制度のシンプル化を図り，学問的質を高めることを目的としたものであった[8]。同法には，生徒の学業成績の改善，教育力の質的改善のための教員養成の改善と専門性の向上，必要とされる教育方法，各科目における高い専門的知識をもった教師養成を高等教育に課すタイトルⅡ「教師の質の向上に関する州及びパートナーシップのための助成金」が設けられた[9]。さらにこの助成金を受けた州に対して教師に関する9項目にわたる報告を義務づけたのである[10]。これによって，現職教師の質，教員養成，免許状，雇用状況といった教師にかかわる情報が一定の形式で，高等教育機関が州へ，州が連邦教育省へ，長官が連邦議会へと報告するシステムが成立した。

さらに，2002年には「落ちこぼれをつくらないための初等中等教育法 (No Child Left Behind Act 2001)」[11]が制定され，学力テストの実施・公表，連邦補助金における州・学区の裁量権の拡大，基礎学力向上，教育機会の拡大，をめざすこととなった。同法では，タイトルI「不利な立場にある子どもの学業成績改善」のSec.1119「教師および教師助手の資格」[12]，また，タイトルII「優れた資格をもつ教師および校長の養成・研修・雇用」[13]において教師に関する改革が示されたのである。

Sec.1119では，州に対して，2005-06学校年度の終わりまでに，「主要教科 (core academic subject)においてすべての教師がすぐれた資格 (highly qualified) を有すること」を確実にするための計画を策定・実施，その進捗状況を報告することを求めている。またタイトルIIでは，すぐれた資格をもつ教師の増加を図るために，州教育局，地方教育局，州高等教育局などが有資格者の支援を行うための連邦助成金を制定するとともに，退役軍人が教師になることを援助するプログラム (Troops-to-Teachers Program)の推進を定めている。

このように2005年現在，アメリカは現職教師の資質向上，優秀な人材の教職への雇用によって，子どもの学業成績の向上を図ろうとしている。同法では求める「すぐれた資格」を次のように定義している[14]。

Sec.9101　定義
  (23) すぐれた資格とは，
    (A) 州における公立初等中等学校の現職教師については，
      (i) 州の免許基準 (State certification) を完全に充たしている（免許状取得のための多様なルートにおいて取得した免許状も含む），あるいは，教員免許試験 (State teacher licensing examination) に合格しているもので当該州の免許状を有していること
      (ii) 臨時的に（あるいは一時的，仮に）免許の所有，あるいは，免許要件の適用を除外されていること
    (B)
      (i) 新採用小学校教師については，

(I)少なくとも学士の学位を有していること

かつ

　(II)厳格な州テストに合格することによって，読み書き算とその他小学校基本カリキュラムにおける教科専門知識 (subject knowledge) と教授に関する知識 (teaching skills) を有することを示すこと

(ii)新採用中等学校教師については，少なくとも学士の学位を有していること，かつ，担当教科 (academic subjects) について高い能力 (high level competency) を有していること

　(I)担当教科に関して厳格な州による教科テスト (State academic subject) に合格すること，

あるいは

　(II)担当教科について，大学院，および，学部の専攻と同等とみなされるコース，上級資格・証明コース (advanced certification or credentialing) を修了していること

(C)初等中等学校現職教師は少なくとも学士の学位を有すること

　(i)(B)の(i)，あるいは(ii)の基準に適合していること，テストの代替措置も含む

あるいは

　(ii)すべての担当教科において，評価として高い客観性をもつ州統一基準に見合う能力を示すこと

　改革の進捗状況は，「高等教育法」，および，「初等中等教育法」の規定によって，年次報告として2002年以降「優秀な教師の確保に向けて (Meeting the Highly Qualified Teachers Challenge)」が公表されている。以下では，こうした改革のなかで，日本の教師をめぐる状況から鑑みて興味深いと思われるいくつかの課題を取り上げて少し詳しく見ていくことにしよう。

第4節　さまざまな取組みとその現状

1　養成課程の多様化

　先の改革では既存の養成課程のレベル・アップを図るとともに，優秀な人材を教職に雇用するための方策として，「養成ルートの多様化 (alternative Routes to Certification)」を進めている。

　2002年度の報告書では，多様化ルートとして，Troops-to-Teachers Program，Teacher For America，北カリフォルニアの Grove 統合学区で行われている事例などをあげるにとどまっていたが[15]，2004年の報告書では，多様なルートの導入は47州で行なわれ，全米で89のルートがあることが報告されている。また，2003年には，「多様なルート」についての情報を提供するために「多様な資格のための全米センター (National Center for Alternative Certification)」も創設している[16]。こうした「多様な養成ルート」の多くは教師志望者に一定の研修を行って教師として採用し，その後，大学で養成課程を修了するなどして，正式に免許状を取得するというものである。

　たとえば，ニューヨーク市は，2000年から「ティーチング・フェロー (Teaching Fellow)」という制度を開設している。当該の教科について大学で専攻していたか，学位をもっており，大学での評価がBマイナス以上であるなどの要件を充たした志願者に対して，夏期7週間の研修を行ってその秋の新学期から教師として採用するコースと9月から12月にかけて1カ月間研修を行い採用するコースとがある。

　しかしフェローには，一般教養テスト (Liberal Arts and Sciences Test) と専門テスト (Content Specialty Test) に合格することが課せられている他，ここで得られた資格の有効期限内に (3年) 市から授業料の助成がなされるものの当該教科についての修士の学位を取得することが求められている。

　これまでに同制度によって，6100名が市の公立学校で教壇に立っており，

これは市の教師の15％にあたる。2004年の夏期コースの実績では，1万6742名の応募があり，3257名が研修を許可されている。実際に教壇に立ったものは1760名であった[17]。

また，養成課程における新たな試みとしては，インターネットを通じて課程を提供するオンライン大学のウェスタン・ガバナーズ大学（Western Governors University）が2003年に養成課程を設置したことがあげられる。実習以外のすべての課程を同大学とその提携する大学においてオンラインで履修でき，学部レベルでは，初等・前期中等教育における教員資格（B.A. Interdisciplinary Studies preK-8），中等教育における数学と科学の教員資格（B.A. Mathematics 5-9 or 5-12, B.A. Science 5-9 or 5-12, B.A. Social Science）の取得が可能である。

実習については，学生の希望する学校で行い，同大学の指導員（Clinical Supervisor）が数回観察に訪れるほか，実習先の学校においても指導教員が依頼される。現在同大学で取得した資格は，30州で認定されており，19州で相互互換があるとされている[18]。

2 教育実習の要件の強化

先述したように，1980年以降，各州は養成課程の認定基準の整備・強化を図ってきたが，その1つの特徴として，実践経験および教育実習の期間の量的拡大と質の改善があげられる。

2004年度の調査では教育実習（student teaching）については28州（地域も含む）で期間が規定されている。10週から15週という期間がもっとも多い。また，教育実習に入る前になんらかの実践経験（Field Experience）を要求している州は27州，多文化的背景をもつ学校（Multi-cultural Setting）での実習を要件としている州は19州，複数の学校（More Than One Group of Student）における実習を要件としている州は21州ある[19]。

実習校における指導者に対してある程度以上の資格をもつ教師（Master Teacher）を求める州は11州あり[20]，また評価者については，大学と実習校の教員の両者によるものがもっとも多く19州，大学のみにある11州，実習校教

員のみにある1州となっている[21]。

3　免許状の更新制度

免許状については，先述した「No Child Left Behind Act 2001」Sec.1119で規定されているが，免許状の種類・位置づけについては州で異なる。現在では，数種類の等級別・有効期限付の免許状を発行する州が多い。終身有効の免許状を発行している州は現在ではニューヨーク州，ミネソタ州，ペンシルバニア州，ウエスト・バージニアの4州である[22]。

たとえばイリノイ州では7種類の免許状があるが，基本的には，最初の免許状「Initial」は4年の有効期限があり更新は認められない。次に「Standard」があり，有効期限5年で更新することができる。さらに「Master」があり学位要件は学士のままであるが，10年の有効期限で更新が可能である[23]。

イリノイ州では更新に際して，一定の「専門的研修」(Professional Development)を充たしていることが求められる。充足方法としては，上級学位を取得する，他の免許資格分野で「すぐれた教師」としてのイリノイ州基準を充たす，NBPTS[24]の免許プロセスを修了する，大学における教育関連プログラムの8セミスター時間受講する，SATP[25]あるいはNBPTSに規定された目的のための大学院におけるコースの4セミスター時間受講する，CEUs/CPDUsの講習に参加するなどがある[26]。CEUsおよびCPDUsは，教師の継続的な研修のための活動で教育委員会主導で行われているものである。更新要件を充たすためにはCEUsでは24ユニット（1ユニット5時間），CPDUsでは120ユニット（1ユニット1時間），あるいは両方を合わせて120時間が必要となる[27]。

4　教員評価

教員評価については教師を雇用している学区教育委員会が法的権限を有しているが，州法で評価についての法的規定を行っているのが一般的である。評価にどのようなデータを，どのような比重で用いるかは州によって異なる。一般的には「生徒による報告 (Student Reports)」，「教材・作品についての同僚による報

告(Peer Reviews of Materials)」,「生徒の学業成績(Student Achievement Data)」,「教師に対するテスト(Teacher Test)」「保護者による報告(Parent Reports)」,「専門職としての研修などに関する報告資料(Documentation of Professional Activity)」,「観察に基づく授業評価(Observation)」,「行政官による報告(Administrator Report)」などが用いられる[28]。

イリノイ州では,学校教育法(School Code)に「有資格職員に対する評価」という規定がある[29]。各学区は「評価計画」を策定し,州教育委員会に提出することが義務づけられている[30]。観察に基づく授業評価,勤務状況,学級経営・指導,教科専門知識の評価項目について,「優秀(excellent)」,「充足(satisfactory)」,「不十分(unsatisfactory)」の3つの基準で評価を行うこととされている。雇用契約中の教師は2年に少なくとも1度の評価を受けなければならない。

「不十分」の評価を受けた教師に対して,学区教育委員会は30日以内に改善のための計画を開始しなければならず,終身雇用の権利を有する教師の場合は改善のために90日間の期間が与えられる。この間も学級における職務は継続される。改善計画には学区行政官と,行政官あるいは校長によって選任された,5年以上の教職経験をもち当該教師の職務に精通し「優秀」と評価されている調整役の教師(consulting teacher)が参加する。改善計画の期間終了時に「充足」以上の評価が得られなかった場合,解雇されうる。その場合には手続きに則って調整役の教師の証言を聞くためのヒアリングが開かれる。

5 教育成果と教師

「No Child Left Behind Act 2001」は先述したように「すべての学校の教室に資格を持ったすぐれた教師を配置する」ことをめざしているが,その他の主要な取組みとして現在,「州内統一学力テストの実施」,「年間向上目標の設定(Adequate Yearly Progress)」,「目標非達成校への支援」が進められている。

これらの取組みの基本は「州内統一学力テスト」にある。同法による連邦補助金の受給要件として,第3学年から第8学年まですべての学年で英語と数学

のテストの実施，さらにこのテストの成績を中心として州が学力基準を設定し，州・学区・学校はそれに対して達成度を公表することを求めている。

　こうした目標を達成できず支援対象校と認定された学校に対して学区は，対象校在籍者の転校機会を保障するといったこれまでにはみられなかった措置をとることが求められている。関係教職員の入れ替えなども是正措置の1つとしてあげられている。さらに1年後に改善が認められなかった学校は「要支援校(Targeted Assistance schools)」とされ，すべての教職員の入れ替え，民間委託，閉鎖など徹底した刷新が求められることとなる[31]。NEAによると2004年度は回答のあった39州のうちで，2年以上目標を達成できなかった学校は6794校，全体の12％に達している[32]。

　たとえばイリノイ州では，2年連続して州基準の50％以下の学校は「初期警告校(Academic Early Warning Status)」とされ，4年間連続した学校は「監視校(Academic Watch Status)」とされる[33]。2004-05学年度で「初期警告校」400校，「監視校」540校であった[34]。

　このような学校の教育成果を公にするアカウンタビリティを重視する改革に対して，一部の州からは，連邦補助金では同法によって求められている措置をとるには不十分であるとする批判が起こっており，なかには財政不足のため連邦補助金の辞退を検討しなければならないという事態に至っている学区もある。

　実際にコネティカット州教育委員会は，2005年8月に連邦教育省を相手に「No Child Left Behind Act 2001」の一部条文廃止を求めて訴訟を起こした。同州教育委員会は，「現行の2年に1度の読み，書き，算の州テストを3学年から8学年の毎学年で行うためには，連邦援助金に州としてさらに8億ドル以上の経費の追加が必要であるが，そこから新たに得られるものはほとんどない。州としてはその金を就学前教育の質的改善などに振り向けたい」と主張している[35]。さらに数州が訴訟の準備を行っているといわれている。

第5節　改善状況

　4年目を終えたところでどの程度改善されたのであろうか。2005年度の第4次年次報告(36)によると，免許状取得者についてはこの4年間安定して30万人程度であり，2003年の30万5047人から2004年には31万5298人と増加している。多様な養成ルートからは3万5000人と全体の1割以上を占めるまでになっており，過去3年で9万人以上を養成している。過去3年間で多様な養成ルートでもっとも多くの教師を養成した州は多い順に，ニューヨーク，カリフォルニア，テキサス，フロリダ，ニュージャージーである。

　有資格教師の不足状況については今回の統計から「代用教員（waiver）」の定義が変更され，以前の数値と単純には比較ができないが，2003-04年の代用教員の占める割合は，全米の学区平均では3.5%である。貧困な家庭の多い学区では5.2%，その他の学区では3.1%であった。中等教育レベルの教科別では高い順に，「地理」5.7%，「外国語」5.5%，「数学」3.6%，「科学」3.6%などとなっており，分野別では「特殊教育」が6.3%と高い数値を示している。報告書では，都市中心部の学校，要支援学校（high-needed schools），都市から離れた郡部など「地域的な不足」と中等教育における数学や科学といった「領域的な不足」が解決されていない課題としてあげられている。

注
(1) National Council for Accreditation of Teacher Education (NCATE) がその代表的な機関である。
(2) National Association of Directors of Teacher Education and Certification (NASDTEC) による2004年の調査報告 TableG1「試験要件」参照。
(3) 同前。
(4) NEA, (2003) *Status of the American Public School Teacher 2000-2001*.
(5) Education Week, Quality Count 89 2003: "If Can't Learn From You".
(6) Carnegie Corporation of New York, (1986) *A Nation Prepared: Teachers for 21st Century*.

(7) P.L.105-244, 1998 Amendments to Higher Education Act of 1965.
(8) *The Honorable Howard P. "Buck" Mckeon Openning statement*, Committee on Education and Workforce Markup of the Higher Education Amendments of 1998, March 18, 1998.
(9) TITTLE II-Teacher Quality Enhancement Grants for States and Partnerships SEC.201. Purposes; Definitions.
(10) SEC. 207. Accountability for Programs that Prepare Teachers.
(11) P.L.107-110, No Child Left Behind Act of 2001,
(12) TITTLE I-Improving the Academic Achievement of the Disadvantaged Sec.1119. Qualifications for teachers and Paraprofessionals.
(13) TITTLE II-Preparing, Training, and Recruiting High Quality Teachers and Principals
(14) TITTLE IX-General Provisions, "Sec. 9101. Definitions.
(15) U.S. Department of Education, Office of Postsecondary Education, (2002) *The Secretary's Annual Report on Teacher Quality, Meeting the Highly Qualified Teachers Challenge*, 15-19.
(16) U.S. Department of Education, Office of Postsecondary Education, (2004) *The Secretary's Third Annual Report on Teacher Quality, Meeting the Highly Qualified Teachers Challenge*, 29-31.
(17) http://www.nyctf.org/about/fellowship.html
(18) http://www.wgu.edu/education/teaching license.
(19) NASDTEC による 2004 年の調査報告 Table B 4「実習と実習指導に関する要件」参照。
(20) 同前。
(21) NASDTEC による 2004 年の調査報告 Table B 5「実習評価に関する要件」参照。
(22) NASDTEC による 2004 年の調査報告 Table E 1「専門性の向上に関する要件」参照。
(23) NASDTEC による 2004 年の調査報告 Table A 1「教員免許状に関する要件」参照。
(24) National Board for Professional Teaching Standards. 初等中等学校の現職教師の理事が中心となっている非営利団体により，1995 年より開始された全米共通の認定制度。
(25) Self-Assessment of Teaching Performance. イリノイ州教育委員会と州教員免許状委員会が認定した大学院レベルでの講義を中心にしたもの。
(26) *Professional Development Requirements for Renewal of Standard/Master Teaching Certificates.*
(27) *Continuing Education Units (CEU)/Continuing Professional Development Units (CPDU).*
(28) Peterson, K.D. (2000), *Teacher Evaluation (2nd ed.)*, Corwin Press, INC., 91-102.

(29) School Code *Article 24A   Evaluation of Certified Employees in Districts with less than 500,00 Inhabitants.*
(30) 5/24A-4 5. Development, submission and content of evaluation plan.
(31) P.L.107-110, No Child Left Behind Act of 2001, Sec.1111., Sec.1116.
(32) NEA Today, November 2004.
(33) http://www.isbe.net/AYP/
   Frequently Asked Questions About Adequate Yearly Progress, Academic Early Warning Status, and Academic Watch Status.
(34) http://www.isbe.net/AYP/
   Schools in 2004 Academic Early Warning Status (2004-2005 school year).
   Schools in 2004 Academic Watch Status (2004-2005 school year).
(35) Conn. Board of Education, *News,* April 5, 2005.
   United States District Court District of Connecticut, State of Connecticut and the General Assembly of the State of Connecticut.   Plaintiffs, V Margaret Spellings, in her official capacity as Secretary of Education, Defendant, August 22,2005.
(36) U.S. Department of Education, Office of Postsecondary Education, (2005) *The Secretary's Fourth Annual Report on Teacher Quality, A Highly Qualified Teacher In Every Classroom.*

第2章　ドイツ

吉岡　真佐樹

　かつて「兵舎と学校の国」と呼ばれたように，ドイツは公的学校制度の整備・確立に世界でもっとも早くから着手した国の1つであり，そのための教師教育制度の組織化に対しても確固とした伝統をもっている。今日においてもまた，総合大学における基礎的学習と約2年間にわたる試補教師としての実践的訓練に示されるように，国際的にみて高水準の養成制度を誇っている。しかしこのような特徴をもちながらも，経済・社会のグローバル化とヨーロッパ統合の推進といった国際環境の変化のなかで，この国の教師教育制度もさまざまな改革課題に迫られている。

　この章では，まずドイツの学校制度の特徴と教師教育制度の概要を整理したうえで，今日の改革動向について検討してみたい。

第1節　学校制度の特徴と教師教育

1　各州の文化高権——地方分権主義

　ドイツは16の州（邦・ラント：Land）からなる連邦共和国である。教育および文化行政に関する権限は，大学制度に関する事項などの例外的な部分を除いて，一般に州が保持しており（州の文化高権, Kulturhoheit），徹底した地方分権主義をとっている。各州はそれぞれ州政府をもつが，そこには必ず文部大臣も含まれている。このような地方分権主義は，この国の中世以来の伝統に由来するものであるが，他方で全国的な教育制度・政策の調整を行うために，常設「文部大臣会議（Kultusministerkonferenz; KMK）」が設置されている。この会議

はこのような調整に加えて，連邦レベルでの将来の基本方向に関する包括的な合意形成も行っている。

　第2次大戦後，ドイツはいわゆる西ドイツ（ドイツ連邦共和国）と東ドイツ（ドイツ民主共和国）に分裂していたが，1990年，東ドイツが西ドイツに吸収されるかたちで統合が実現した。統合に際してそれまでの東ドイツの地方行政制度は解体され，西ドイツ基本法に基づいて5つの州に再編成された。これと同様に，それまでの東ドイツの「社会主義国」型学校制度は西ドイツ型の学校制度に再編されることになった。

2　3分岐型中等教育制度と職業訓練制度の発達

　ドイツの学校制度は一般に，初等学校である4年制の基礎学校（Grundschule）のうえに，3種類の中等学校，すなわち基幹学校（Hauptschule），実科学校（Realschule）およびギムナジウム（Gymnasium）が接続する構造となっている。ギムナジウムは通常9年制の学校であり，その修了試験であるアビトゥーア試験に合格すると，「一般的大学入学資格」を得ることができる。この資格により，大学進学希望者は，医学部などの一部の学科・専攻を除いて，原則的に自由に希望する大学・学部に入学することができる。実科学校は，1960年代までは一般に中間学校と呼ばれていたものであり，通常6年制で，その卒業生の多くは全日制の職業教育学校に進む。基幹学校は通常5年，すなわち義務教育終了年までの学校であり，卒業生の多くは，職業学校での就学と企業での職業訓練を組み合わせた「デュアルシステム」と呼ばれる職業訓練制度に入っていく。

　さらにこれら3種類の中等教育機関に加えて，とくにベルリン，ブランデンブルク，ハンブルクなどの州では，それらを統合した総合制学校（Gesamtschule）も存在する。もともと3分岐型の中等教育制度は，伝統的な複線型学校体系を引き継いで成立したものであるが，この総合制学校は階級・階層に対応した教育制度の打破あるいは早期の進路選択にともなう弊害の除去などを目標に，主に1970年代に導入されたものである。ただし現在の普及率は，全国的にみると

第7クラス（13歳）の生徒数比率で約1割弱の水準である[1]。

これらの中等教育制度と並んで，ドイツの教育制度を特徴づけるものとして，職業訓練制度の充実および多種多様な職業教育諸学校の存在があげられる。ドイツ社会は，「職業資格社会」と呼ばれるが，各職種についてそれぞれ学歴と職業訓練が密接に結合した職業資格制度が作り上げられている。大学教育といえどもこの職業資格制度の枠組みのなかに位置づけられ，大学での理論学習は，在学中および卒業後の実習・職業訓練制度と厳密に結びつけられている。教師教育制度も，実はその典型例であるということができる。

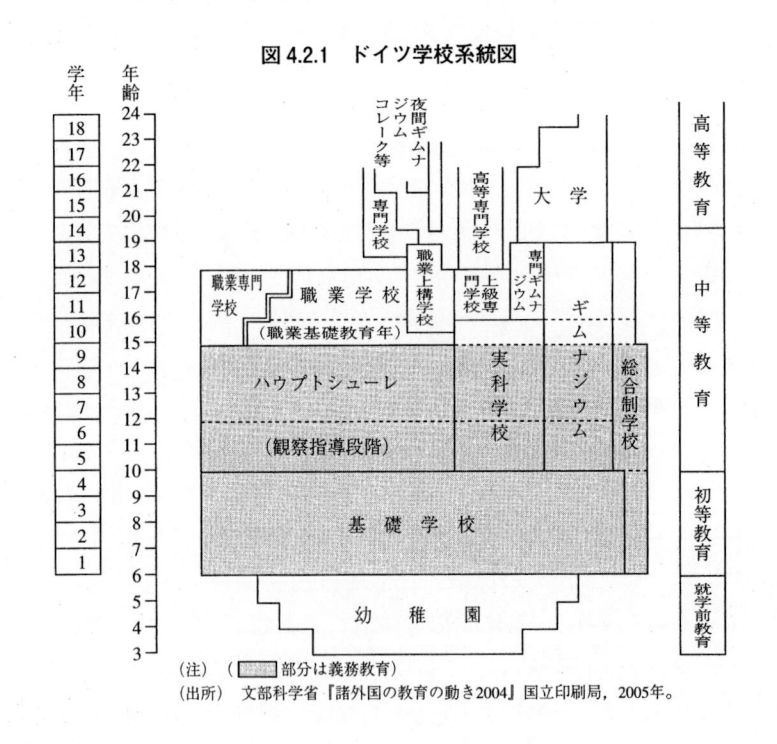

図4.2.1　ドイツ学校系統図

（注）　部分は義務教育
（出所）　文部科学省『諸外国の教育の動き2004』国立印刷局，2005年。

3 教師の種類と教師教育制度の概要

さてドイツの教師教育制度について概観してみよう。

まず、教師の種類についてであるが、先述のように複雑な中等教育制度をとり、しかも州ごとにその体系が異なるため、全国的にみるときわめて多種類の教師資格が存在することになる。マックス・プランク研究所による『ドイツ連邦共和国の教育制度』(2003)では、その総数は目下のところ43種類に達すると紹介している[2]。ただし文部大臣会議は、通常、教師資格を次の6種類に大別して議論している。なお中等段階Ⅰとは第5～10学年の段階(11～16歳)、中等段階Ⅱとは第11～13学年(17～19歳)の段階を意味している。

①基礎学校教師または初等段階教師
②初等段階教師および中等段階Ⅰのすべてのあるいは一部の学校の教師
③中等段階Ⅰのすべてのあるいは一部の学校の教師
④中等段階Ⅱ(一般教育科目)の教師あるいはギムナジウム教師
⑤中等段階Ⅱ(職業教育科目)の教師あるいは職業学校教師
⑥特殊教育教師

次に、これらの教師の養成および資格認定について整理してみよう。

これについても州ごとに細部は相当異なっているが、原理的には全国的に上述のすべての教師に対して同じシステムを取っている。それは2段階養成と呼ばれるシステムで、概略すると次のようになる。

①総合大学での一定期間の学習、②第一次教師国家試験の受験・合格、③「試補教師」としての一定期間(18カ月程度)の勤務、④第二次国家試験の受験・合格、⑤正規の教師としての採用

大学での学習期間は、通常、基礎学校および基幹学校教師については6～7ゼメスター(3年から3年半)、ギムナジウム教師については8～9ゼメスター(4年から4年半)とされているが、一般にそれ以上の期間がかけられている。前者の場合は教育学部等に、後者の場合は各専攻ごとの学部に所属して、専攻科目の学習と教科教授法、教育科学および教育実習などの履修を行う。第1次

国家試験は州が行う試験であり、論文試験、口述試験などからなる。論文試験は教職志望学生にとって事実上の卒業論文の提出であり、彼らにとっては、この国家試験に合格することがすなわち「卒業」を意味することになる。

　試補教師としての勤務は、ドイツの教師教育制度を特徴づけるものである。第1次教師試験に合格し「試補教師」の身分となった者は、「学習ゼミナール」等の名称で呼ばれる教育施設に配属され、専門の養成担当教師から学校教師として必要な実践的教育を受ける。同時に週の何日かは、近隣の学校において授業実習を行う。「学習ゼミナール」での養成教育と実習校での実習が、並行して行われる場合、前後に分けて行われる場合、あるいはサンドイッチ方式で行われる場合など、実際的な勤務形態は州ごと、学校種ごとにまちまちである。なお、試補教師の身分は「臨時公務員（Beamte als Zeit）」であり、給与水準は2002年夏の時点で、月額約950ユーロ（1ユーロ120円とすると11万4000円）と紹介されている[3]。

　試補教師としての勤務を良好に過ごすと、第2次国家試験を受験することになる。試験内容は論文試験と口述試験、そして実習校での「試験授業」等であり、もちろん試補期間の勤務成績も加味される。この場合の論文試験には、生徒指導の方法、教科教育の教材開発など、第1次試験の場合と比べて、より教育実践に密着した論文の作成が要求される。

　第2次国家試験に合格したならば、正規の教師資格を取得したことになる。ただしこのことは、ただちに教師としての採用を意味するものではない。教師志望者は採用予定リストに登載されて採用を待つのであるが、教師の需要と供給のバランスがとれているとき、あるいは教師不足の時期には、もちろんすぐに採用される。しかし教師が「供給過剰」の時期には、多数の採用待ち教師が生じることになる。もともとドイツの教師養成システムにおいて正規の教師資格を取得するには、相当の高年齢となる。ノルトライン・ヴェストファーレン州の1998年の統計では、第1次試験に合格するのは平均して、初等教師では25歳、中等段階の教師の場合は28歳、そして試補期間とその前後の移行期間を含めて、正規の教職資格を取るまでにさらに3年以上かかるとされている。

そしてこの年齢から場合によっては「採用待ち」の状況に陥るのであるから，生活上の困難はきわめて大きい(4)。

実際，ドイツでは19世紀中葉以降，数十年を単位として教師不足と教師過剰の状況が循環的に繰り返されてきたのである。そしてこのことがドイツの教師養成制度の構造的な欠陥ないし弱点とされている。近年では1980年代から90年代前半が「教師過剰」の状態にあたり，多数の「失業教師」＝採用待ち教師が発生し深刻な事態が出現していた。しかしこの状況も90年代末から収束・改善に向かい，2000年代は，地域的な格差，職種による相違はあるものの，全般的に採用状況の良好な時期になると予測されている(5)。

4　教師教育制度の歴史的発展経過

このような2段階の養成・資格制度は，もともとギムナジウム教師の養成制度として19世紀の初頭に成立したものである。それ以降，19世紀を通じて国家試験の内容および試補教師に対する訓練制度は着実に整備され，1917年には上述のような今日の制度枠組みが完成することになった(6)。

これに対して，複線型の学校体系のもとで，初等教師（民衆学校教師）養成の場合は，歴史的にまったく別の制度形態をとっていた。すなわち初等学校教師の養成を目的とした特別な教育機関である「師範学校」において行われていたのである。しかし19世紀の中葉以降，初等教師は，中等教師との社会的経済的同格化をめざしてねばり強く運動を展開することになる。その際，その目標は「総合大学での教員養成」と「教職層の統一」であった。この運動は紆余曲折を経るが，第2次大戦後にはまず初等教師養成のための「教育大学」が各州に創設され，そして1970年代にそれらが総合大学へ統合されることとなった。100年以上の歳月を経て，ついにすべての種類の教師の「総合大学での養成」が実現するとともに，初等教師も中等教師と同様の試補期間をもつことになったのである(7)。

以上のようにドイツの教師養成制度は，教師志望者に対して，長期にわたるきびしい，専門職にふさわしい養成教育・訓練を求める制度であるということ

ができる。しかしこの制度も今日，効率化と質の向上を同時に求める社会的要請のもとで，改革への議論が高まっている。次節では，この間の改革議論に直接的な影響を与えている，①高等教育（大学）制度改革，②「PISA」ショック，③ヨーロッパ統合と教育および職業資格制度の国際化，などの要因について紹介しながら，今後のドイツの教師教育改革の方向について検討してみたい。

第2節　今日の教師教育制度改革の動向

1　大学制度改革と教師教育

　1990年以降の内外状況の変化，とりわけ経済のグローバル化と国際競争の激化，労働市場の国際化，あるいはヨーロッパ統合の推進と職業資格・教育資格の国際化の要請などの動向は，伝統的な大学制度の改変を迫る強い圧力となっている。連邦政府は，98年以降，連邦レベルで大学制度を規定している「大学大綱法（Hochschulrahmengesetz）」を3度にわたり改正して，これに対応しようとしてきた(8)。

　改正の要点は，①大学の管理運営・教育研究組織にかかわる大幅な規制緩和，②業績主義の重視，③入学者決定システムの改革，④国際化に対応するための教育課程の再編－単位制の導入と国際的な単位互換制度への参加，などであるが，さらに教師教育制度にとって影響が大きいものとして，「学士（バチェラー）」「修士（マスター）」学位の新設という改革がある。

　伝統的にドイツの大学は，あらかじめ定められた教育課程に従い，一定の科目を履修すれば「卒業」できるという仕組みをとってはいない。大学を修了するとは，たとえば教育学部で学ぶ学生にとっては，①第1次教師国家試験の受験・合格（教師志望者の場合），②マギスター学位の取得（研究者志望の場合。この学位のうえにドクター学位の取得が続く），③ディプロム学位の取得（教師以外の教育専門職志望の場合）という形態をとる。すなわち進路により異なった学位等を取得するのであり，そのための在学期間は，必要最低期間は定められているも

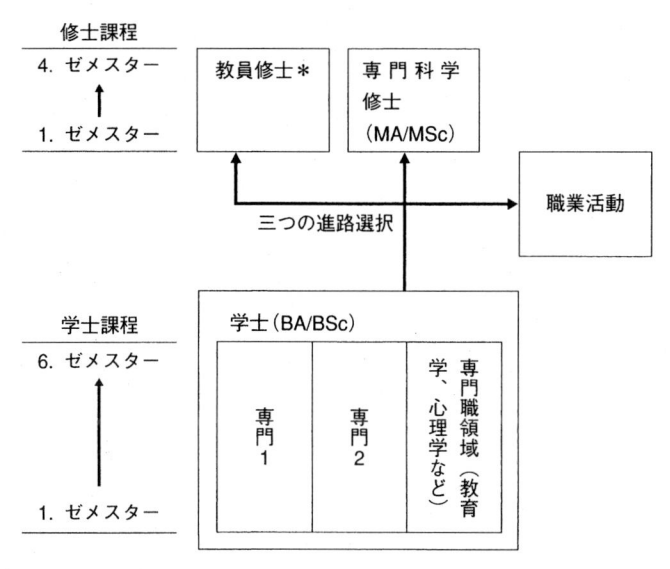

図4.2.2 ニーダーザクセン州における教職のための学士および修士課程 (2003/04年冬学期から)

```
修士課程
  4. ゼメスター      ┌─────────┐ ┌─────────┐
        ↑          │ 教員修士* │ │ 専門科学  │
  1. ゼメスター      │         │ │ 修士     │
                   │         │ │ (MA/MSc) │
                   └─────────┘ └─────────┘
                        ↑       ↑         ┌─────────┐
                        └───────┴────────→│ 職業活動  │
                          三つの進路選択     └─────────┘

学士課程             ┌──────────────────────────────┐
  6. ゼメスター      │       学士 (BA/BSc)           │
        ↑          │ ┌──────┬──────┬────────────┐ │
                   │ │      │      │ 専門職領域  │ │
                   │ │ 専門 │ 専門 │(教育学、    │ │
                   │ │  1   │  2   │ 心理学など) │ │
                   │ └──────┴──────┴────────────┘ │
  1. ゼメスター      └──────────────────────────────┘
```

＊基礎，基幹，実科学校―2ゼメスター
　ギムナジウム，職業学校，特別学校―4ゼメスター
（出典 http://cdl.niedersachsen.de/blob/images/C1799361_L20.pdf）

のの上限は決められておらず，事実上それぞれの学生の自由に委ねられているのである。

　これに対して新たに導入される制度は，既存のマギスターやディプロム学位に加えて，新たに「学士」「修士」学位を導入しようとするものであり，学士課程の標準学修期間は最短で3年，最長4年，修士課程は最短1年，最長2年と定められている。これらの学位導入によって，国際的な学生交流事業を活発化させるとともに，「長期在学者」問題の解決をめざしているのである。

　この制度を導入するか否か，具体的にどのような形態を取るのかは，各州に委ねられている。しかし学術審議会「教員養成の将来構造への勧告」(2001)[9]あるいはドイツ学長会議「教員養成への勧告」(1998)[10]等ではこの制度導入の積極的推進を推奨するとともに，教職課程もそのなかに組み入れることを勧告している。後者においては，「大学の教職課程は，専門科学の学習を中心とした

学士課程と，それに接続し教科教授学と教育科学の学習を中心とする修士課程から構成」されるものとし，「修士課程の修了によって従来の第一次教員国家試験に代替する」ことが提案されている。実際，ニーダーザクセンをはじめとするいくつかの州では，すでに教職課程にもこれらの学位の導入が始まっている。図 4.2.2 にみられるように，教師志望者はまず 6 ゼメスターの学士課程において 2 つの専門科目と教育学および心理学などの基礎的な専門教育科目を履修した後，基礎学校，基幹学校および実科学校教師の場合は 2 ゼメスター，ギムナジウム，職業学校および特別学校教師の場合は 4 ゼメスターの修士課程を修了する仕組みとなっている。この制度の導入により，学士修了時点であらためて，教員修士に進むか，専門科学の修士課程へ進むかあるいは職業活動に入るかの選択が可能になるとされている。また学士から教員修士課程に進むには，学士修了時の成績が良好であることも条件に加えられている。

2 ピザショックと教育改革

2000 年に実施された OECD 学習到達度調査：「PISA (Programme for International Student Assessment) 調査」の結果は，いわゆる「PISA ショック」として各界に大きな衝撃をもって受けとめられている。その成績が，参加 31 カ国中「総合読解力」で 21 位，「数学的リテラシー」と「科学的リテラシー」で 20 位と平均以下であったことに加えて，成績の分散が大きく，しかも出身階層による差が顕著であることが実証的に示されたからである。さらに伝統的な 3 分岐型中等教育制度を強く維持する州，たとえばバイエルン，バーデン・ヴュルテンベルクの方が，学校制度改革に積極的な州，たとえばブレーメン，ニーダーザクセンよりも好成績であったことは，議論を一層複雑なものにしている[11]。

この「低学力問題」は，教育関係者の間では，すでに 1995 年に実施された国際到達度評価学会 (IEA) による第 3 回国際数学・理科教育調査 (TIMSS) の結果によっても示されていた。すなわち 13 歳の生徒の学力試験において，参加 41 カ国中，ドイツは数学で 23 位，科学で 19 位にとどまっていたのである。

そしてそれに続く PISA の結果は，教育界のみならず，「教育立国ドイツ」の国民全体に強い衝撃を与えたのである。

この問題は，2002 年 9 月の連邦議会選挙の争点になり，また今日，あらゆる教育議論の場で取り上げられている。その際，学力向上のための改革課題として，「全日制学校」(12)の導入，就学前教育の改善，教育的にハンディキャップを負う子どもたち—とくに移民家庭の子どもたちへの教育的支援，等が議論されているが，当然，教師の専門性の向上，教師の実践的な教育力量の向上，教師教育制度の改善が強く求められている。

3　文部大臣会議専門委員会報告書「ドイツにおける教師養成の将来展望」

文部大臣会議は，1998 年 9 月に教師養成制度全般を検討するために，学術および教育行政の専門家 18 名からなる専門委員会（座長：ボッフム大学学校教育学教授エバルト・テルハルト）を設置した。委員会は翌 99 年 8 月末に，検討結果を「ドイツにおける教師養成の将来展望」として公表した(13)が，この報告書は，現在の教師教育改革政策の基調を包括的に示すものとなっている。最後にその要点を整理して，まとめとしたい。

(1)ドイツ教師養成の長所と弱点は，総括的に次のように特徴づけることができる。

①ドイツの教師養成は，長い歴史的経過を経て発展してきたものであり，所与の枠組み，すなわち大学での養成，理論的養成と実践的養成の 2 段階区分，2 度の国家試験などについては将来も維持し続けるべきである。

②教師養成における教科専門的領域は高水準であるが，教育学的および教授学的領域が不十分である。

③教師養成の発展のためには，教員の現職教育の強化がとりわけ重要である。

(2)教師の専門的能力の中心は，教授および学習課程の計画化，組織化である。

(3)3 つの養成段階，すなわち大学，試補期間，そして現職教育を統一的にとらえることが必要であり，とくに第 3 段階としての現職教育の制度化が重

要である。
(4)総合大学での学習内容の全体, すなわち教科専門, 教科教授学, 教育諸科学および学校実習のそれぞれが, これまで以上に教師の実践活動と結びつかねばならない。また大学は教師教育を中心的課題として位置づけ, 教師教育および学校教育研究のための独自のセンターを設けるべきである。
(5)試補教師のための「学習ゼミナール」は, 責任ある職業実践準備が行われるよう改善されなければならない。とくに養成・訓練に携わる講師の質の向上が, 重要な課題である。
(6)現職教育(研修)の機会が拡大されなければならない。そのためには, 校長および学校行政機関の責任が大きい。とくに採用後の1年目の研修は, その特別な重要性にもかかわらず, その体制がきわめて不十分な状況にある。
(7)教師の職業経歴において, その専門的力量を継続的に発展させることが求められている。そのために, 地位や形式的な昇任・昇格とは別に, 業績に応じた給与区分が存在すべきである。学校指導・監督者は, それぞれの教師の長所や短所に応じて, 必要な現職研修の機会を準備すべきであり, 成長可能性の見られない教師に対しては, 早期退職を可能にする手段が設けられなければならない。
(8)教師教育制度評価のための, 基礎的資料の作成が求められている。教師教育をめぐるこれまでの議論には, 現状についての科学的で正確な知見が欠けている。

　以上にみられるように, 報告書は教師教育の3段階のそれぞれにわたって教師の教育的力量の向上を強調するとともに, 3段階の教育を統一的に構築することを指摘している。同時に, とりわけ現職教育機会の拡大と義務化, そしてそのための体制の強化を力説している。従来ドイツの教員養成においては, 正規の教師資格を得るために長期間の教育・訓練が求められる一方で, いったん教師となれば「専門職」として, 現職研修が義務づけられることはなかった。

しかし今日においては，生涯を通じての職業能力の向上が制度上も強調されるようになったのである。しかも報告書はそのための教員評価の必要性に言及している。今後それがどのような形態・方法をとって具体化されるのか，またそれがどのような成果をあげうるのか，日本の状況との比較研究のうえでも重要な検討テーマとなろう。

注
(1) 2001年度の統計で，第7クラス（13歳）の全生徒のうち，総合制学校に学ぶ者は8.9％，学校数で788校となっている。Cortina, K.S./Baumert, J./Lechinsky, A. u.a. (Hrsg.), *Das Bildungswesen in der Bundesrepublik Deutschland*, Rowohrt Taschenbuch Verlag, 2003, S.466. なお，ドイツにおいて私学は少なく，幼稚園から大学まで各年齢段階の就学者の割合で10％を超えることはない。私学のなかにはシュタイナーシューレのようにそのユニークな教育理念・方法で著名なものもあるが，多くは福音派およびカソリック系の宗教団体の設立・運営によるものである。
(2) Ibd., S.788.
(3) Ibd., S.790.
(4) このような長期にわたる養成および採用待ち期間は，教師の初任給を上昇させる要因にもなっていると指摘されている。たとえば，既婚，子ども2人の場合，基礎学校教師で税込みの初任給は月額約3300ユーロ（1ユーロ＝120円で39万6000円），ギムナジウム教師では約3960ユーロ（47万5000円）という試算が紹介されている。Ibd., S.792.
(5) Sekretariat der Ständigen Konferenz der Kultusminister der Länder in der Bundesrepulik Deutchland (Hrsg.), *Lehrereinstellungsbedarf und-angebot in der Bundesrepulik Deutschland Modellrechnung 2002-2015*, 2003.
(6) 中等学校試験規程の変遷については，拙稿「中等教員の資格制度と機能」望田幸男編『近代ドイツ＝「資格社会」の制度と機能』名古屋大学出版会，1995年，73～112頁などを参照のこと。
(7) ドイツ教員史の代表的なものとしては，Bölling, R., *Sozialgeschichte der deutschen Lehrer. Ein Überblick von 1800 bis zur Gegenwart*, Göttingen 1983. R. ベリング，望田幸男他訳『歴史のなかの教師たち―ドイツ教員社会史―』ミネルヴァ書房，1987年，がある。
(8)「大学大綱法」の第4次（98年8月），第5次（2002年2月）および第6次改正（2002年8月）。これについては，丹生久美子「ドイツ高等教育大綱法の改正（全訳と解説）」日本学術振興会『学術月報』Vol.55, No.9, 丸善出版部2002年9月号，906～930頁が詳しい。

(9) Wissenschaftsrat, *Empfehlungen zur küntigen Struktur der Lehrerbildung*, 2001, Berlin.

(10) Hochschulrektorenkonfernz (HRK), Empfehlungen zur Lehrerbildung, Bonn, November 1998, in, Schulz, D./Wollersheim, H.-H. (Hrsg.), *Lehrerbildung in der öffentlichen Diskussion. Neuzeitliche Gestaltungsformen in Theorie und Praxis*, Luchterhand, 1999.

(11) ピザショックについては，長島啓記「ドイツにおける『PISAショック』と改革への取組」日本比較教育学会紀要編集委員会編『比較教育学研究』第29号，2003年，65〜77頁，岩本俊一「PISAの結果がドイツの教育にもたらしたもの」『東京大学大学院教育学研究科教育学研究室・研究室紀要』第30号，2004年，125〜133頁などを参照のこと。

(12) ドイツの初等・中等学校は，多くの場合，早朝から昼過ぎまでの「半日学校」である。これを午後も授業を行う「全日学校」にする動きが活発化している。

(13) Terhart, E. (Hrsg.), *Perspektiven der Lehrerbildung in Deutschland. Abschlussbericht der von der Kultusministerkonferenz eingesetzten Kommission*, Weinheim, Beltz, 2000.

第3章 イギリス

高野 和子

英国 United Kingdom of Great Britain and Northern Ireland においては，イングランド，ウェールズ，スコットランド，北アイルランドがそれぞれ独自の教育制度をもっている。本章でイギリスという場合，とくに断りのないかぎりイングランドについて述べていくが，イングランドとウェールズの教育制度には共通点も多い。

第1節 教員養成の概要

イギリスの教員養成のあり様は急速な変化を続けている。1990年代以来の改革動向を，教員養成がどこで行われているか，という点からみてその特徴をつかむと次のようになる。

1 学部段階から学卒後段階へ

イギリスの教員養成には，大学の学部段階 (Undergraduate) の課程と卒業後 (Postgraduate) の課程がある。

学部段階での養成は，教育学士 (BEd) 課程で行われる。イギリスでは学士号は一般的に3年で取得するが，教育学士については4年の場合も多い。表4.3.1にみられるように，この課程で養成されるのは初等教員が中心である。

学卒後課程 (PGCE; postgraduate certificate in education course) は，学位取得後，通常1年 (36週) の課程であり，中等教員は主としてここで養成されている。

1997/98年度には，初等・中等あわせての入学者が学部課程9620人，学卒

後課程8100人であったのが，2003/04年度には表4.3.1のようにそれぞれ7850人，2万5780人になっている。イギリスの教員養成では，このように学部から卒業後へと教育の段階が顕著に移行してきていることが特徴の1つである。この移行は，1997/98年度時点ではその6割が学部課程であった初等教員養成が，表4.3.1のように現在では逆に6割近くが学卒後課程になっているという変化によるところが大きい。

なお，表中のFast Trackはリーダー層育成策の一環として2000年に導入されたが，教員養成のルートとしては2005年9月入学生を最後に廃止されることが決まっている。

表4.3.1　教員養成課程への入学者数—雇用ベースを除く　　(2003/04)

	初等教員養成	中等教員養成	初等・中等　計
学部課程　Undergraduate	6,600	1,260	7,850
学卒後課程 Postgraduate	8,980	16,790	25,780
（内，高等教育を中心にしないもの）	810	730	1,540
Fast Track	60	240	300
合計	15,640	18,290	33,930

(出典) Department for education and skills, Statistics of Education: School Workforce in England, 2004 edition.

2　"学生"から"教師として働きながら"の養成へ

特徴の第2は，資格をもたないまま教師として働きはじめ，働きながら養成を受けるという教職へのルート（雇用ベースの教員養成）が広がってきていることである。つまり，これまでの《養成→資格取得→雇用》という構造が変化してきているのである。

雇用ベースの教員養成は，1990年春からライセンス教師計画(Licensed Teacher Scheme)が実施されたが，現在は表4.3.2のようなプログラムが行われている。

学卒教師プログラム(Graduate Teacher Programme; GTP)では，24歳以上の学卒者が無資格教師として学校に雇用され，勤務と並行して個別のプログラムで1年以内の養成を受ける。

登録教師プログラム (Registered Teacher Programme; RTP) では，高等教育を2年間終えた人が無資格教師として学校に雇用され，勤務と並行して2年以内に教員養成を受けて学位を取得する。

海外養成教師プログラム (Overseas Trained Teacher Programme) は，欧州経済地域 (EEA) 以外で養成を受けた教師が4年以内なら臨時教師 (temporary teacher) として無資格で働くことができ，その間にイギリスでの資格を取得するというものである。

2003年9月から導入された Teach First は，高水準のリーダーシップとコミュニケーション能力を備えた学卒者を対象とするもので，現在のところ，ロンドンとマンチェスターの中等学校に限定されている。

これら雇用ベースの教員養成が拡大する背景のひとつには，慢性的な教師不足という事情がある。とくに数学・理科，地域的にはロンドンでの教師不足が深刻である。

表 4.3.2　雇用ベースの教員養成に入った者　　　　(2003/04)

	初等教員養成	中等教員養成	初等・中等　計
Graduate Teacher Programme	1,870	3,360	5,230
Registered Teacher Programme	150	60	210
Overseas Trained Teacher Programme	500	710	1,210
Teach First	—	170	170
合計	2,520	4,300	6,820

(出典) 表 4.3.1 に同じ

3　高等教育機関から学校へ

特徴の第3は，教員養成が高等教育機関から学校へと移ってきていることである。これには，学生が養成期間の大半を学校で送るようになるという養成の「場」の移行 (前項2はこれにあたる) と，教員養成の「提供者」として学校が重要な役割を果たすようになったという2つの意味が含まれている。

これを典型的に示しているのが学校中心の教員養成 (School-centred Initial Teacher Training; SCITT) である。学校中心の教員養成は学卒者を対象とする1

年の課程で，通常，学生は学校現場をベースとした生活のなかで校長や指導教員の指導を受け，定められた日程で高等教育機関などに出向いて講義を受ける。中等教員養成については1993年から，初等教員養成では1994年から行われている。表4.3.1の学卒後課程の欄にある「内，高等教育を中心にしないもの」とは，このように従来の高等教育機関中心の養成とは異なるスタイルで養成される学生の数である。1997/98年度時点では670名であったものが，表4.4.1 (2003/04年度) には1540名になっており，明らかな増加傾向にある。

2004年現在，教員養成課程の提供者数は約130であり，このなかには大学やカレッジといった高等教育機関とならんで，学校中心の教員養成 (SCITT) を提供する学校コンソーシアムが59含まれている。これらコンソーシアムのなかには，高等教育機関とまったく関係をもたないものもある。

また，学校中心の教員養成 (SCITT) を提供するコンソーシアムとは別に，学校，地方教育当局，教員養成機関などが連携して本節の2で述べた雇用ベースの教員養成を提供する指定養成団体 (Designated Recommending Body) というものもある。

これらが示しているのは，学校の役割の増大であり，高等教育機関が教員養成を独占的に提供する状況の終焉である。

第2節　教師の専門性についての品質管理
——養成課程の内容と教師の職能の管理を通して

イギリスでは，教師の専門性を確保するために，教員養成提供者と教師個々人に対して，さまざまな基準設定を軸にして，品質管理 (Quality Management)，品質保証 (Quality Assurance) がなされている。この品質管理は，1994年9月に設置された教員養成担当機関 (Teacher Training Agency; TTA) が中心となって担当している (2005年9月からはTraining and Development Agency; TDAとなる)。

1 養成課程の内容についての品質管理

　イギリスの教員養成は、量の面では、養成課程への入学者数を教員需要見通しとの関連で計画する計画養成のシステムがとられており、養成課程に入る段階で各人には教育技能省 (Department for Education and Skills; DfES) から学生番号 (DfES numbers) が与えられる（ただし、学生番号を得た全員が資格を取得できるわけではない）。

　質の面では、水準を保つために、次のような方策がとられている。

　第1に、教育技能省と教員養成担当機関が設定する教員養成の内容についてのナショナル・カリキュラムである[1]。これは、日本の教育職員免許法制のように科目名や単位数で基準を示したものではなく、養成課程への入学者が満たすべきさまざまな必要水準（たとえば、英語の読み書き・コミュニケーション能力、大臣が定める心身面での教職適性）が示されるとともに、養成を修了して資格を取得するために学生が達成すべき職務遂行能力が示されたものであり、養成課程の内容・構造は学生にこれらの能力を獲得させうるように設定しなければならないとされている。教員養成を提供するために課程認定を得ようとすれば、これらに従ったカリキュラムを組むことが条件となる。

　イギリスでは、就学前教育をファウンデーションステージ (3～5歳) と呼び、初等教育にはキイステージ1 (5～7歳：第1・2学年)、キイステージ2 (7～11歳：第3～6学年)、中等教育にはキイステージ3 (11～14歳：第7～9学年)、キイステージ4 (14～16歳：第10・11学年) という区分が設定されている。養成カリキュラムは、すべての学生を少なくとも連続する2つのキイステージ（たとえば、ファウンデーションステージとキイステージ1）で教えられるようにするものでなければならない。また、教育実習は、4年制学部課程の場合32週間、2年制・3年制学部課程と中等教育教員養成の学卒後課程およびキイステージ2-3を対象とする学卒後課程では24週間、初等教員養成の学卒後課程では18週間以上、少なくとも2校の実習校で行うことと定められている。第1節3で学校の役割が重要になっていることを述べたが、すべての教員養成提供者は学校と

図4.3.1　イギリス学校系統図

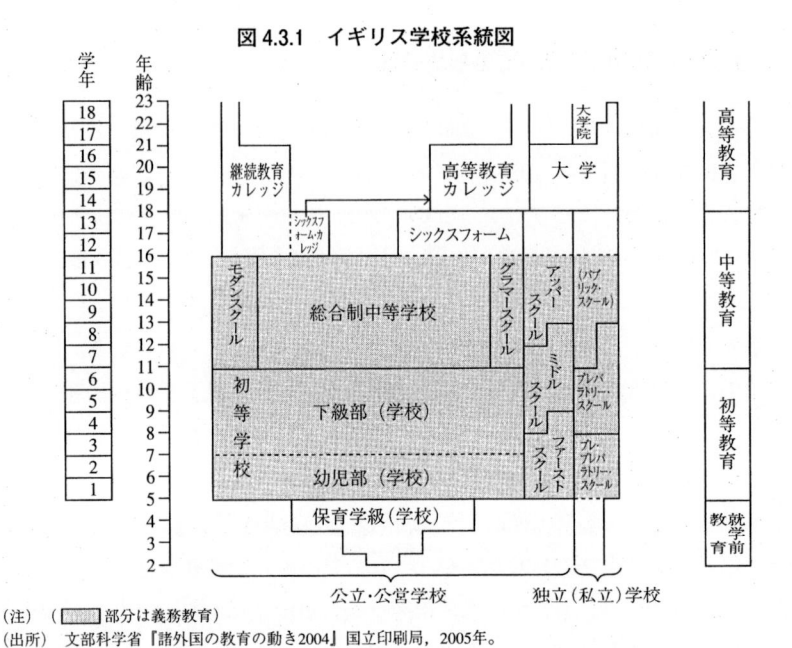

（注）　□部分は義務教育
（出所）　文部科学省『諸外国の教育の動き2004』国立印刷局，2005年。

連携協定を結び，学校が養成の計画，入学者の選抜，学生の成績評価に関与することが求められている。

　第2は，評価とそれに基づく予算配分である。すべての養成課程は，ナショナルカリキュラムを満たしているかどうかについて，教育水準局（Office for Standards in Education; OFSTED）による査察を受ける（教育水準局は，教育技能省からは独立した機関である）。査察のための枠組みと手引き書は教育水準局と教員養成担当機関が策定して公開している。教育水準局が行った査察結果の報告書は，教員養成の質についてのアカウンタビリティ保証という観点から，教育水準局のホームページで公開され，誰でもアクセスできるようになっている（初等・中等学校や継続教育機関の査察報告書も同様に公開されている）。教員養成担当機関は，査察の結果をもとにして，各教員養成提供者にAからEの5段階の評価をつけ，この評価が養成機関への学生定員や予算わりあてと連動させられる。また，評価の低い課程は課程認定を取り消されることになる。

1990年以降，ヨーロッパ各国の教員養成機関は「教員養成のカリキュラムと内容を決定する自由に関するかぎり，しばしばかなりの自律を獲得した」といわれているが，イギリスのこれらの方策は，その動向のなかにあって異質な特徴をもっているとみなされている[2]。

2 教師としての職能についての品質管理

教師としての職能の品質管理は，「教職キャリアを一貫する全国的な職能基準と資格の標準化というかたちで教師の資質能力を積極的に規定する，いわば，国家による教師の専門性の定義」[3]ともいえるやり方で，なされているのが特徴である。教職キャリアに沿ってみてみよう。

1) 養成から初任期

資格取得　有資格教師の地位（Qualified Teacher Status; QTS）を取得するための基準（獲得すべき職務遂行能力）は，教員養成担当機関によって前述のナショナルカリキュラムとして設定されている。学生たちはそれぞれポートフォリオ（professional portfolio）を作成して，自分が定められた基準を達成していった記録・証明を蓄積していくのが通例である【写真1，2】。ポートフォリオに含む

写真1　学生のポートフォリオ（表紙）

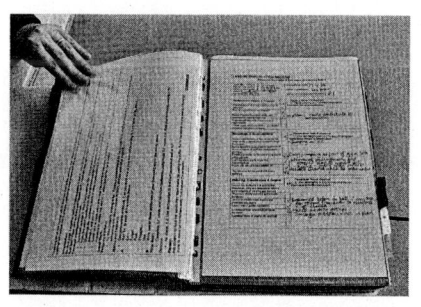

写真2　ポートフォリオ（左頁が授業プラン，右頁が指導者による授業観察記録・評価）

ともに佐藤千津氏撮影

写真3 スキルテスト・センターの表示
（グロスターにあるセント・ピーターズ・ハイ・スクールの玄関前）

べき内容や全体の構成の仕方については教員養成担当機関のホームページで手引きが提供されている。養成課程を修了するだけでは資格は取得できず，さらに，読み書き・算数・情報コミュニケーション技術（ICT）の3種のスキルテストに合格することが必要である。スキルテストは，全国に設けられたセンターで受験する【写真3】。スキルテストに不合格の場合でも無資格教師として5年以内は勤務が可能であるが，合格するまでは後で述べる導入期間を開始できない。2003/04年度のスキルテスト合格率は96％であるという。

なお，有資格教師の地位は資格としては一種類であって，日本のように中学校教員免許・小学校教員免許といった区分があるわけではない。しかし，さまざまな登録・認定の手続き書類には，それぞれが専門とするキイステージ，年齢段階，教科が明記され，それによって各人の専門領域が示されることになる。

登録　有資格教師の地位は基準を定める教員養成担当機関からではなく，教職総評議会（General Teaching Council for England; GTC）から授与される。教職総評議会は2000年に設立された非政府機関であり，主要な教員団体の代表者ほか教育関係者で構成されている。教師の養成・供給・資格にかかわる問題，専門職としての行動綱領（Code of Conduct）や専門的水準の向上をとり扱い，規律委員会をもっている。

資格取得後，公立の初等・中等学校で教えようとする場合には，教職総評議

会に登録することが義務づけられている（資格をもっていれば，いま現在，教師として働いていない人でも登録できる）。登録は，違法行為，教師として不適切な行為をおかした場合には取り消され，公立学校で勤務することができなくなる。

採用　教員として就職を希望する場合は，新聞――たとえば，毎週金曜に発行されるタイムズ教育版には分厚い教員募集記事特集号が何分冊も含まれている――やインターネット上での求人広告をみて応募するのが一般的である。公立学校の場合，学校へ直接に申し込む場合と管轄内のいずれかの学校への就職を希望して地方教育当局（Local Education Authority）に登録申し込みをする場合（LEA pool という。必要に応じて学校に配置される）がある。いずれの場合も，面接・選考は学校理事会が行う。

導入教育　すべての新任教員（Newly Qualified Teacher; NQT）には1年間の導入教育期間（induction period）が義務づけられている。教職への定着を図るために初任期が重視されているのである。

導入教育期間修了のために達成すべき基準は，教員養成担当機関が導入教育基準（The Induction Standards）として定めている。新任教員はこの基準に照らして評価をうけるが，そのために，新任教員と指導教員および校長との公式面談が3回設定される。教育技能省が定めた評価の書式はインターネット上で入手できるが，指導教員・校長の評価に対する本人のコメント欄が設けられているのが注目される。

基準を達成して導入教育期間を無事に修了すれば，地方教育当局（公立学校の場合。私立学校の場合は私立学校協会 Independent Schools Council）から教職総評議会に通知され，教職総評議会が本人に対して導入教育期間修了証（induction certificate）を発行する。修了できなかった場合や期間延長になった場合にはそのことが教職総評議会に記録され，苦情申し立ても同評議会が受けつける。

なお，導入教育期間に入る時点で，新任教員は全員がそれぞれ自分の職能成長プロファイル（The Career Entry and Development Profile）を携えている。職能成長プロファイルは，すべての教員養成提供者が養成修了時に学生にもたせることを義務づけられているもので，個々の新任教員が受けた養成の記録と，そ

れに応じた導入教育での課題が記入されている。これらを踏まえて，新任教員と指導教員で導入教育の計画がたてられプロファイルに書き加えられる。養成段階と初任期をスムーズにつなぎ，生涯にわたる継続的な職能成長の基礎をつくろうとしているわけである。

2) 中堅教師としてのキャリア・アップ

初任期以降についても，次のように，職能基準と資格の標準化が行われている。

移行基準(National Standards for Threshold)　中堅期に入って給与の頭打ちを避けようとすると一般教員(classroom teacher)の給与表から上級給与表に移ることが必要になる。その際に越えなければならないレベルを提示しているのが移行基準である。各教師は，業績審査を通じて自らがこの基準を満たす職務遂行能力をもっていることを実証しなければならない。一般教員の給与表とは別に上級給与表を設定することは中堅教師の離職防止策となっているが，いったん移行基準を満たしても，その後，業績が維持できなければ減給もありうる。

上級能力教師基準(National Standards for Advanced Skills Teacher)　1998年9月に上級能力教師(advanced skills teacher. 通称 superteacher)が導入された。これは，その高度な専門的知識とすぐれた実践経験をもとに，勤務校内外で授業改善や教員研修に携わる教師であり，独自の給与表が設定されている。この上級能力教師として認証されるための評価の基準である。

校長基準(National Standards for Headteachers)　学校では，校長(head teacher)・校長補佐(deputy head teacher)・副校長(assistant head teacher)の三つのポストに就いている教師たちが指導グループ(leadership group)を構成する。このうち，校長については校長資格(National Professional Qualification for Headship)が設けられており，教育技能省がその基準を示している。資格は National College for School Leadership が各地のセンターで提供する課程を修了した者に大臣から授与される。2004年4月1日以降に新たに校長になる者は，この資格をもっているか課程を受講中であるか，でなければならない。

このほかにも教科主任基準 (National Standards for Subject Leader)，特別教育コーディネーター基準 (National Standard for Special Educational Needs Co-ordinator)，特別教育専門家基準 (National Special Educational Needs Specialist Standards) が，それぞれ教員養成担当機関によって定められている。

第3節　教師の職場としての学校

　イギリスの公立学校は，政府が定めたナショナルカリキュラムに沿って授業を行い，教育水準局が，2年から6年に1度，すべての学校について，教育内容がナショナルカリキュラムに沿っているか，教え方は適切かなどの評価と設備・予算・教職員の資質などの査察を行う。また，教師に対しては，職務遂行管理 (performance management) による教員評価が給与に結びつく能力主義的教員評価が実施されている。学校教育の質の改善とそのための教師の職能成長を目的としてさまざまに評価が設定されているわけであるが，これらは，一面では学校の忙しさを増大させるものでもあった。

　2003年1月15日に政府・雇用主・教員団体が「国民的合意」(National Agreement 'Raising Standards and Tackling Workload: a National Agreement') に署名し，同年秋から教師の労働時間を減らして仕事に対する満足度を高める施策が進行中である。そのなかでも効果が期待されているのがサポートスタッフの活用である。

　従来から，さまざまな名称で呼ばれるサポートスタッフが，補助的役割から教師代わりの仕事まで，また，個別の子どもへの援助から，とくに中等学校では特定の教科とかかわる仕事まで，教室内で多様な仕事を担当することで学校の教育活動が行われてきた。有資格教師の地位を取得するための基準にも，「生徒の学習の向上のためにティーチング・アシスタントや他の成人の仕事を管理できること」という条件が含まれている。

　このサポートスタッフについて，教員養成担当機関が示す基準 (Professional Satndards for Higher Level Teaching Assistant) を満たす者を「上級ティーチン

グ・アシスタント」として認定し，有資格教師の指示のもとで教室内の教授・学習により実質的にかかわれるようにするというのが，現在とられている方向である。教師の資格をもっているとはかぎらないサポートスタッフのうち，一定水準以上の者に教師の仕事を分担させることによって，子どもの個別的ニーズに応えつつ有資格教師の負担を軽減し，保護するという考えである。上級ティーチング・アシスタントの養成課程も準備されている。

　職場としての学校では，有資格の教師のなかで上級能力教師など類型が多様になると同時に，資格をもたないが教授活動を行う人（インストラクターなどと呼ばれる授業スタッフや第1節2で述べた雇用ベースでの教員養成を受けている人），従来は教授活動を行わない職員（non-teaching staff）と分類されていたサポート・スタッフのなかでの上級ランクの新設，というように，身分や資格・職種が複雑になってきて，協同のあり方の模索がこれまで以上に必要になってきている。

注

(1) TTA/DfES, *Qualifying to Teach: Professional Standards for Qualified teacher Status and Requirements for Initial Teacher Training.*

(2) European Commission; Eurydice, *Key topics in education in Europe Volume 3, Supplementary report,* 2005

(3) 勝野正章『教員評価の理念と政策―日本とイギリス―』エイデル研究所，2003年。

第4章　中　国

鮑　良

第1節　従来の教員養成体制

1　3段階師範養成体制

　中華人民共和国成立後，すべての教員養成を初等・中等師範学校（のち，中等師範学校に一本化），高等師範専門学校，師範大学（学院）という師範系学校においてのみ行うこととした。これらの養成課程への入学定員は，教員需要に応じて設定され，入学後学生は師範奨学金が支給されるかわりに教職に就く義務を負うこととなり，閉鎖制と目的制の強い「3段階師範養成体制」と呼ばれる体制が確立された。

　しかし，中国社会においては長年，教職に対して十分な敬意が払われることがなく，国も待遇を改善するなどして教職を魅力的な職業とするという努力を怠ったこともあり，今日に至るまで教員不足は慢性的である。とくに改革開放政策が導入されて以後は学歴の高い教師や中堅教師を中心に職を去るものが増え，これら師範系学校を卒業するなどの学歴要件に達している「合格教師」を需要に見合うだけ供給することは，さらに困難となった。

2　社会の変化と問題の顕在化

　中国では「義務教育法」（1986年）以降教育制度の整備が進められ，教員養成についても基本的には3段階師範養成体制を維持しつつも，いくつかの変化が見られるようになった。「中華人民共和国教師法」（1994年施行，以下，教師法）

では義務教育段階の教師をも含めて教師は医師，弁護士と並ぶ専門職として位置づけた。また「教師資格条例」(1995年国務院令第188号)では幼稚園から大学まで教員資格を7種類に区分し，あらゆる教育機関における教育活動において教員資格が求められることとなった。1996年9月，16年ぶりに開催された第5回全国師範教育会議では，教職に優秀な人材を確保するため，国が教員の地位・待遇の改善に努めることを目標として提起した。

　しかし近年10年間の社会的状況の急変により都市部と地方の教育格差が広がり，それは看過できない状況をもたらし，教員養成体制のもつ問題を顕在化させている。中国では独自の戸籍制度が厳格にしかれていることは周知のことであるが，改革開放の進む現在においても，居住地の移動は厳しく制限されている。

　開発の進まない地方農村では，農民の負担軽減のために導入された税制改革

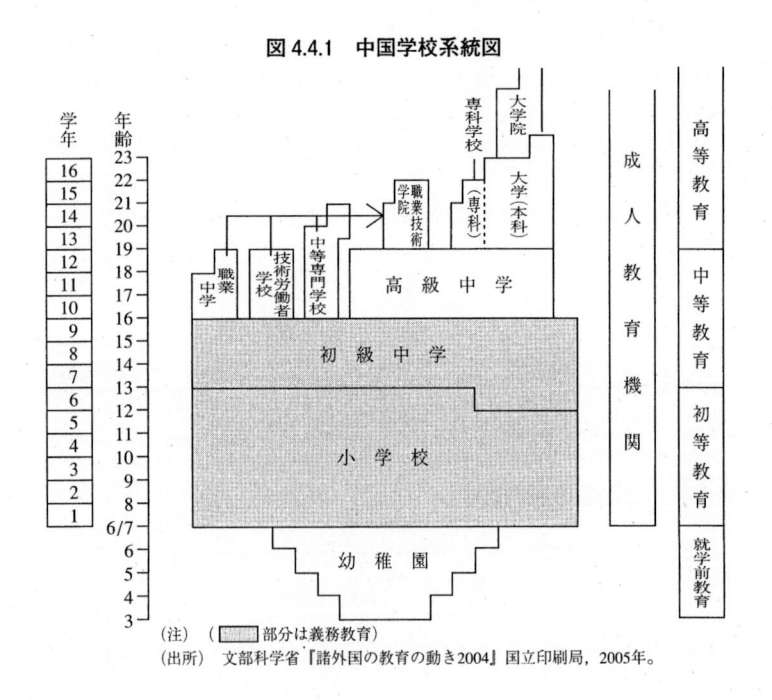

図4.4.1　中国学校系統図

(注)　（▨▨▨部分は義務教育）
(出所)　文部科学省『諸外国の教育の動き2004』国立印刷局，2005年。

によって，学校経費が減少し，そのため教員給与の削減・未払いを招い，大量の教師が流出するという事態が起こっている。

しかし北京のような大都市では，少子化が進み児童・生徒数が減少し，50万人もの小学校教員の余剰状態が発生している。中国では中等師範学校の管理・運営は地方教育行政当局にあり，当局はこうした状況に対応するため北京市立の中等師範学校8校すべてを閉校せざるを得ぬ状況に追い込まれた。また，都市部では就学率の上昇と少子化の影響で受験競争が激化しており，学校教育の質に社会の注目が集まり教師に対しての評価も厳しく，教師の質の向上が強く求められている。さらに，都市部においては経済改革による合理化などで大量のリストラ・失業が進み，これまであまり魅力的とは思われていなかった教職の安定性が注目され，教職をめざすものもでてきている。

中等師範学校，高等師範学校などの教師を養成することを目的とする師範系大学においても社会の変化による影響は大きい。1983年の全国高等教育会議後，授業料無償制度の基本を崩し，大学が学費や授業料を自己負担する「有料生」を一定枠で募集することが認められた。総合大学や理工系大学には「有料生」の希望者が殺到し，そうした資金がそれらの大学財政を潤すこととなったが，師範系大学には「有料生」の希望者はなかった。1990年代に入って国は募集定員の枠組みなどを大きく改革し，師範を含む数専攻を除いた専攻で授業料を徴収することとした。これによって師範系大学では，学生にとっては授業料が免除されるという特権が残されたものの，大学側にとっては依然授業料収入が見込めないという経済的に不利な状況のみが残されたのである。それに対して師範系大学のなかには授業料を徴収する大学も現れ，国の決定が事実上破綻することとなり，国は改めて，「属地化原則」を出して，授業料の徴収についてはその大学が所在する地方政府の基準に拠ることとした。これによって，師範系大学の授業料無償制度は終わりを告げることとなった。また近年では，師範系大学で支給される奨学金についても，総合大学や理工系大学において高額の奨学金が設けられたり，その額が物価上昇に追いついていなかったりして，以前ほどの求心力を持たなくなってきている。

こうした状況に対して教員養成の改革も進みつつある。次節以降ではその動向を①高等教育段階への格上げ，②開放制の導入，③大学によるの教員研修の導入，の3点からの整理を行う。

第2節　高等教育段階における教員養成

1　中等師範学校の地位

　中国では先述したように1986年の義務教育法によって初めて全国的な義務教育の実施が定められた。同法によれば義務教育は6歳から小学校(通常6年)，それに続く初級中学(通常3年)の9年間であるとされている。2002年には91％の地域で9年制義務教育が実現されたといわれているが，地域差は大きく，地域によっては経済的理由などで小学校，初級中学を途中退学するものもある。

　後期中等教育は普通教育を行う高級中学と職業技術教育を行う中等専門学校，技術労働者学校，職業中学がある。総在学率は42.8％(2002年)であり，在籍先は高級中学6割，職業技術教育4割である。従来，小学校教員，中学校教員を養成する中等師範学校はこの中等専門学校に属する。新中国成立以来慢性的な教員不足のなかで，有資格教師を供給しなければならないという状況にあっては，高等教育レベルへの引き上げは，非常に困難な課題であった。

2　高等教育段階における養成への移行

　しかし東部沿岸部地域を中心とする経済改革が進む都市部では，1990年以降進学率が上昇する一方で，先述したように少子化が進み教師余剰の状態となり，中等師範学校を卒業した「合格教師」の占める割合が高まったのである。そこで1991年7月国家教育委員会は「専科程度における小学校教員の試験的養成に関する通知」を出し，高等教育機関における養成への移行を始めた。試験的に導入する地域については，①9制義務教育が基本的に普及していること，

②小学校教員における「合格教師」の割合が85%を越えていること，③地方政府が経費を負担できること，を要件とした。93年には再度通知を出し，高等教育機関における養成体制を推進した。さらに95年には「合格教師」の割合が全国で88.9%に達したという状況を受け，第9次5カ年計画(1996～2000年)において小中学校教員の養成を漸次高等教育段階に属する高等師範専門学校と師範大学に移行していくことが提言された。また，96年に「教育修士」という学位が新たに設けられ，16の師範大学で授与されることとなった。

その後，「21世紀に向けての教育振興行動計画」(1998年)，「教育改革強化，資質教育の全面的推進に関する中共中央・国務院の決定」(1999年)において，条件が整った地域から2010年までに小中学校教員の学歴を短期大学程度に引き上げること，後期中等教育機関の専任教員および校長は修士以上の学位を有するものが一定割合を占めることなどを目標に掲げた。そして，2001年「基礎教育改革と発展に関する国務院の決定」によって，教員養成を高等教育レベルに移行する抜本的改革となる「新3段階師範養成体制」が導入されたのである。

しかし初等・中等教員の養成は現在も地方教育行政当局の所管にあるため，先述したように地域差は大きく，全国的に大学における教員養成を実現するには相当の時間を要すると考えられる。

第3節　教員養成への開放制の導入

国は「3段階師範養成体制」による閉鎖的な養成体制を堅持してきたが，先述のような社会の変化を受けて，教員養成の高等教育段階への移行に加えて，1996年には全国師範会議は教員養成における開放制を打ち出し，非師範系大学が，教育学部あるいは教師教育学部を設置し，教員を養成することを認めたのである。これによって，日本の大学における教員養成制度と同様に，認可を受けた課程において必要とされる単位，学位を修得すれば教師となることが可能になった。開放制の導入のあり方については次の3つに分けることができる

であろう。

1 師範系大学の総合大学化による開放制の導入

　この改革パターンは，師範系大学において進められているものである。中国においては，これまで師範系大学は一般の総合大学に比べ，財政措置などの処遇において格下であるとされてきた。師範系大学では，「有料生」を集め財源確保を図るためにも，非教員養成系専攻を設置することにより総合大学への昇格することをめざしてきたが，認可されることはなかった。それどころか師範系大学不要論もたびたびあがっていたのである。

　しかし改革が進むなか，国はその姿勢を転換し，師範系大学が非教員養成系専攻の設置を容認することとなった。たとえば，北京師範大学では農学，医学，軍事学を除くすべての専攻が設置されている。師範系大学という名称が残るものの，その実態は総合大学である。また，高等教育へのニーズの高まりによって，従来師範系大学であったものが他の大学等と合併するなどして総合大学となるケースもでてきた。

　ここに，先述したように教員養成の高等教育段階への移行政策があいまって，総合大学化が進んだ師範系大学では教育学部以外の学部の専攻学生にも教師への道を開いた。これまで師範系大学では，すべての入学者は教師になることが義務付けられていたが，総合大学化の進行によって，入学後希望するものだけが各学部の専攻に加え，教育学部で教職課程を履修し，教育学士，あるいは教育修士を取得して教師となる方法が一般化してきているのである。履修方法には主として3つの方法がある。①各学部における専攻と教職課程を同時に履修する方法。この方法は教職課程履修者を教育学部学生以外にも拡大したもので，履修方法としてはこれまで教育学部のみで養成してきた方法にもっとも近いものである。②各学部における専攻の履修後（2～3年），教職課程を履修（1～2年）。修了時に教育学士が授与される。③主として現職教員が2年間の教職課程を履修。修了時に教育学士が授与される。

2 総合大学および理工系大学における教員養成の導入

先述したように，国の開放制への方針転換とともに，教職への人気が高まっていることもあいまって，これまで教員養成に消極的であったこれらの大学においても，専門教育のレベルの高さを生かして教員養成に参入しようとする動きが見られる。これらの大学では，3年（教養課程・一般教育）＋1年（専門教育）の形式での教員養成が導入されようとしている。最後の1年の専門教育の1つに教職課程を加えるというものである。北京大学や中山大学ではすでに教育学部を設置しており，清華大学では中等教育学校の校長研修を実施している。

3 教師資格認定および資格試験制度の導入

先述したように教師法，教師資格条例によって教師の資格が厳密に規定され，あらゆる教育機関における教育活動において教員資格が求められることとなった。その規定では，中等師範学校，高等師範専門学校，師範大学の学歴を有するものはこれまでどおり無試験で教員資格を有することができるが，それ以外の中等専門学校，高等専門学校，大学以上の学歴を有するものは，教育学，心理学などの所定の科目単位の修得によって教師資格認定を申請，受理できることとなった。さらに，学歴，教員経験がないものに対しても，教師資格試験に合格することによって教師になる道が開かれたのである。この試験制度は日本の戦前における「文検」制度に近いものである。

以上のように開放制に向かう改革は進んでいるが，師範系大学のなかには従来どおりの体制を続けている大学もある。だがそれらの大学においても教員の資質向上を図るための改善は進められている。これまで教育学部においては，履修科目のほとんどが専攻の専門科目で占められており，教職科目の占める割合は5～8％にすぎなかった。これに対して，教職としての専門性を高めることをめざし，その割合を15％にまで拡大するという改革が進んでいる。しかし，この改善の最大の問題点は，総時間数による制約から，教職科目の時間数を増加させるには一方の専門科目の時間数を減少させざるを得ず，教科につい

ての専門知識・学術的水準に影響を与える可能性があることにある。現在のところ，華南師範大学，上海師範大学でこうした改善が進められている。

第4節　大学による教員研修の導入

これまで中国では教員研修は師範系大学とは別の，教師研修学校，教師研修学院，教育学院という「教育系大学」と総称される機関で行われてきた。そこでの教員研修は，①教材教育方法試験合格証書および専門合格証書取得を目的とするもの，②学歴取得を目的とするもの，③継続教育，の3つをその主な目的としてきた。新中国成立後，農村部を中心に雇用された無資格教師（いわゆる民弁教師）に対して，その資質向上を図るためにこれら教育系大学の果たしてきた役割は大きいものであった。しかし先の教師法，および教師資格条例の規定によって，学歴要件などが不備である教師が大量に発生した。これに対応し，教師の資質向上を図るため，師範系大学によっても教員研修が行われることになった。2005年，第10次5カ年計画期（2001-2005年）における総合的な教員政策をまとめた「小学校，初級・高級中学教員資質向上第10次5カ年計画」が発表された。そこでは農村部の教師や中堅教師の資質向上が重点施策としてあげられており，そのためのいっそうの研修強化を図る新規事業が展開されることとなった。

このような新規事業に対して，師範大学，さらには総合大学でも教育学院を設置し，取り組み始めている。たとえば，研修の多様化のための遠隔教育網の整備・推進を目的に2003年に開始された「全国教師教育ネットワーク連合計画」では，事業計画への参加は任意であり，管理主体は参加する関係大学の代表からなる理事会におかれている。北京師範大学学長が理事長を務めている。

第5節　今後の展開

以上のように現在中国では，教師の資質向上をめざしてさまざまな施策が進

められているが，今後さらに積極的展開が予想される施策について簡単にふれておく。それは「契約任期制」の徹底である。1986年に創設され，1990年代に各地で実施されるようになったが，国は2003年に「小学校，初級・高級中学校人事制度改革の一層の進化に関する実施意見」を出し，地方にその徹底を指示した。このたびの徹底には主として2つの目的がある。

その1つは農村部における教員確保である。都市部教員を一定期間農村部に赴任させ，それを昇任要件とすることによって，農村部の教員確保し，さらには農村部教員の資質向上を図ることをめざすものである。

2つめは，すでに教師の能力，経験，学歴などに基づいて「3級」，「2級」，「1級」，「高級」という4つに区分されている格付けに加えて，契約任期制にともなう勤務評定を行うことで，「能力給」の導入を進めることにある。この背景には，北京市をはじめ都市部において「校内構造給与制」と呼ばれる制度が導入されていることがある。各学校は教職定員に基づいて算出された市からの予算，市からの補助金，学校独自の収入を合わせた財源をもとに，各学校が定めた方式に従って査定を行い，給与に反映させるというものである。これによって，これまでひとつの学校に定年まで勤務することが一般的であった任用形態に対して人事交流を促進しようとする意図もある。

注
(1) 劉捷によれば，教員養成プログラムにおいて教育学関連の内容の占める割合は10%にとどまっているとされている。『専業化　挑戦21世紀的教師』教育科学出版社，2002年，284頁参照。

　なお，統計上の数値については，教育部発展規劃編『中国教育統計年鑑』人民教育出版社を参考とした。

あとがき

　本書は幼稚園・小学校・中学校・高等学校の教員をめざす人たちが教職の意義を理解するための教科書であると同時に，土屋基規先生が長年勤務された神戸大学教育学部・発達科学部をこの３月で停年退職されることを記念するものでもある。先生の多彩な専門分野の中でもとりわけ教員問題・教員養成問題はその中心に位置づくものであり，ここに本書を上梓できたことをこころから喜びたい。

　執筆者は神戸大学や教育学界等々で先生の教えを受けた人々であるが，本書は，先生の教えを理論的・実践的に深めようとする人たちが確実に育っていることを雄弁に物語っている。とりわけ第２部は，小学校・中学校・高等学校・教育委員会の教育現場で働く教え子たちを中心に構成されており，教育学の実践的なあり様を一貫して追究してこられた先生の教えが確実に育っていることが看取されるだろう。また第４部は，イギリスや中国を中心に教職を国際的な視野で考えてこられた先生の教えの反映である。そのほか第３部の特論的テーマの配置なども類書にない試みであり，先生の退職を記念するにふさわしい論稿が集まったと自負している。

　最終的に数人の方が執筆を断念されたので当初の企画と若干の違いが生じたが，それは微調整の範囲ですんだ。公私ともに忙しい中，本書のために原稿を寄せてくださった執筆者の方々にこの場を借りて御礼申し上げる次第である。さて，読者はこの本をどのように読まれただろうか。面白く読んでいただければ何も言うことはないのだが，もし読みにくい点や分かりにくい点があれば，それはひとえに編集の実務を担当したわたくしの責任である。どうかご容赦願いたい。

　編集の最終盤では，土屋研究室出身者の久保富三夫，添田久美子両氏に全面的に仕事を肩代わりして助けていただいた。仕事をお二人に助けてもらったこ

とはこれまで一再にとどまらないが，今回もお二人の協力がなかったら本書は日の目を見ていなかったろう。

　最後に，出版事情が厳しい折，本書の刊行を快くお引き受けくださり，遅々として進まない編集作業を粘り強く待って出版まで漕ぎ着けてくださった学文社の三原多津夫氏に厚くお礼申し上げる次第である。

　2006年3月
　　　　　　　　　編集者を代表して　船寄　俊雄（神戸大学発達科学部教授）

索　　引

あ

アカウンタビィリティ　　124,135,194,236,258
インターン制度　　40
NPM　　205,208

か

介護等の体験　　52,70
開放制　　13,40,48,49,54,55,63,269,271
家庭裁判所（家裁）　　212,216,217,219,220
課程認定　　49,51,55,227,257,258
管理運営（に関する）規則　　118,119,121,221
管理主義　　169,170,172,174
学士　　50,228,229,231,246,247,248,253,270
学習意欲　　161,162,164,165,206
学習指導要領　　27,72,161,192,193
学級懇談会　　114
学級通信　　102,114,115
学級びらき　　102
学校運営協議会　　136-138
学校教育法　　117,118,221
学校中心の教員養成
学校長　　219
学校づくり　　57,73,190-194
学校評価　　122,204
学校評議員　　134-136,138,181
義務教育法　　265,268
虐待　　107
キャリア　　124,259
休職者　　168,169
教育委員会　　34,50,51,56,71,72,78,117,136,137,139,202,203,221
教育課題　　192
教育課程　　189,191,193,194,196
教育基本法　　148,153-158,189,190,191,202

教育公務員特例法（教特法）　　14,33,34,71,74,76-79,81
教育実習　　52,59,61,69,227,233,257
教育職員免許法（免許法）　　49
教育職員養成審議会（教養審）　　14,28,29,39,63,75,80
教育大学　　245
教育長　　34,50
教育の公共性　　198,200,201,203-207
教員採用（選考）試験　　13,33,72
教員資格認定試験　　53
教員人事考課制度　　126
教員（師）の資質向上　　15
教員（師）の地位に関する勧告　　27,73
教員評価　　15,122-124,126,234,251,263
教師資格条例　　266,271,272
教師の教育権　　117
教師の自由　　198,199,207,208
教師の地位に関する勧告　　27
教師の役割と地位に関する勧告　　27
教師の倫理綱領　　25
教師法　　265,271,272
教師労働者論　　26
行事　　105,106,144,179,182
教職員組合　　27,74,199,206
教職員評価　　196
教職課程　　48,52,54,163,164,247,248,270,271
教職実践演習　　52
教職大学院　　57
教職の専門性　　26,55,181
矯正　　210,212,217,218,222
勤務時間内校外（自主）研修　　75,78,79
勤務評定　　27,123,124,273
研修　　14,71,72,74,141,145,234,250,272
――権　　77

278　索引

――3分類説　74,77
厳罰化　211,213-217,222
校園長　75,78,79
更新　56,228,234
校長　34,50,58,117,203,262
高等師範学校　47
校務　78,79,117
　――分掌　117-121
国民の教育権（理）論　200,201,206
子どもの権利条約　8,10,194,216,219
子どもの人権　11
雇用ベース　254,255
合格教師　265,268,269

さ

採用選考試験　58
三者協議会　125,126,136
試験検定　47
資質向上　15,229,230,271-273
資質能力　29,32,54,55
市場的公共性論　201-204
実践的指導力　37,38,55
指導主事　50,145
児童自立支援施設　213,216,218
児童相談所　219,221
児童福祉法　213,214,216-218
指導力不足教員　15,57,122
師範学校　19,46,245,265,267,268,271
師範（系）大学　265,267,269,270-272
試補教師　240,243,244,250
社会人　51,53
　――の採用　35
社会体験研修　144
就学猶予・免除　218
修士　50,57,81,228,232,246-248,269,270
主幹　170
主任　118,120,121
少年院　216,217
少年法　212-220
障害児臨床実習　60,61,64,68
職務専念義務免除（職専免）　15,74,77

初任者研修（新規採用教職員の研修）
　　35,38、75,80
10年経験者研修　75
授業　90-94,126,141,142
　――づくり　189
新規採用教職員　141
人事考課制度　122,123,125,203
新自由主義　201-204
信頼関係　112,113
ストレス　169,171
成果主義　16,169
聖職者　22
精神性疾患　168,169
選考　33-35,42
専修免許状　50,57,81
専門職　27,55,73,191,245,250
専門性　28,133,169,187,193,229,249,256,259,
　　271
総合大学　240,243,245,250,267,270
総合的な学習の時間　51,53,181-183

た

多様な（養成）ルート　45,232,237
大学院修学休業制度　80,81
大学における教員養成　13,40,48,53,55,59,63
地域運営学校（コミュニティースクール）
　　136-138
地域社会　128-131,179,180,181,183,184,186,
　　187
地域文化　182
地場産給食　185-187
地方教育行政の組織及び運営に関する法律
　　（地教行法）　15,27,34,118,136,138
地方公務員法（地公法）　74,76,79
中央教育審議会（中教審）　15,28,39,52,54,5
　　6,62,135,136
長期研修　75,81
付添人　220
ティーチング・アシスタント　263,264
伝統芸能　183
東京教師養成塾　40

特別支援教育　69
特別免許状　51,53
特別非常勤講師制度　32,53
同僚性　54,126,169,172

　　　な

ナショナル・カリキュラム　257,258,263
日本教職員組合　25
ニューパブリック・マネジメント（ＮＰＭ）
　　　122,203
任命権者　34,56,75,76
無試験検定制度　47
No child Left Behind Act 2001　230,234,235

　　　は

開かれた学校づくり　11,73,181,191
非行問題　210,211,214
PISAショック　246,248
普通免許状　50

不登校　168,172,173-177
不当な支配　200,202,204,207
不良行為　210,213
「文検」制度　271
保護者との関係　110
保護処分　212,214,216-218,222

　　　ま

無試験検定制度　47
メリットペイ　124
免許状主義　50
免許法　51,52

　　　や

読み書き（計）算　84,227,231

　　　ら

臨時教育審議会　32,63,201
臨時免許状　51

執筆者一覧

土屋	基規	神戸大学発達科学部教授	序章
小田	義隆	龍谷大学文学部非常勤講師	第1部第1章，第3章
藤本	典裕	東洋大学文学部助教授	第1部第2章
井澤	孝典	神戸大学発達科学部附属養護学校副校長	第1部第4章
久保富三夫		立命館大学教職教育推進機構教授	第1部第5章
岡	篤	神戸市立西山小学校教諭	第2部第1章第1節1
西森	正浩	平塚市立春日野中学校教諭	第2部第1章第1節2
楠井	裕茂	宝塚市立美座小学校教諭	第2部第1章第2節1
杉山	雅	兵庫県立伊丹西高等学校教諭	第2部第1章第2節2
白井	弘一	西宮市教育委員会指導主事	第2部第1章第3節
齋木	俊城	兵庫県立神戸高等学校教諭	第2部第2章第1節
笹田	茂樹	兵庫県立西宮香風高等学校教諭	第2部第2章第2節
福井	雅英	武庫川女子大学大学院臨床教育学研究科助教授	第2部第2章第3節
湯田	拓史	神戸女子大学非常勤講師	第2部第2章第4節
安田	和仁	丹波市教育委員会指導主事	第2部第2章第5節
森田	満夫	沖縄国際大学総合文化学部教授	第3部第1章
谷川	裕稔	中九州短期大学幼児保育学科教授	第3部第2章
廣木	克行	神戸大学発達科学部教授	第3部第3章
境野	健児	福島大学行政政策学類教授	第3部第4章
植田	健男	名古屋大学大学院教育発達科学研究科教授	第3部第5章
佐貫	浩	法政大学キャリアデザイン学部教授	第3部第6章
小島	喜孝	東京農工大学農学部教授	第3部第7章
添田久美子		愛知教育大学教育学部助教授	第4部第1章
吉岡真佐樹		京都府立大学福祉社会学部教授	第4部第2章
高野	和子	明治大学文学部教授	第4部第3章
鮑	良	神戸市外国語大学非常勤講師	第4部第4章

(執筆順)

現代教職論	
2006年3月31日	第1版第1刷発行
2009年9月10日	第1版第2刷発行

編著者　土屋　基規

発行者	田中　千津子	〒153-0064　東京都目黒区下目黒3-6-1
		電話　03（3715）1501 代
		FAX　03（3715）2012
発行所	株式会社 学文社	http://www.gakubunsha.com

Ⓒ Motonori TSUCHIYA 2006　　印刷所　デジタルパブリッシングサービス

乱丁・落丁の場合は本社でお取替えします。
定価は売上カード，カバーに表示。

ISBN978-4-7620-1523-6

日本教育大学協会編
世界の教員養成 Ⅰ
―― アジア編 ――
A5判 196頁 定価2310円

「諸外国の教員養成制度等に関する研究プロジェクト」のアジア諸国に関する研究報告。中国、韓国、台湾、タイ、マレーシア、シンガポール、ベトナム各国の教員養成を明らかに。
1456-7 C3337

日本教育大学協会編
世界の教員養成 Ⅱ
―― 欧米オセアニア編 ――
A5判 168頁 定価2100円

「諸外国の教員養成制度等に関する研究プロジェクト」に関する研究報告。アメリカ、イギリス、フランス、ドイツ、デンマーク、オーストラリア各国の教員養成およびOECDの政策提言について明らかに。
1457-5 C3337

小島弘道・北神正行・平井貴美代著
教師の条件
―― 授業と学校をつくる力 ――
A5判 256頁 定価2520円

教師とはいかにあるべきか、教職とはどのような職業なのか。教職の歴史、制度、現状、職務、専門性、力量から考察。コミュニティ・スクールなどの新しいタイプの学校における教師の役割を明らかにする。
1144-4 C3037

船寄俊雄著
近代日本中等教員養成論争史論
―― 「大学における教員養成」原則の歴史的研究 ――
A5判 283頁 定価6300円

日本の教員養成に多大の貢献をなしてきた教育系大学・学部の存立意義の確立に教育研究の立場より探究。特に高等師範学校と帝国大学間の確執および「師範大学論争」について徹底した実証を行う。
0764-1 C3037

TEES研究会編
「大学における教員養成」の歴史的研究
―― 戦後「教育学部」史研究 ――
A5判 483頁 定価6090円

戦後教育養成理念と法制、教育学部の成立・展開過程にかかわる諸問題を再整理。またそれらにもとづく認識と提言をここにまとめた。「教師養成教育」「教育学教育」「教育学研究」を貫く原理と方法を求める。
1005-7 C3037

船寄俊雄／無試験検定研究会編
近代日本中等教員養成に果たした私学の役割に関する歴史的研究
A5判 600頁 定価9450円

教員養成に果たした私学の役割を、「許可学校」という制度から改めて振り返る。私学出身中等教員の供給の内実と、質的貢献を探る。多岐にわたる学科目の差異にも着目、様々な視点から分析する。
1382-X C3037

添田久美子著
「ヘッド・スタート計画」研究
―― 教育と福祉 ――
A5判 308頁 定価9450円

1960年代にアメリカにおいて「補償教育政策」の一環として導入された「ヘッド・スタート計画」を対象として、政策形成の背景にある人々の公平感について、事例研究をもとに分析。
1383-8 C3037

福井雅英著
本郷地域教育計画の研究
―― 戦後改革期における教育課程編成と教師 ――
A5判 272頁 定価8925円

戦後、広島県中南部の農村地域・旧本郷町を中心に展開された著名なカリキュラム改造運動である本郷地域教育計画の実態を解明。若き教育研究者大田尭の下、その実践を担った教師たちの実像を描く。
1384-6 C3037

日本教師教育学会編 講座教師教育学Ⅰ **教師とは** ──教師の役割と専門性を深める── 　　　　A5判　272頁　定価 2940円	＜日本教師教育学会創立10周年記念出版＞児童・生徒に向きあう仕事である教師という仕事が，いま問われているものを踏まえ，多角的な視点からこれからの教師とはどうあるべきかを考える。 1165-7　C3337
日本教師教育学会編 講座教師教育学Ⅱ **教師をめざす** ──教員養成・採用の道筋をさぐる── 　　　　A5判　280頁　定価 2940円	＜日本教師教育学会創立10周年記念出版＞教員養成・採用を学生と指導する大学教員の立場から取り上げ，基本課題を提示。根底に流れる教師教育において理論知と実践知のかかわりをどう捉えるか考察した。 1166-5　C3337
日本教師教育学会編 講座教師教育学Ⅲ **教師として生きる** ──教師の力量形成とその支援を考える── 　　　　A5判　288頁　定価 2940円	＜日本教師教育学会創立10周年記念出版＞学校という職場や教師自身の生活・研修にかかわる問題を取り上げ，現代を教師として生きていくことをどのようにし認識し援助していくべきなのかを論考する。 1167-3　C3337
永井聖二・古賀正義編 **《教師》という仕事＝ワーク** 　　　　四六判　240頁　定価 2310円	今日ほど教師の質が問われている時代はない。教師の仕事はその性質をおおいに変容させている。教師が現実にいかなる教育的行為をなし，問題の克服に意を尽くすべきか，気鋭の研究者9氏による論考。 0967-9　C3037
和井田清司編 **内発的学校改革** ──教師たちの挑戦── 　　　　四六判　256頁　定価 2100円	急速な教育改革の動きの中で，様々な変容を迫られている学校や教師。各地の公立学校において，創造的な実践を構築してきた10人の教師たちの挑戦を紹介，現場から内発的な教育改革を考えていく。 1401-X　C3037
喜多明人編著 **現代学校改革と子どもの参加の権利** ──子ども参加型学校共同体の確立をめざして── 　　　　A5判　196頁　定価 1890円	〔早稲田教育叢書〕現代日本の学校改革がいかに進み，「専門職学校自治」の枠組みを超え，子どもや保護者，住民などによる学校参加がどのようにして進展しているのか。多角的にその課題と展望を明かす。 1313-7　C3337
勝野正章・藤本典裕編 **教育行政学** 　　　　A5判　160頁　定価 1890円	主に大学の教職課程履修する学生など，教育行政学をはじめて学ぶ読者を想定してわかりやすく解説する。最新の教育行政の変化も踏まえて記述することにより関心を深められるよう配慮。 1403-6　C3037
柴田義松・木内剛編著 **教育実習ハンドブック** 　　　　A5判　144頁　定価 1470円	教育実習に関して理念から方法論，また事後学習から近年の学校運営までを包括的にまとめたハンドブック。教育実習事前対策に欠かせない一冊。関連法規，漢字・言葉チェック資料付。 1300-5　C3037

柴田義松編著	教員養成のあり方が問われ、「教育学」の内容についてもきびしい反省が求められている。教師がもつべき豊かな教養の核となる教育学とはどのような学問であるかについて、教育の原点に立ち返り探究。
教育学を学ぶ A5判 160頁 定価1785円	0944-X C3037

柴田義松・山﨑準二編著	学校教員のライフコース全体を見渡し、日常活動、法制の基礎認識に加え、学校内外活動にもふれた。現職教員の参加も得て執筆された活きた教職入門書。「教職の意義等に関する科目」の授業用に最適。
教職入門 A5判 184頁 定価1890円	1191-6 C3037

柴田義松編著	学校は子どもに何を教え、何を学ばせたらよいか。子どもの必要と社会的必要にもとづき吟味し評価。教育課程の意義と歴史、教育課程編成の原理と方法と2部立て。教育課程編成の社会的基礎、ほか。
教育課程論 A5判 188頁 定価1890円	1032-4 C3037

別府昭郎著	学校教師という専門職業人（プロフェッショナル）として必要な能力を専門能力・社会的能力・教授（方法）能力と規定し、それを作り上げていく上で必須の自己発見、自己獲得、自己創造の方法を明示する。
学校教師になる A5判 192頁 定価1995円	1468-0 C3037

勝野正章・藤本典裕編	主に大学の教職課程履修する学生など、教育行政学をはじめて学ぶ読者を想定してわかりやすく解説する。最新の教育行政の変化も踏まえて記述することにより関心を深められるよう配慮。
教育行政学 A5判 160頁 定価1890円	1403-6 C3037

白井愼・西村誠・川口幸宏編著	新しい教育環境に生活指導はどう応えていくのか。豊かな個々人が自治的に結ばれる「自主自立協同連帯」によって市民社会の人格主体を形成しよう。哲学的・歴史的・実践的観点から総合的にまとめた。
新生活指導 A5判 224頁 定価2310円	1227-0 C3037

岩内亮一・萩原元昭・深谷昌志・本吉修二編著	中項目中心に基本用語を精選、事項約770項目、人名約100項目を収録、各項目とも問題発見的発展的な執筆方針をとっている。教職志望の学生はもちろん研究者から現場の教師まで役立つハンディ辞典。
教育学用語辞典〔第三版〕 四六判 318頁 定価2520円	0587-8 C3037

柴田義松・宮坂琇子・森岡修一編著	教員免許取得のために大学で学ぶ教職課程の諸科目である教育学、教育心理学、教育史等の基本用語を各分野別に配列し、解説。採用試験に役立つ基本用語を精選したコンパクトな一冊。
教職基本用語辞典 四六判 320頁 定価2625円	1301-3 C3037